KB262051

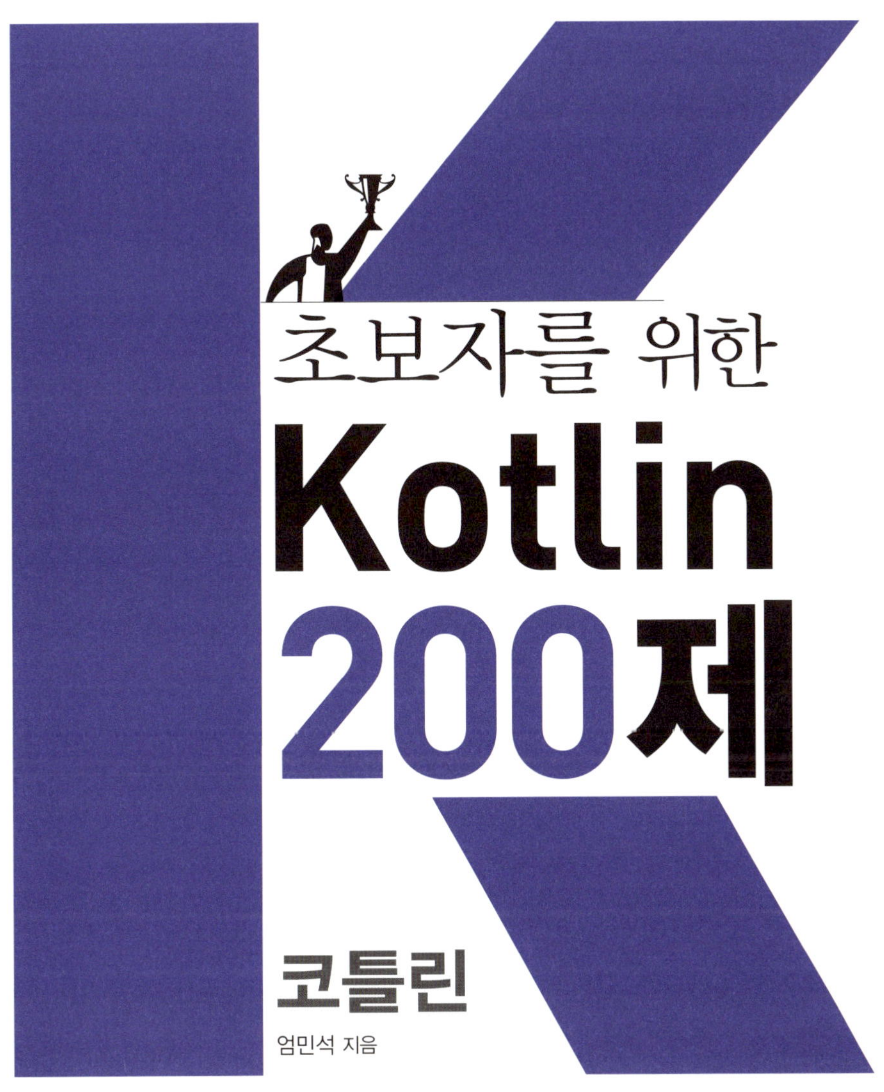

초보자를 위한

Kotlin 200제

코틀린

엄민석 지음

정보문화사
Information Publishing Group

초보자를 위한
Kotlin 200제

초판 1쇄 인쇄 | 2018년 5월 15일
초판 1쇄 발행 | 2018년 5월 20일

지 은 이 | 엄민석
발 행 인 | 이상만
발 행 처 | 정보문화사

책 임 편 집 | 최동진
편 집 진 행 | 노미라

주   소 | 서울시 종로구 대학로 12길 38 (정보빌딩)
전   화 | (02)3673-0037(편집부) / (02)3673-0114(代)
팩   스 | (02)3673-0260
등   록 | 1990년 2월 14일 제1-1013호
홈 페 이 지 | www.infopub.co.kr

I S B N | 978-89-5674-781-1

머리말

지난 Google I/O 2017, 구글이 코틀린을 안드로이드의 공식 언어로 지정한 이후 안드로이드 커뮤니티는 코틀린의 열기로 가득하다. 이미 수많은 발표 자료와 아티클에 코틀린 코드가 쓰이고 있으며, 코틀린을 모르면 최근 열리는 세미나에 참석하기도 어렵다. 코틀린은 옵션이 아닌 필수가 되어가고 있다.

코틀린은 자바의 고질적 문제인 장황함을 개선한 프로그래밍 언어로, 간결하면서도 안전한 코드를 작성할 수 있게 해준다. 신생 언어답게 최근 트렌드인 함수형 프로그래밍도 지원한다. 초보자가 배우기에도 코틀린이 자바보다 진입장벽이 더 낮다. 자바를 처음 배울 때는 public class로 시작하는 끔찍하고 길다란 클래스 선언 코드를 마주해야 하지만, 코틀린은 C언어처럼 간단히 main 함수만 보면 되기 때문이다. 따라서 처음 프로그래밍 언어를 배운다면 자바보다는 코틀린이 무조건 낫다고 할 수 있다. 자바를 배워야 한다면 그 이유는 단 하나, 자바로 쓰여진 오래된 코드를 유지보수하기 위함이다.

본 도서는 프로그래밍을 처음 접하는 독자를 위한 코틀린 문법서이다. 다른 국내 도서가 주로 자바 개발자 또는 프로그래밍 경험자에만 초점을 두고 있어 프로그래밍 입문자도 읽을 수 있는 문법서를 쓰기로 마음먹었다. 이 책이 국내 코틀린 개발자를 늘리는데 조금이라도 보탬이 될 수 있기를 바란다.

저자 엄민석

이 책의 구성

입문, 초급, 중급, 활용, 실무의 5개 파트와 200개의 예제로 이루어져 있다. 입문, 초급, 중급에서는 **코 틀린의 문법**을 쉬움에서 어려움 순으로 나열해 놓았으며, 활용 파트에서는 유용한 코틀린 **표준 라이브 러리**를, 실무 파트에서는 Java와 Kotlin을 연동하는 방법을 소개했다.

지면을 아끼기 위해 코틀린 문법 설명에만 초점을 맞추다 보니 실습이 지루하거나 설명이 부족한 부분이 있을 수 있다. 이 부분은 저자 블로그(blog.naver.com/eominsuk55)에서 보충할 예정이다.

책의 난이도

기본적으로 프로그래밍을 처음 접하는 독자를 위한 **입문서**이다. 그러나, 코틀린에 관심을 가지고 있 는 대다수의 독자가 자바 프로그래밍 또는 안드로이드 앱 개발 경험이 있기 때문에 이들에게 도움 이 되는 내용도 수록해 놓았다. 자신의 수준에 맞게 정보를 얻어가면 된다.

본 책에서는 독자의 수준을 크게 4가지로 구분했다.

수준	이 책에서 얻을 수 있는 것
Android 경험자	책의 설명을 완전히 이해할 수 있는 독자이다. 편하게 책을 쭉 읽어나가면 된다.
Java 경험자	책의 대부분을 이해할 수 있는 독자이다. 본문 곳곳에 있는 코틀린과 자바를 비교한 설명을 이해할 수 있다.
프로그래밍 경험자	C언어와 문법이 유사한 언어(C-family Language)를 경험해본 독자이다. 코틀린과 자바를 비교한 설명만 빼면 Java 경험자와 비슷한 수준으로 책을 이해할 수 있다.
프로그래밍 입문자	프로그래밍을 처음 시작하는 독자이다. 코틀린 문법 자체를 이해하는 데에는 무리가 없으나, 파일 입출력의 개념, 스레드의 개념 등 코틀린 언어와 별개인 내용은 지면상 설명을 생략했기 때문에 책을 이해하는데 제한이 있을 수 있다. 이는 저자 블로그에서 보충할 예정이다.

코틀린의 플랫폼

코틀린은 JVM 위에서 돌아가는 자바의 대안 언어로 많이 알려져 있으나, 꽤 다양한 플랫폼을 지원 한다. 다음은 코틀린이 지원하는 플랫폼이다.

플랫폼	설명
JVM	이 플랫폼을 선택하면, 코틀린 코드가 자바 바이트코드로 컴파일되며 JVM 위에서 동작한다.
브라우저	이 플랫폼을 선택하면, 코틀린 코드가 자바스크립트로 컴파일되며 웹 브라우저 위에서 동작한다.
네이티브	이 플랫폼을 선택하면, 코틀린 코드가 네이티브 바이너리로 컴파일된다(현재 아직 개발 중).

코틀린은 타깃으로 잡은 플랫폼에 따라 사용할 수 있는 표준 라이브러리가 다르다. 예를 들면, 코틀린의 **StringBuilder**는 자바의 **StringBuilder**를 단순 래핑한 수준에 지나지 않아 이 클래스를 사용하면 JVM에 의존성을 갖게 된다. 또, DOM 트리 탐색과 같은 웹 관련 표준 라이브러리는 브라우저 플랫폼을 타깃으로 했을 때만 제공한다.

이 책은 JVM 플랫폼을 타깃으로 했을 때를 전제로 코틀린을 설명하고 있다. 따라서 책에서 설명하는 내용(가비지 컬렉션 등)은 타 플랫폼에서는 맞지 않을 수 있으니 주의하기 바란다.

딱지

예제의 제목과 본문 안에는 딱지라고 하는 것이 붙어 있다. 딱지는 본문을 이해하기 위해 독자가 갖추어야 할 최소한의 지식 수준과, 이용 가능한 코틀린 버전 및 플랫폼을 나타내는 표식이다.

● 독자 수준별 딱지

딱지	의미
(안드로이드)	안드로이드 앱 개발 경험자만 이해 가능
Java	자바 경험자만 이해 가능
</>	프로그래밍 경험자만 이해 가능
All	누구나 이해 가능(프로그래밍 무경험자 포함)

프로그래밍을 처음 배우는 사람인데, 본문에 (안드로이드), Java, </> 딱지가 붙어있다면 이 부분은 건너뛰고 읽으면 된다. 또, 프로그래밍 경험은 있지만 자바를 배운 적이 없다면 (안드로이드), Java 딱지가 붙은 부분을 건너뛰면 된다.

● 코틀린 관련 딱지

딱지	의미
1.1	코틀린 1.1 버전부터 이용 가능
1.2	코틀린 1.2 버전부터 이용 가능
JVM	JVM 플랫폼에서만 이용 가능
JS	브라우저 플랫폼에서만 이용 가능
없음	모든 버전 및 플랫폼에서 이용 가능

본문의 일정 구역에 JVM 과 1.1 딱지가 붙어 있으면, 그곳에서 설명하는 기능은 JVM을 타깃으로 했을 때와 코틀린 버전이 1.1 이상일 때에만 이용할 수 있다.

코틀린 개발 환경

프로그래밍 기초

본격적으로 코틀린을 배우기에 앞서, 만약 여러분이 프로그래밍 언어를 처음 배우는 것이라면 반드시 알아두어야 할 중요한 배경지식을 소개하겠다. 프로그래밍 경험이 있는 독자들은 이 부분을 통째로 건너뛰어도 좋다.

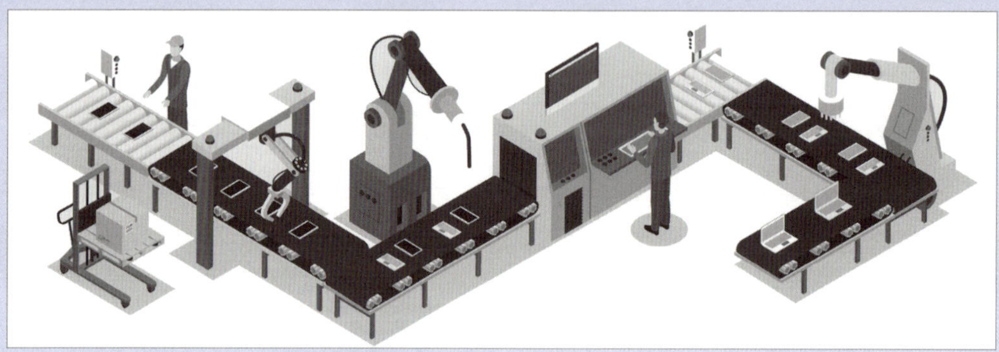

컴퓨터 내부의 모습은 하나의 공장과 같다. 공장에서 분주히 돌아가는 컨베이어 벨트를 상상해보자. 공장 안의 기계들은 고정된 동작을 반복하며 컨베이어 벨트 위의 물건을 가공한다. 이 과정에는 조금의 융통성도 존재할 수 없다. 만약, 컨베이어 벨트 위의 물건이 조금이라도 자세가 흐트러진다면 어떻게 되겠는가? 물건이 끼어 공장이 제대로 돌아가지 않을 것이다. 이와 마찬가지로, 컴퓨터에 입력되는 명령어는 반드시 컴퓨터의 명령어 처리 공정에 딱 들어맞게 정제되어야 한다. 이런 형태의 명령어를 **기계어**라 한다. 그리고 기계어의 문법대로 작성된 명령어들을 **기계어 코드**라고 부른다.

기계어는 단순히 0과 1로 이루어져 있기 때문에 사람이 알아보기 매우 어렵고, 컴퓨터의 내부 구조와 동작 원리를 꿰뚫고 있어야 이해할 수 있다. 게다가 컴퓨터의 기종마다 내부 구조에 차이가 있어서 기계어의 문법도 서로 조금씩 다르다.

이런 불편함 때문에 사람들은 프로그램을 개발하는 새로운 방법을 고안해냈다. 바로, 사람이 다루기 쉬운 프로그래밍 언어를 새롭게 발명하고, 이 언어로 작성한 코드를 프로그램을 통해 기계어 코드로 자동 번역하는 것이다.

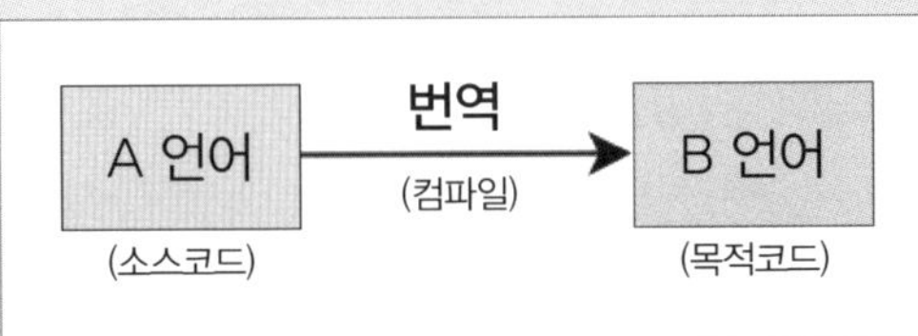

위 그림처럼 A 언어의 코드를 B 언어의 코드로 번역하는 행위를 **컴파일**(Compile)이라고 하며, 컴파일을 수행하는 자동 프로그램을 **컴파일러**(Compiler)라고 한다. 또, 번역의 대상이 되는 원본 코드를 **소스코드**(Source Code) 또는 원시코드라고 하며, 번역된 결과 코드를 **목적코드**(Object Code)라고 한다. 이 방법을 적용하면 단 하나의 언어만 익혀놓아도 컴퓨터의 기종들에 맞는 다양한 기계어 코드를 생성할 수 있어 프로그램 개발 시간이 획기적으로 줄어든다. 물론, 컴퓨터의 기종별로 그에 맞는 기계어를 생성하는 컴파일러가 있어야 한다.

컴파일러를 이용하여 프로그램을 개발하는 방식은 실제로 매우 유용해서 오늘날까지도 이어져오고 있다. 따라서 프로그램 개발은 일반적으로 다음과 같이 이루어진다.

텍스트 편집기*로 소스코드 작성 ▶ 기계어 코드로 컴파일** ▶ 기계어 코드 실행

이 과정이 정형화되어 있다보니, 텍스트 편집기와 컴파일러, 그리고 프로그램 개발에 도움이 되는 유틸리티들을 하나로 묶어놓은 종합 프로그램이 등장했다. 이런 프로그램을 IDE(Integrated Development Environment, 통합 개발 환경)이라고 부른다. 원래는 텍스트 편집기와 컴파일러를 각각 따로 사용하여야 했으나, IDE의 등장으로 프로그램 개발을 한 곳에서 할 수 있어 편리해졌다.

다음 장에서는 코틀린 프로그램 개발용 IDE인 IntelliJ의 설치 방법을 설명하겠다.

---

*   Windows의 메모장 같이 글자 색상 지정, 표 삽입 기능이 없는, 순수한 텍스트만 편집할 수 있는 프로그램이다.

**   코틀린이 경우는 조금 다른데, 타깃 플랫폼에 따라 자바 바이트코드(Java Bytecode), 또는 자바스크립트(JavaScript)로 컴파일되기 때문이다. 이 내용을 본 책에서 다루기에는 프로그래밍을 처음 접하는 독자들에게 부담이 될 수 있으므로 생략하겠다. 단지, 한 번에 기계어로 컴파일하는 것이 아니라 두 단계를 걸쳐 기계어로 번역한다고 생각하면 된다.

IntelliJ 설치하기

IntelliJ는 코틀린을 개발한 JetBrains(젯브레인스) 사에서 직접 제작한 IDE이다. 그래서 IntelliJ는 코틀
린을 매우 잘 지원한다. https://www.jetbrains.com/idea로 접속하여 IntelliJ IDEA를 다운로드한다.
집필 시점에서 최신 버전은 2017.3.3이나, 더 최신 버전이 있다면 그것을 설치해도 상관 없다. EXE
파일을 다운로드한 뒤, Next를 눌러 끝까지 설치하면 된다.

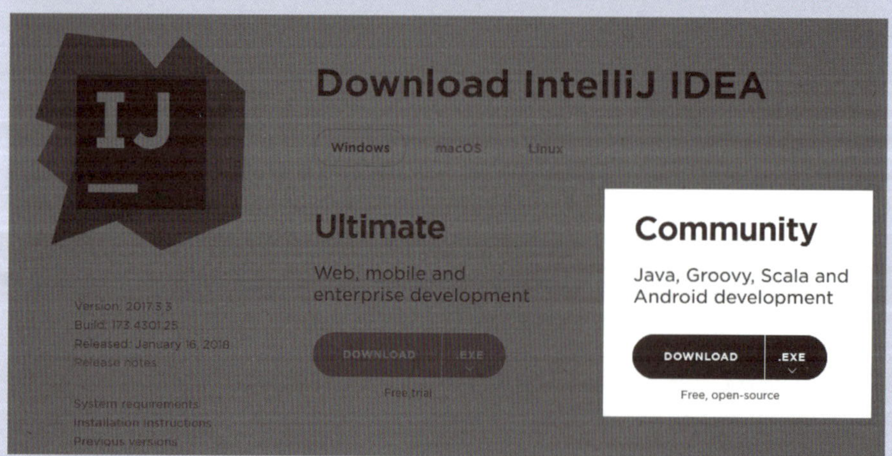

IntelliJ는 꾸준히 업데이트 되므로 버전이 올라감에 따라 설치 방법이 본 책에 실린 것과 달라질 수
있다. 저자 블로그(https://blog.naver.com/eominsuk55/221259023174)에 IntelliJ 설치 방법을 주기
적으로 업데이트할 예정이니 참고하기 바란다.

온라인에서 코틀린 연습하기

IntelliJ 설치가 부담스럽다면, 온라인으로 코틀린을 연습해볼 수 있다. https://try.kotlinlang.org로 접속한다.

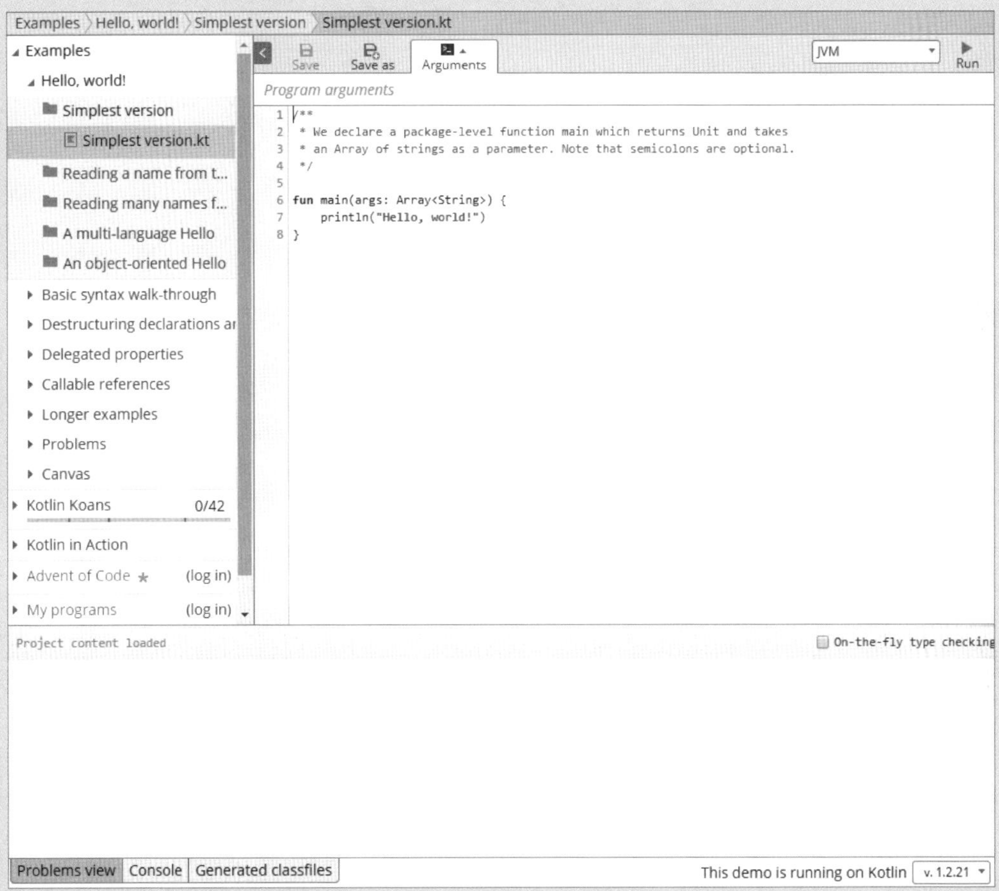

소스코드 입력창에 코드를 입력한 뒤, 우측 상단의 [Run] 버튼을 누르면 코틀린 코드를 바로 실행해 볼 수 있다. 실행 결과는 하단에 나타난다.

프로젝트 생성 및 파일 추가하기

IntelliJ를 실행하고 Create New
Project를 누른다.

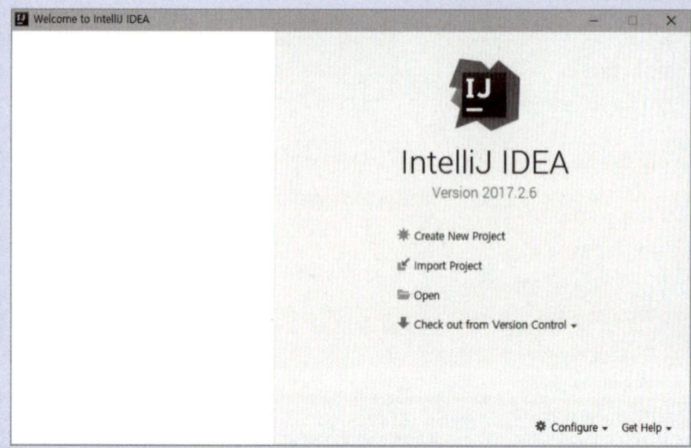

그림과 같이 선택하고 Next를 누
른다.

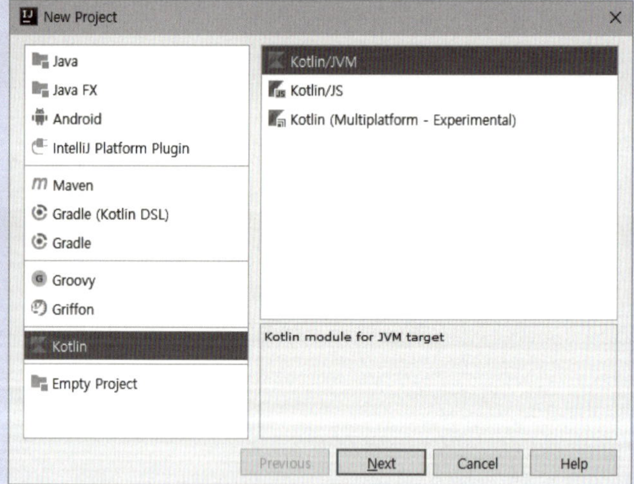

프로젝트 이름과 경로를 입력하
고 Finish를 누른다.

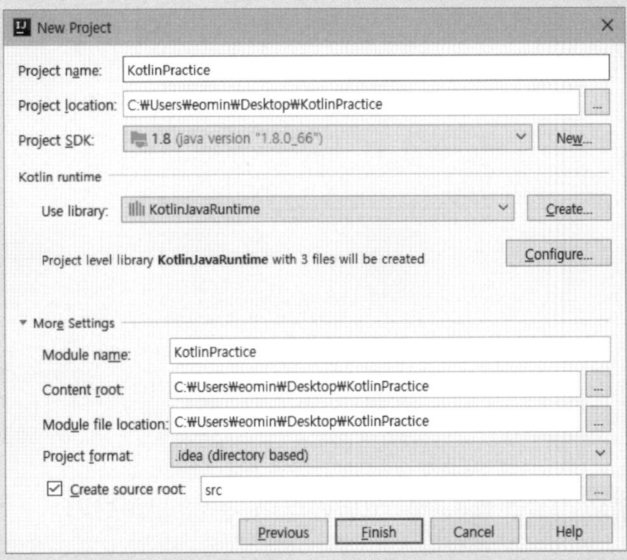

src 폴더를 마우스 오른쪽 버튼으
로 클릭하고 New – Kotlin File/
Class를 선택한다.

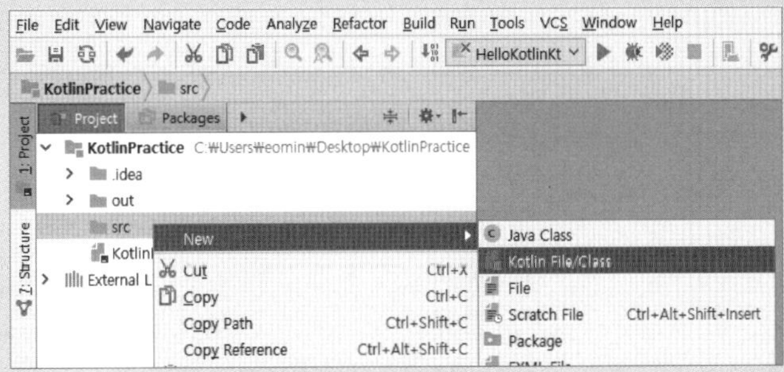

예제 파일의 이름대로 이름을 입
력한 후 OK를 누른다.

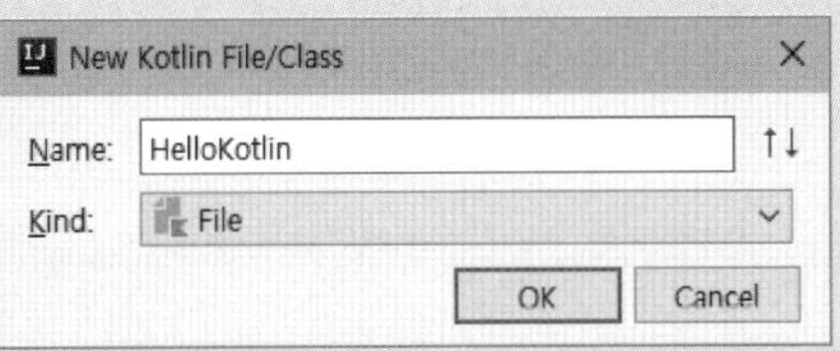

나타난 소스코드 입력창에 예제
코드를 입력하면 된다.
각 예제를 진행할 때마다 프로젝트
에 소스 파일을 하나씩 추가해가는
방식으로 실습을 진행하면 된다.

차례

PART 1 · 입문 · 코틀린 기초 문법 살펴보기

차례

PART 3 · 중급 · 코틀린 고급 문법 살펴보기

차례

PART 4 활용 코틀린 표준 라이브러리 살펴보기

차례

PART 5 · 실무 · 코틀린과 자바 함께 사용하기

코틀린 기초 문법 살펴보기

초보자를 위한

KOTLIN
200제

입문 001 — All Hello, Kotlin!

학습 내용 : 코틀린 코드가 어떻게 생겼는지 살펴본다.

코틀린에 입문하는 독자들을 위해 코틀린의 제일 기초가 되는 예제를 준비했다. 아직은 많이 낯설 겠지만, 코틀린 문법을 익힐 겸 아래 코드를 하나하나 직접 타이핑해보자.

소스 : HelloKotlin.kt

```
1:  fun main(args: Array<String>): Unit
2:  {
3:      println("Hello, Kotlin!")
4:  }
```

📝 N O T E | 소스코드 입력 시 주의사항 |

1 2 3 4와 같은 줄 번호는 책에서 설명을 위해 포함한 것이니, 소스코드를 입력할 때는 빼고 입력한다. 3번 줄의 들여쓰 기는 공백 또는 탭을 사용한다. 들여쓰기 깊이는 마음대로 해도 된다. 본 예제에서는 탭 1칸을 사용했다. println의 ln은 **소문자 엘임에 주의하자.**
코틀린 코드는 키보드로 직접 입력할 수 있는 문자들로만 구성되어 있다.* 첫 예제이니 초보자를 배려하여 본 예제 코드 에서 사용한 특수문자들의 위치를 첨부하겠다.

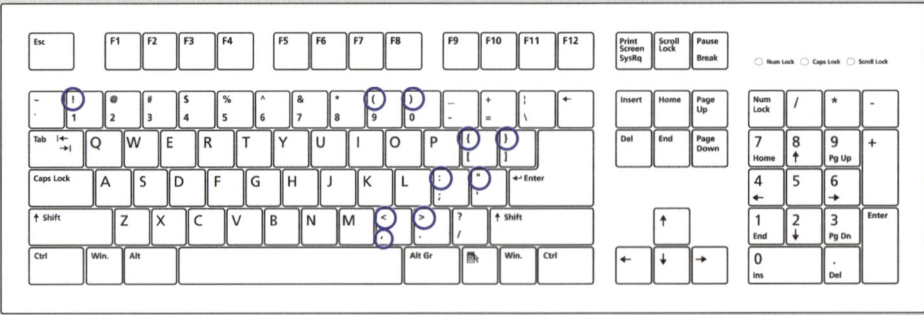

---

* ‘ㅁ’ 한자 키를 눌러 열심히 특수문자를 찾지 않도록 하자.

코드를 모두 입력하고 나면 첫 번째 줄 fun 왼쪽에 ▶ 아이콘이 나타나는 것을 볼 수 있다. 이 아이콘을 클릭하고 **Run 'HelloKotlin.kt'** 메뉴를 선택하면 IDE가 코틀린 소스코드를 컴파일한 뒤, 곧바로 목적코드를 실행해준다.

프로그램을 실행해보자. 코드를 올바르게 입력했다면 다음과 같은 결과가 나타날 것이다. 만약 오류가 발생한다면, 오타를 내지 않았는지 입력한 코드를 꼼꼼히 확인해보자.

오류 대처 방법

```
1 ▶   fun main(args: Array<String>): Unit
2     {
3         println("Hello, Kotlin!")
4     }
```

소스코드를 잘못 입력하면, 잘못된 부분이 빨갛게 변하거나 빨간 밑줄이 그어진다. 이곳에 마우스 커서를 올려놓으면 오류의 원인을 알 수 있다.

결과 ▷▷▷

Hello, Kotlin!

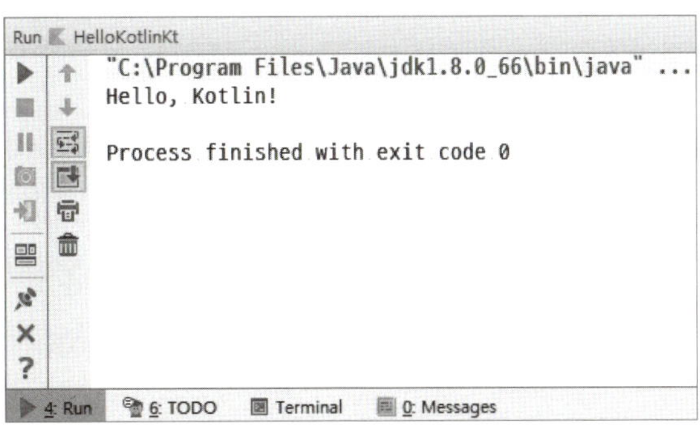

실행결과는 하단의 Run 탭에 나타난다.

"C:\Program Files\..." 부분과 Process finished with exit code 0 부분은 항상 고정적으로 출력되는 내용이니 무시해도 된다.

이제 코틀린 코드를 한 줄씩 분석해보자.

1 ◆ fun은 function의 약자로, 앞으로 나올 코드가 **함수**(Function)임을 나타내는 키워드이다. 뒤이어 오는 main은 함수의 이름을 나타낸다.

> **📑 NEW TERM | 함수 |**
>
> 프로그래밍 언어에서의 함수는 수학의 함수에서 모티브를 얻어 만들어졌다. 그러나 학창시절에 수학을 잘 못했더라도 크게 걱정할 필요는 없다. 프로그래밍 언어의 함수는 수학의 함수와는 매우 다르게 생겼기 때문이다. 지금 수준에서는 **함수를 그저 명령어들을 담아 놓는 상자** 정도로 생각하면 된다.
>
> 이름이 main인 함수는 프로그램의 **시작점**(Entry Point)이 되는 특수 함수이다.* 따라서 실행 아이콘 ▶ 은 main 함수 옆에만 나타나며, 이를 누르면 main 함수 안의 명령어를 순차적으로 실행한다.
>
> 프로그램은 항상 main 함수로부터 시작되므로, 앞으로 나올 예제들은 대부분 fun main(...)으로 코드가 시작된다.

(args: Array<String>): Unit 부분은 입문 챕터의 중반 이후에서 설명하겠다.

2~4 ◆ main 함수의 **시작과 끝**을 나타낸다. 중괄호 {} 사이에 main 함수에 담을 명령어를 작성한다.

3 ◆ println은 **화면에 텍스트를 출력**하는 '함수'이다. println 함수 안에는 화면에 텍스트를 출력하는 데 필요한 명령어들이 담겨있다. 참고로 println은 코틀린에 기본적으로 내장되어 있는 함수이다.
함수의 이름을 적고 소괄호를 열고 닫으면 해당 함수에 들어있는 명령어를 실행한다. 예를 들어 println()과 같이 적으면, println 함수 속에 담긴 명령어가 실행된다.

소괄호 안에 무언가를 적으면 함수를 실행하면서 특정 값을 전달할 수 있다. 여기서는 println 함수에 "Hello, Kotlin!"을 전달했다.

텍스트를 큰따옴표로 감싸면 명령어가 아닌 텍스트 그 자체로 인식된다. Hello, Kotlin은 코틀린 문법에 없는 단어이므로, Hello, Kotlin!을 큰따옴표로 감싸지 않으면 오류가 발생한다.

최종적으로, println 함수에 "Hello, Kotlin!"을 전달하여 Hello, Kotlin!이 화면에 출력된다.

---

* 실제로는 (args: Array<String>) 부분까지 있어야 한다. 자세한 내용은 입문 챕터의 중반 이후에서 다루도록 하겠다.

생각보다 깐깐하지 않은 코틀린 문법

소스코드를 작성할 때, 코드 요소들 사이에는 **공백 문자****(Whitespace Character)가 들어가도 된다. 본 예제 코드는 다음과 같은 요소들로 이루어져 있다.

```
fun main ( args : Array < String > ) : Unit
{
    println ( "Hello, Kotlin!" )
}
```

이 요소들 사이에는 공백 문자가 들어가도 된다.*** 다음과 같이 말이다.

```
fun
      main  (args :
              Array < String > ) : Unit { println (
              "Hello, Kotlin!") }
```

컴파일러는 이렇게 엉망진창인 소스코드도 잘 해석해낸다. 단, 정말로 이렇게 하면 스스로도 코드를 알아보기 힘들 것이므로, 코틀린 문법에 어느 정도 자유도가 보장된다는 점만 이해하자.

Java 코틀린의 첫인상

❶ 함수가 반드시 클래스에 묶여 있어야 하는 자바와는 달리, 코틀린은 클래스에서 완전히 독립된 함수를 가질 수 있다. 이를 **패키지 레벨 함수**라고 한다. 덕분에 main 메서드에 수반됐던 길다란 클래스 코드가 줄어들어 Hello, World 예제가 깔끔해졌다.

❷ 코틀린은 변수의 **타입을 맨 끝에** 적는다. args: Array<String> 부분은 자바의 String[] args와 같다. 코틀린을 처음 배우는 자바 개발자가 가장 어색해 하는 부분이다. 다행히 이 부분은 코틀린을 조금 연습하다 보면 쉽게 적응된다.

❸ 코틀린은 매 문장 끝에 **세미콜론을 적지 않는다.** 단, 세미콜론을 적는다 해서 오류가 발생하지는 않는다. 이후에도 설명하겠지만, 세미콜론은 두 문장(Statement)을 한 줄에 작성할 때 사용한다.

** 공백 문자는 띄어쓰기뿐만 아니라 탭 문자, 줄 바꿈 문자를 포함하는 개념이다.

*** 단, println과 (사이만은 줄 바꿈 문자가 들어갈 수 없다.

코딩용 폰트에 관한 이야기

프로그래밍에 처음 입문한 독자들은 첫 번째 예제를 입력하면서 여러 오타를 내었을 것이라 생각한다. 소스코드는 일반적으로 영문자, 숫자, 그리고 약간의 특수문자로 이루어져 있다. 그런데, 이들 문자에는 서로 비슷한 모양을 가진 글자들이 존재한다. 이를테면, 1Il(숫자 일, 대문자 아이, 소문자 엘, 특수문자 |)와 O0(대문자 오, 숫자 영)이 그렇다. 이들은 글꼴에 따라 서로 분간되지 않아 오타를 내도 알아차리기 어렵다.

물론, 잘못된 문자를 입력하면 대체로 오류가 발생하기 때문에 이를 쉽게 알아차릴 수 있지만, 우연히 문법에 맞는 오타를 내었을 경우 심각한 버그를 초래할 수 있다. 이런 상황을 방지하기 위해 '**코딩용 폰트**'라는 것이 생겨났다.

코딩용 폰트에는 다양한 종류가 있다. 만약, 본인이 선호하는 폰트가 없다면 네이버에서 개발한 D2Coding을 추천한다. D2Coding은 https://github.com/naver/d2codingfont에서 다운로드할 수 있다.

• 폰트 변경 방법 소개

IntelliJ에서 File – Settings 또는 단축키 Ctrl + Alt + S 를 눌러 설정으로 진입한다.

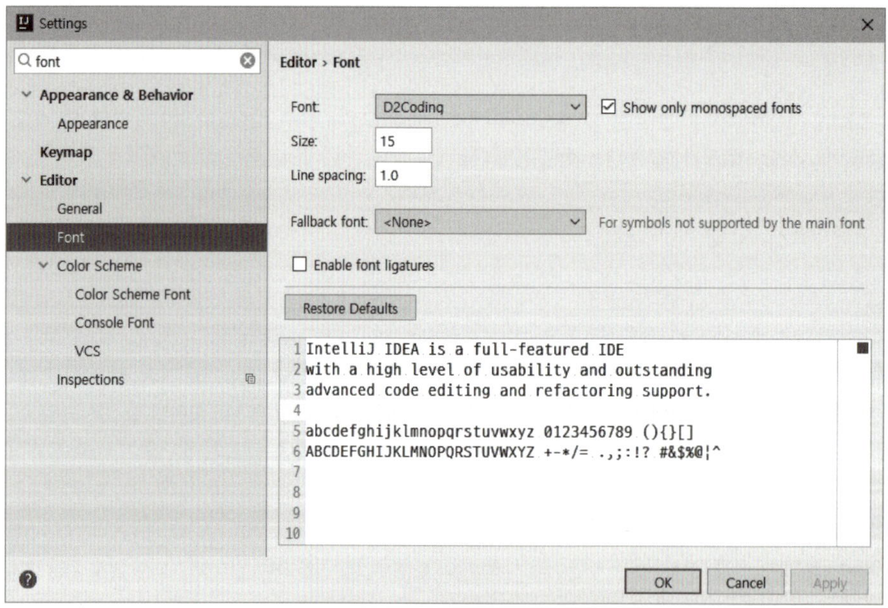

실행결과는 하단의 Run 탭에 나타난다.

설정의 검색창에 font를 입력한 뒤, Editor – Font로 들어가면 폰트를 변경할 수 있는 화면이 나타난다. 이곳에서 D2Coding을 선택하고 OK를 누른다. Show only monospaced fonts에 체크하면 D2Coding을 더 쉽게 찾을 수 있다.

[All] 표현식(Expression)

학습 내용 : 코틀린 코드를 이루는 기초적인 조각인 표현식에 대해 알아본다. 또, 표현식을 구성하는
연산자와 피연산자에 대해서도 살펴본다.

표현식을 설명하기 위해 덧셈과 뺄셈을 수행하는 매우 간단한 예제를 준비했다.

📁 **소스 : EX_Expression.kt**

```
1:  fun main(args: Array<String>): Unit
2:  {
3:      53 + 62 − 126
4:  }
```

📝 **N O T E** | [Java] **자바와 코틀린의 표현식 차이점** |

자바에서는 표현식이 단독으로 오는 것을 허용하지 않기 때문에 53 + 62 − 126과 같은 코드는 오류를 일으킨다. 하지만,
코틀린은 표현식이 단독으로 오는 것을 허용하므로 오류가 발생하지 않는다.

본격적인 설명에 앞서, 위 수식을 구체적으로 살펴보자. 어려운 용어가 나오므로 집중해서 읽기 바란다. 먼저, 53, 62, 126과 같이 숫자 값 자체를 나타내는 부분을 **리터럴**(Literal*)이라고 한다.

+, −처럼 계산을 수행하는 기호는 **연산자**(Operator)라고 한다. 각 연산자 양 옆의, 계산을 수행하기 위한 재료가 되는 부분은 **피연산자**(Operand)라고 한다. 즉, 53, 62, 126은 리터럴이면서 피연산자이다. 53 + 62 − 126 부분을 레고 블록에 비유하면 다음의 그림과 같다.

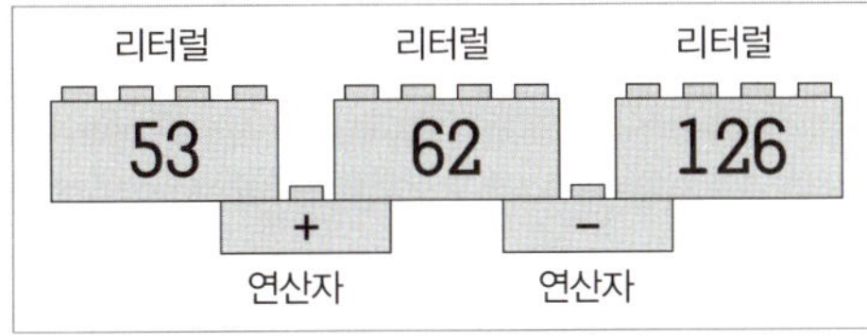

---

* literal은 '문자 그대로의'라는 뜻을 가지고 있다. 그래서 53, 62, 126과 같이 그 숫자 자체를 나타내는 코드를 '리터럴'이라고 부른다.

리터럴들이 연산자로 연결되어 하나의 덩어리를 이루고 있는 것에 주목하자. 이 수식은 다음의 과정을 거쳐 계산된다.

먼저, 한 줄에 연산자가 두 개 포함되어 있다. 이렇게 하나의 줄에 연산자가 여러 개 있을 경우, 일반적으로 왼쪽의 연산자가 먼저 수행된다. 즉, 53 + 62가 먼저 수행된다.

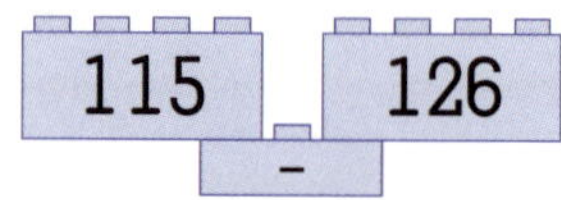

+ 연산자가 피연산자 53과 62를 사용하여 115라는 결과를 내놓았다. 53 + 62 부분은 115로 치환되며, 이제 115가 − 연산자의 새로운 피연산자가 된다.

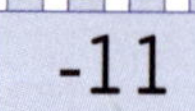

− 연산자가 115와 126을 사용하여 −11이라는 결과를 내놓았다. 115 − 126 부분은 −11로 치환되며, 이제 더 이상 수행할 연산자가 없으므로 연산이 종료된다.

이 과정에서 보듯이, 53 + 62 − 126처럼 피연산자와 연산자로 이루어진 뭉치는 결국 하나의 값으로 수렴하게 된다. 이렇게 **하나의 값으로 수렴하는 수식 뭉치**를 표현식(Expression)이라고 부른다. 참고로, 연산자 없이 리터럴 53만 단독으로 있어도 하나의 표현식이 된다. 어쨌거나 하나의 값으로 수렴할 수만 있으면 표현식이기 때문이다. 앞으로 표현식이라는 용어를 계속 사용할 것이니 꼭 기억해두자.

마지막으로 예제를 실행하여 결과가 잘 나타나는지 확인하자.

–11이 나타나기를 기대했지만, 아무 것도 보이지 않는다. 컴퓨터가 표현식을 계산하는 과정에서 무언가 문제가 있었던 것일까? 아니다. 사실, 우리가 간과한 것이 하나 있다. 바로, 표현식의 **결과를 우리에게 보여주는 코드를 작성하지 않은** 것이다. 실제로 컴퓨터는 우리가 작성한 표현식을 잘 계산하였지만, 결과 값을 컴퓨터의 머릿속에만 고이 간직하고 있었다. 이 결과 값을 보려면 소스코드를 다음과 같이 수정해야 한다.

```
println(53 + 62 – 126)
```

표현식은 어차피 하나의 값으로 수렴하므로, 단일 값이 들어가야 하는 자리에 표현식을 대신 지정할 수 있다. 그래서 println 함수에 53 + 62 – 126을 전달해도 문제 없다. 53 + 62 – 126은 –11로 변환된 채 println으로 전달되어 –11이 화면에 출력된다.

큰따옴표의 쓰임

53 + 62 –126을 큰따옴표 ""로 감싸면 어떻게 될까? 큰 따옴표로 감싼 텍스트는 명령이 아닌 텍스트 그 자체로 인식되므로 53 + 62 – 126이 그대로 화면에 출력된다.

표현식을 계산하고 나온 결과 값은 어딘가에 보관해두지 않으면 다음 줄을 실행하는 순간 소멸해버린다. 즉, 53 + 62 – 126과 같이 표현식만 홀로 있으면 컴퓨터의 전력만 낭비하는 아무 의미 없는 명령이 되어버린다. 다음 예제에서 표현식의 결과 값을 보관하는 방법에 대해 알아보자.

표현식은 여러 줄에 걸쳐서 쓸 수도 있다. 예컨대, 53 + 62 − 126을 다음과 같이 작성해도 문제 없다.

```
fun main(args: Array<String>): Unit
{
    53 +
    62 − 126
}
```

위 표현식 53 + 62 − 126은 물리적으로는 두 줄로 나누어져 있지만, 논리적으로는 한 덩어리로 인식된다. 첫 줄의 53과 둘째 줄의 62가 + 연산자로 연결되어 있기 때문이다. 표현식 내부에 빈 줄이나 공백을 아무리 많이 넣어도, 이렇게 **연산자의 고리로 연결되어 있으면 하나의 표현식**으로 인식된다. 당연하겠지만, 이 규칙은 println에도 적용할 수 있다.

```
fun main(args: Array<String>): Unit
{
    println(53 +
            62
            − 126)
}
```

이렇게 마구잡이로 코드를 작성해도 53 + 62 − 126 부분이 하나의 덩어리로 인식되므로 오류가 나지 않는다. 이런 성질을 이용하여, 코드가 너무 길어져 한 줄에 쓰기 버거울 때 적절히 줄을 나눠주면 좋다.

[All] 변수(Variable)

입문
003

학습 내용 : 코틀린 코드를 이루는 기초적인 블록 조각인 표현식에 대해 알아본다. 또, 표현식을 구성하는 연산자와 피연산자에 대해서도 살펴본다.

앞에서 표현식을 계산하고 나온 결과 값은 다음 줄을 실행하는 순간 소멸해버린다고 했다. 그럼 표현식의 결과 값을 계속 유지하고 싶을 때는 어떻게 해야 할까? 당연히 결과 값을 어디엔가 보관해두어야 한다. 대부분의 프로그래밍 언어에서는 이를 위해 **변수**(Variable)라는 개념을 갖고 있다. 변수는 **값을 저장해놓는 공간** 정도로 이해하면 된다.

📁 **소스 : EX_Variable.kt**

```kotlin
 1:  fun main(args: Array<String>): Unit
 2:  {
 3:      var total: Int
 4:      total = 0
 5:
 6:      val a: Int = 10 + 53 - 7
 7:      println(a)
 8:
 9:      val b: Int = 43 + 75 + a
10:      println(b)
11:
12:      total = a + b
13:      println(total)
14:  }
```

var은 바로 뒤에 오는 total이 **변수임을 나타내는 키워드**이다.

◆ 3

📝 **NEW TERM | 키워드 |**

키워드란, fun과 val과 같이 코틀린 **문법 상으로 정해놓은 단어**를 말한다. 소스코드 입력창에 키워드를 입력해보면 색상이 변하는 것을 볼 수 있다. 여기서, 키워드의 색상이 변한 것은 실제로 텍스트에 서식이 지정된 것이 아니라, 코드를 읽기 쉽게 하기 위해 IDE가 특정 키워드를 자동으로 인식하여 색을 입힌 것이다.

total은 변수의 이름을 나타낸다. total처럼 우리가 임의로 지어낸 이름을 **식별자**(Identifier)라고 한다. 식별자는 키워드를 제외한 **영문자, 숫자, 언더스코어 _로만** 지을 수 있다. 단, **숫자는 맨 앞에 오면 안 된다.**

 **N O T E** | Java **자바와 코틀린의 식별자 규칙 차이점** |

코틀린에서는 자바와 달리 식별자에 $를 사용할 수 없다.

여러 단어로 된 식별자 짓기

코틀린에서는 식별자에 공백을 허용하지 않기 때문에, 여러 단어로 된 변수 이름을 쓰려면 몇 가지 편법을 써야 한다.

형태	이름
anyVariableName	낙타 표기법(Camel Case)
AnyVariableName	파스칼 표기법(Pascal Case)
any_variable_name	뱀 표기법(Snake Case)

코틀린에서는 변수 이름에 **낙타 표기법**을 주로 사용한다. 강제된 것은 아니지만, 일관된 코드 작성을 위해 이 관습을 따르는 것이 좋다.

Int는 변수의 타입*을 나타낸다. 변수에는 여러 가지 타입이 있는데, 각 타입마다 저장할 수 있는 값이 다르다. Int는 Integer(정수)의 약자로, 소수점이 없는 숫자 값만 저장할 수 있는 타입이다.

Java 원시 타입이 없는 코틀린

Int 타입이 대문자로 시작한다는 점에서 눈치 챈 독자들도 있겠지만, 코틀린은 자바와는 달리 원시(Primitive) 타입이 없다. 즉, 코틀린에서는 Int와 같은 기본 타입들도 모두 클래스이다. 자바의 래퍼 클래스가 코틀린에서는 기본 타입이 되었다고 생각하면 된다.

혹자는 모든 원시 타입이 객체가 되었으니 성능 상에 문제가 있을 것이라 생각할 수도 있다. 하지만 걱정할 필요 없다. 코틀린 컴파일러가 어느 정도 최적화를 해주기 때문이다. 코틀린 기본 타입에 null을 저장하거나 제네릭에 사용하지만 않으면, 래퍼 클래스가 아닌 원시 타입을 쓰게끔 자바 바이트코드가 생성된다.

---

* 엄밀히 말하면 타입(Type)이 아닌 자료형(Data Type)이지만, 본 책에서는 편의상 타입이라는 용어를 사용하겠다.

3번 줄이 실행되는 순간, total이라는 이름의 정수 값을 저장할 수 있는 변수가 생성된다. 3번 줄과 같은 코드를 변수 선언문이라고 한다.

> **NEW TERM | 선언 |**
>
> total처럼 우리가 임의로 지어낸 식별자는 코틀린 문법에 없는 단어이다. 그래서 total을 그냥 바로 입력해버리면 컴파일 시 에러를 일으킨다. total을 사용하고 싶으면, 코틀린 컴파일러에 total이라는 식별자가 무엇을 뜻하는지 알려줄 필요가 있다.
>
> 식별자가 무엇을 의미하고, 그 특징이 무엇인지 기술하는 것을 선언(Declare)이라고 한다. 3번 줄의 var total: Int도 일종의 선언문이다. var 키워드로 total이라는 식별자가 변수(무엇)를 뜻하고, 그 타입(특징)이 Int라고 컴파일러에 알려주고 있기 때문이다.

변수를 선언할 때는 다음의 형태를 기억하자.

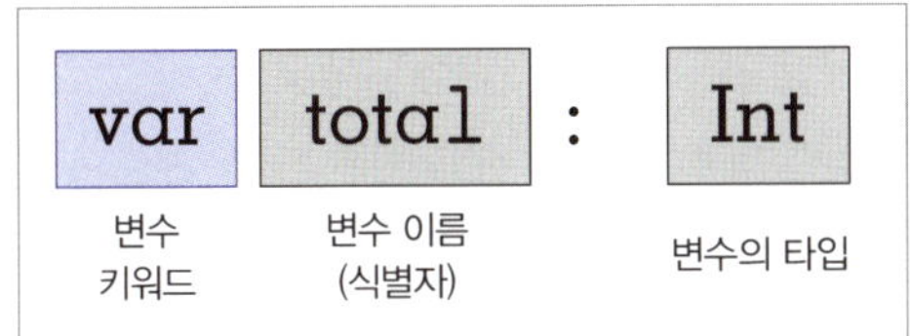

total 변수에 리터럴 0을 저장하고 있다. 변수에 값을 저장할 때는 다음과 같이 쓴다. ◆ 4

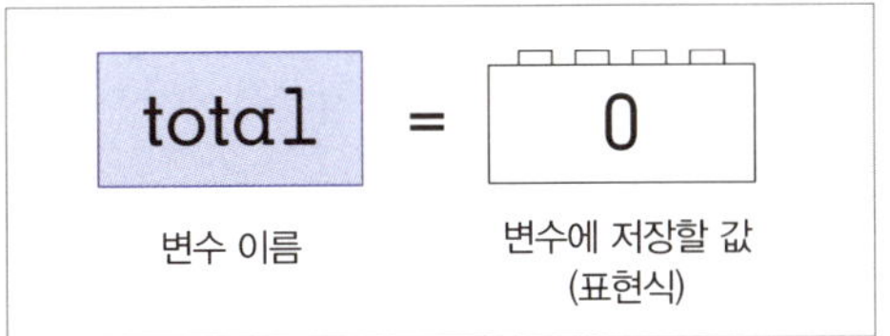

참고로, 3번 줄과 4번 줄을 합쳐 var total: Int = 0 처럼 한 줄로 쓸 수 있다. 이렇게 한 줄로 쓰는 형태를 '**선언과 동시에 초기화****'라고 한다.

val도 var처럼 바로 뒤에 나올 식별자가 변수임을 나타내는 키워드이다. 하지만 val로 선언된 변수 ◆ 6
는 한번 값을 저장하면 나중에 값을 수정할 수 없다.

****** 초기화(Initialize)란, 초기값을 지정하는 것을 뜻한다.

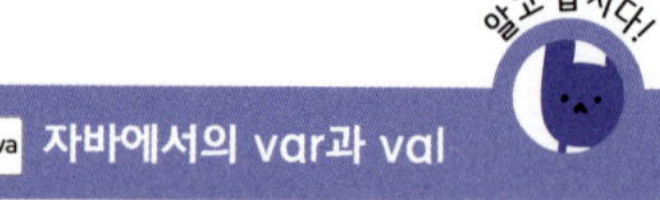

Java 자바에서의 var과 val

var은 일반 변수, val은 final 변수로 생각하면 된다. **불변 변수**(Immutable Variable)의 사용을 장려하기 위해 val이라는 짧은 키워드를 제공하는 것으로 보인다.

만약, 변수에 저장된 값을 수정할 일이 없다면 가급적 val 키워드를 사용해주는 것이 좋다. 왜냐하면, val로 선언된 변수는 절대로 값이 변화하지 않는다는 것이 보장되므로 변수의 값이 어느 지점에서 바뀌는지 보기 위해 코드 전체를 한 줄씩 살펴볼 필요가 없기 때문이다.

a라는 이름의 Int 타입 변수를 선언하고 있고, 동시에 표현식 $10 + 53 - 7$을 저장하고 있다. 물론, 표현식은 계산되어 56이 되고, 이 값이 변수 a에 저장된다.

7 ◆ println 함수에 변수 a를 전달하고 있다. 여기서 볼 수 있듯이, 변수가 단독으로 와도 표현식이 된다. 표현식의 값은 변수에 저장된 값이다. 변수 a에 저장된 값 56이 출력된다.

9 ◆ b라는 이름의 Int 타입 변수를 선언과 동시에 표현식 $43 + 73 + a$으로 초기화하고 있다. 여기서 볼 수 있듯이, 변수를 피연산자로 활용하는 것이 가능하다.* 이 줄을 실행하는 시점에 변수 a에는 56이 저장되어 있으므로, $43 + 73 + 56$이 되어 174가 b에 저장된다.

10 ◆ 변수 b에 저장된 값 174가 출력된다.

12 ◆ 변수 total에 변수 a와 b의 합을 저장하고 있다. var로 선언된 변수는 나중에 얼마든지 값을 수정할 수 있기 때문에, 기존에 저장되어 있던 값인 0은 지워지고, $a + b$의 값이 새로 저장된다. 이 줄을 실행하는 시점에 변수 a에는 56이 저장되어 있고, b에는 174가 저장되어 있으므로 $56 + 174$가 되어 230이 total에 저장된다.

13 ◆ 변수 total에 저장된 값 230이 출력된다.

```
56
174
230
```

---

* 사실, 모든 표현식은 피연산자가 될 수 있다.

 **N O T E** | 변수 사용시 주의점 |

변수는 사용하기 전에 반드시 초기화 해야 한다. 변수를 특정한 값으로 초기화해놓지 않으면, 그 변수에 어떤 값이 들어 있는지 알 수 없기 때문이다. 다음의 코드는 오류를 일으킨다.

```
var a: Int
println(a + 15)
```

오류: Variable 'a' must be initialized (변수 a는 반드시 초기화되어야 한다)

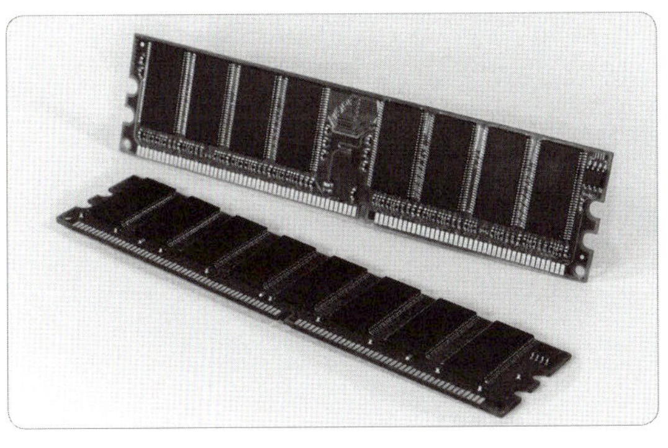

변수는 컴퓨터의 '메모리'라는 공간에 생성 된다. 컴퓨터에 관심이 많은 독자라면 램 (RAM) 또는 메모리라고 하는 부품을 한번 쯤은 들어보았을 것이다.

Int 타입 변수 하나를 선언하면, 왼쪽 사진 속 부품의 용량을 4 바이트만큼 차지하게 된다. 4 바이트는 매우 작은 크기이지만, 일반적으로 용량이 256 GB~1 TB 정도 되

는 하드 디스크나 SSD와는 달리, 메모리**는 용량이 4 GB~16 GB 정도밖에 되지 않으므로 마냥 넉 넉하게만 생각해서는 안 된다. 물론, 3D 게임이나 동영상 편집 프로그램처럼 엄청난 메모리 공간을 필요로 하는 프로그램이 아니라면 크게 신경쓰지 않아도 된다.

** 이제부터 'RAM' 대신 '메모리'라는 용어를 사용하겠다. 앞으로 메모리라는 용어가 나오면 RAM이라고 생각하면 된다.

리터럴의 타입

학습 내용 : 리터럴에도 타입이 있고, 표현식의 결과 값에도 타입이 있음을 이해한다.

변수뿐만 아니라 리터럴에도 타입이 존재한다. 이번 예제에서는 리터럴의 타입에 대해 알아보겠다.

📁 **소스 : EX_LiteralDataType.kt**

```kotlin
1:  fun main(args: Array<String>): Unit
2:  {
3:      val variable = 10 + 12 - 5
4:      println(variable)
5:  }
```

위 소스코드의 10 + 12 - 5 부분에 주목하자.

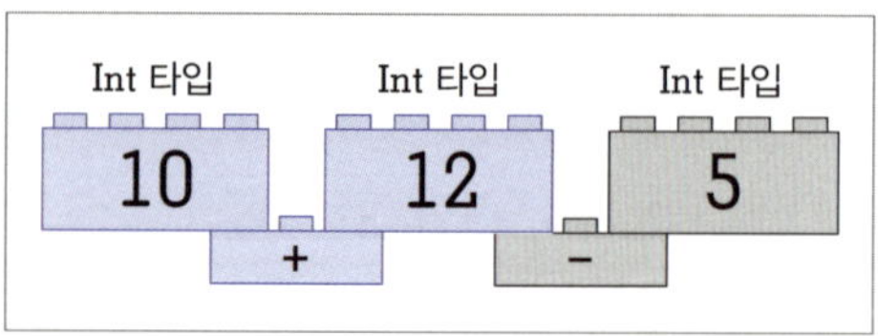

정수를 적으면, 그 리터럴은 자동으로 Int 타입이 된다. + 연산자는 양 옆의 피연산자가 모두 Int 타입이면, Int 타입의 결과를 내놓는다. 따라서 위 수식은 아래와 같이 변한다.

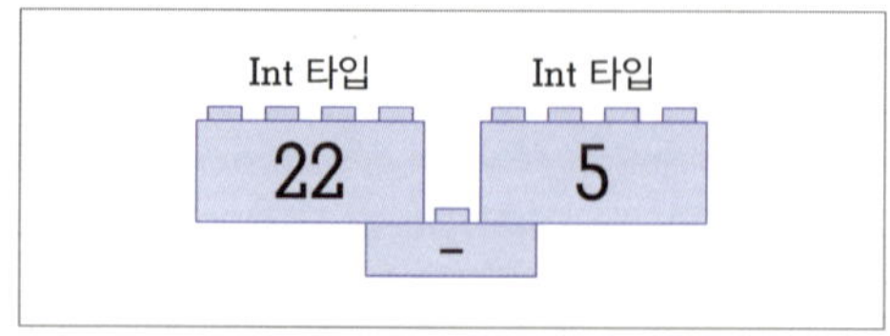

- 연산자도 마찬가지로, 양 옆의 피연산자가 모두 Int 타입이면, Int 타입의 결과를 내놓는다. 최종적으로 표현식의 결과 값은 다음과 같다.

리터럴에 타입이 있기 때문에, 표현식의 결과 값에도 자연스레 타입이 생기게 된다. 표현식의 타입을 이해하는 것은 중요한데, 변수에 값을 저장하려면 그 변수의 타입과 저장하려는 표현식의 타입이 일치해야 하기 때문이다. 예를 들면, **val something: Int = 결과 타입이 Int인 표현식** 같은 코드만 가능하다.*

변수를 선언과 동시에 초기화하는 경우에 한해, 저장하려는 표현식 10 + 12 – 5로부터 타입을 추론 ◆ 3
해낼 수 있으므로 변수의 타입을 적지 않아도 된다. 그래서 variable 뒤에 : Int가 생략되었다.

variable에 저장된 값 17이 출력된다. ◆ 4

---

* 사실 몇 가지 예외 사항이 있기는 하지만, 대부분의 경우 이 법칙이 성립한다. 예외 사항들은 이후 설명하겠다.

All 산술 연산자(Arithmetic Operator) + − * / %

학습 내용 : 가감승제를 수행하는 연산자를 배운다.

코틀린의 기본적인 연산자인 **산술 연산자**(Arithmetic Operator)에 대해 알아보자. 산술 연산자란, **가감승제를 수행하는 연산자**를 말한다.

코틀린에는 다음과 같은 산술 연산자가 있다.

기호	사용 예	결과 값
+	α + b	α와 b를 더한 값
−	α − b	α에서 b를 뺀 값
*	α * b	α와 b를 곱한 값
/	α / b	α를 b로 나눈 값
%	α % b	α를 b로 나눈 나머지

각 연산자의 구체적인 사용법을 예제를 통해 알아보자.

📁 **소스 : EX_ArithmeticOperator.kt**

```kotlin
 1:  fun main(args: Array<String>): Unit
 2:  {
 3:      val num: Int = 15 − 4 * 3
 4:      val num2: Int = 65 % 7
 5:      val num3: Double = 7.5 / 5 + 22.25
 6:      val num4: Double = num / num2 + 0.7
 7:
 8:      println(num)
 9:      println(num2)
10:      println(num3)
11:      println(num4)
12:  }
```

num이라는 이름의 Int 타입 변수를 선언하고 있다.

코틀린은 수학과 마찬가지로 **사칙연산의 법칙을 따르기** 때문에, 우측의 표현식 15 – 4 * 3은 곱하기가 먼저 수행된다.

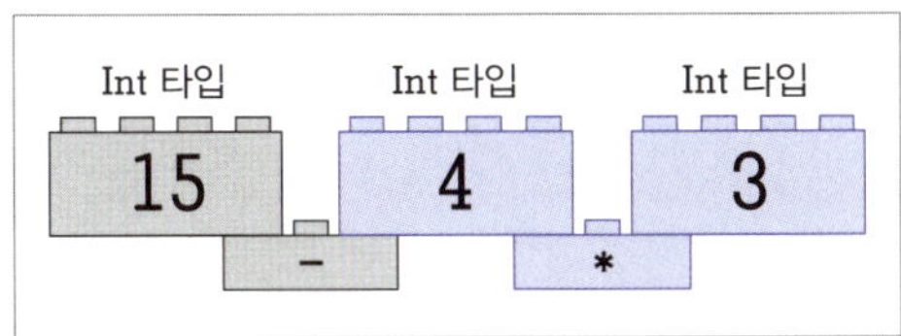

* 연산자도 +, – 연산자와 마찬가지로, 양쪽의 피연산자가 Int 타입이면 Int 타입의 결과를 내놓는다.

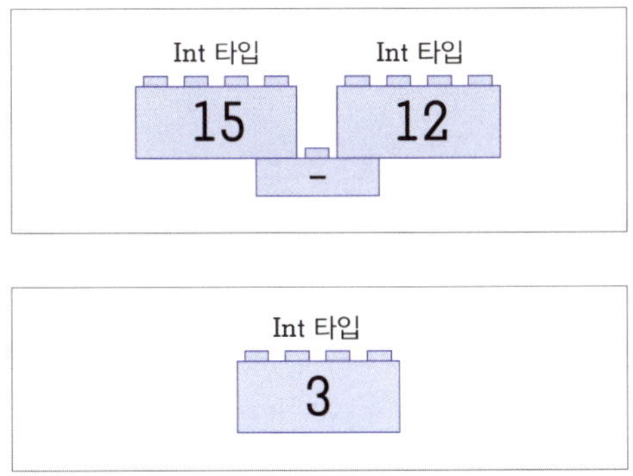

num의 타입(Int)과 표현식의 타입(Int)이 같기 때문에 num에 3이 온전히 저장된다.

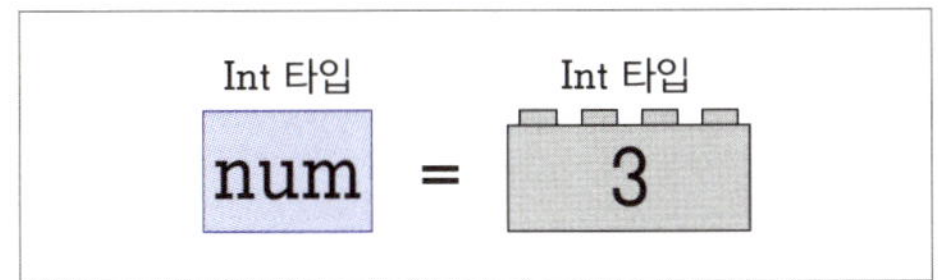

num2라는 이름의 Int 타입 변수를 선언하고 있다.

%는 나머지를 구하는 연산자이므로, 65를 7로 나눈 나머지 2가 표현식 65 % 7의 결과 값이 된다. 여기서도 Int 타입끼리 연산하였기 때문에 Int 타입의 결과가 나온다.

num2의 타입(Int)과 표현식의 타입(Int)이 같기 때문에 num2에 2가 온전히 저장된다.

% 연산자는 나눗셈의 일종으로 취급되기 때문에 +, – 연산자보다 우선순위가 높으므로 주의하자.

 num3이라는 이름의 Double 타입 변수를 선언하고 있다. Double 타입은 **실수**(Real Number) 값을 저장할 수 있는 타입이다. 변수에 저장할 값이 소수점을 갖기 때문에 Double 타입을 사용하였다.

> **📝 NEW TERM ｜ 실수 ｜**
>
> 실수(實數)는 쉽게 말하면 소수(小數)점이 있는 수이다. 프로그래밍 세계에서는 소수라는 말보다 실수라는 표현을 더 많이 사용한다. 본 책에서도 실수라는 용어를 계속 사용할 것이니, 실수라는 용어에 익숙해지자.

우측의 표현식을 보면 소수점을 갖는 리터럴들이 있다. 7.5, 22.25와 같이 소수점을 갖는 리터럴들은 자동으로 Double 타입을 갖는다.

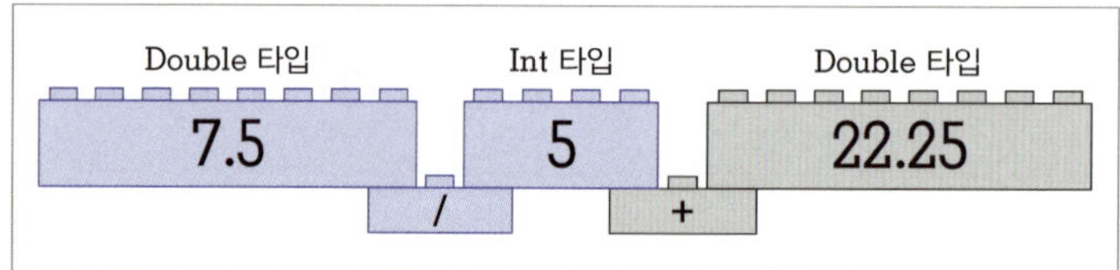

7.5 / 5를 계산하려고 보니 서로 타입이 다르다. Double / Int을 수행하면 어떤 타입이 나올까?

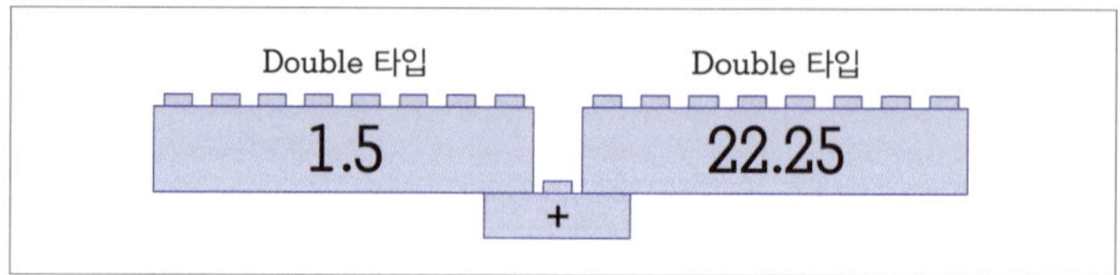

정답은 Double 타입이다. Int 타입은 정수 값만 담을 수 있으므로, 결과 타입이 Int가 되면 계산 결과의 소수점이 손실될 수 있기 때문이다. 따라서 Double / Int 이든 Int / Double 이든 결과 타입은 항상 Double이며, 10.0 / 5과 같이 계산 결과에 소수점이 남지 않는다고 해도 무조건 결과 타입은 Double이 된다. 이 규칙은 +, −, *, /, % 연산자에도 마찬가지로 적용된다. 즉, 37 + 6.5도, 7.7 % 7도 모두 Double 타입이다.

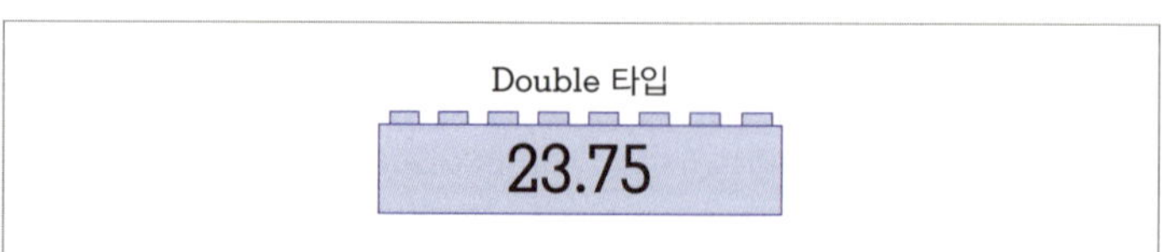

Double + Double은 서로 같은 타입이므로 문제없이 계산되어 표현식의 결과는 최종적으로 Double 타입이 된다. num3의 타입(Double)과 표현식의 타입(Double)이 같기 때문에, 표현식의 결과 값 23.75가 num3에 저장된다.

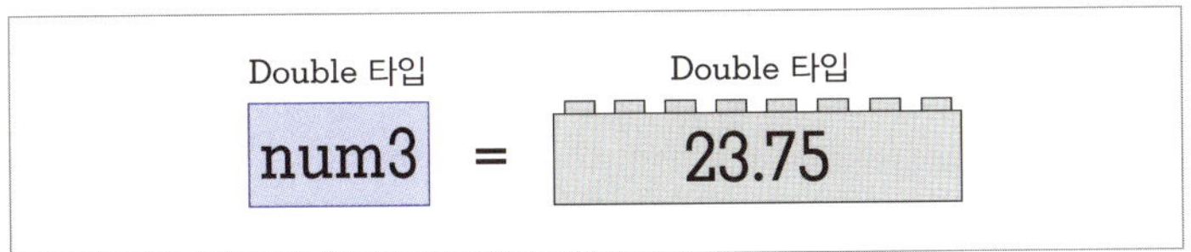

num4라는 이름의 Double 타입 변수를 선언하고 있다.

오른쪽의 표현식(num / num2 + 0.7)은 **조금 이상하게 계산**된다. 왜 그런 것인지 한번 살펴보자.

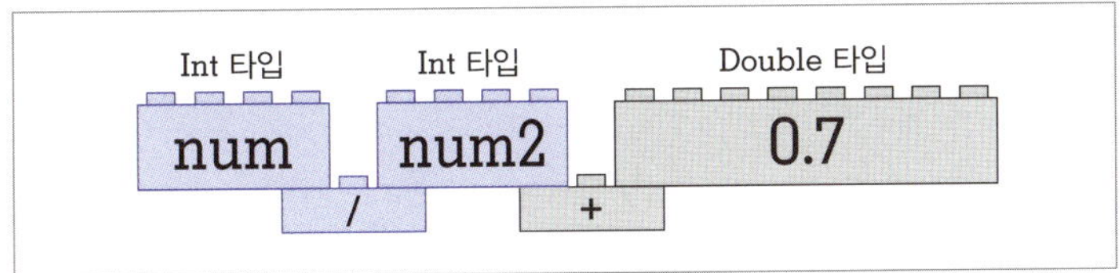

현재 num에는 3, num2에는 2가 저장되어 있다. 즉, 3 / 2가 되어 상식적으로 1.5라는 결과가 나와야 한다. 그런데 실제로는 소수점 부분인 .5가 잘려나가 1만 남게 된다. Int 타입끼리 산술 연산을 하면 무조선 Int 타입의 결과가 나오기 때문이다. 계산 결과에 소수점이 존재힌디 해도 절대 보존되지 않는다.

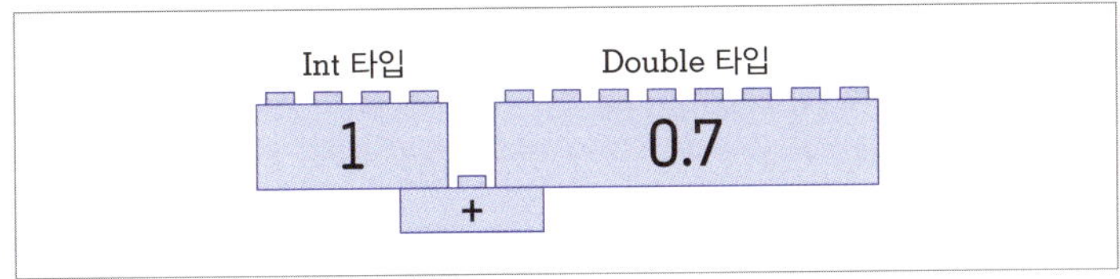

이후에는 Int + Double 이므로 온전히 계산된다.

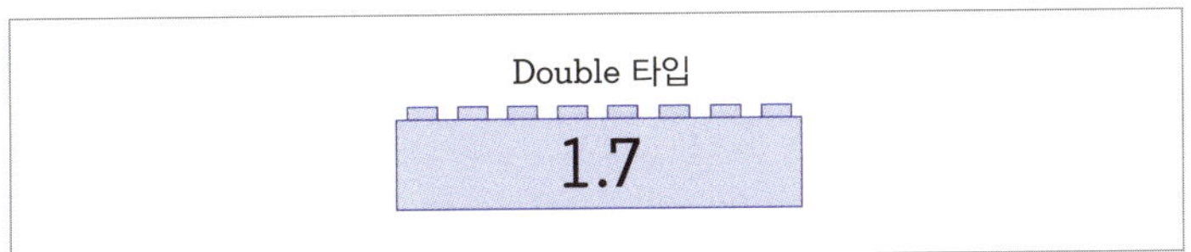

우리가 생각하는 계산 결과는 2.2이었지만, 코틀린의 규칙을 따르면 1.7이 된다. 이처럼 프로그래밍 언어는 실제 언어와 다르게 직관적이지 않을 때가 가끔 있다. 이런 특성들이 버그를 유발하기도 한다.

그럼, 계산 결과가 올바로 나오게 하려면 어떻게 해야 할까? 가장 쉬운 방법은, num 혹은 num2 변수의 타입을 Double로 변경하는 것이다. num의 타입을 한번 Double로 바꿔보겠다.

> **N O T E**
>
> **변수의 타입을 변경할 때 주의할 점**
> Double 타입의 변수에는 반드시 Double 값만 저장할 수 있다. 따라서 다음 코드는 오류를 일으킨다.
>
> ```
> val num: Double = 15 − 4 * 3
> ```
>
> 오류: Type mismatch: inferred type is Int but Double was expected (타입 불일치: 추론된 타입은 Int이나, Double이 와야 한다)
>
> **Java 코틀린의 타입 체크**
> 코틀린은 자바보다 더 타입 체크에 엄격하다. Double 타입의 변수에 Int 타입의 값을 저장할 수 없다.

Double 타입의 변수에는 Double 타입인 표현식만 저장 가능하므로, 표현식 부분도 조금 수정해야 한다. 리터럴 15, 4, 3 중 하나만 Double 타입으로 만들어 주면 연산이 진행되면서 자연스럽게 표현식이 Double 타입으로 수렴하게 되므로 15를 15.0으로 바꿔주었다.

```
val num: Double = 15.0 − 4 * 3
```

두 번째 방법을 이용하면 변수의 타입을 바꾸지 않아도 결과가 올바로 나오게 할 수 있다. 6번 줄을 다음과 같이 바꿔보자.

```
val num4: Double = num.toDouble( ) / num2 + 0.7
```

Int 타입의 표현식 뒤에 .toDouble()을 붙이면 해당 표현식의 타입이 Double 타입으로 포장된다. 아래와 같은 느낌으로 말이다.

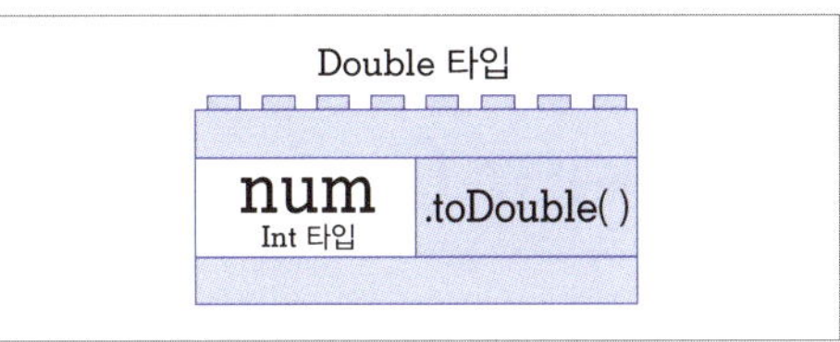

num 변수의 타입 자체가 변화하는 것은 아니며, num.toDouble( ) 부분만이 Double로 인식된다. num의 값은 현재 3이므로, num.toDouble( )의 값은 3.0이 된다. 눈치가 빠른 독자들은 소괄호( )를 보고 toDouble이 함수의 일종임을 알아챘을 것이다. 이것의 정체는 초급 챕터에서 설명하도록 하겠다.

</> 코틀린에서 Int 타입을 Double 타입으로 변환할 때 캐스팅이 아닌 toDouble( )를 사용하는 이유

아직 소개하지는 않았지만, 코틀린에도 형변환을 위한 키워드가 존재한다. 그러나, Int와 Double 타입은 서로 상속 관계가 아니기 때문에 캐스팅으로 형변환을 할 수 없다. 그래서 toDouble( )이라는 메서드를 이용해 Int 타입을 Double 타입으로 변환한다.

num.toDouble( )괴 Int 타입의 변수 num2는, / 연산 후 Double 타입의 결과를 내놓으므로 소수점이 온전히 보전된다.

변수들의 값을 출력한다.

◆ 8~11

```
3
2
23.75
1.7
```

</> 증감 연산자(Increment & Decrement Operator) ++ −−

학습 내용 : 코틀린의 증감 연산자에 대해 배운다.

코틀린의 증감 연산자는 다른 언어의 증감 연산자와 비슷하다.

📁 **소스 : EX_IncrementAndDecrementOperator.kt**

```kotlin
1:  fun main(args: Array<String>): Unit
2:  {
3:      var a = 10
4:      var b = 5
5:
6:      println(a++ + b)
7:      println(a)
8:      println(--b)
9:  }
```

3,4 ◆ 변수 a와 b를 선언하고 각각 10과 5로 초기화하고 있다.

6 ◆ a에 후위 증가 연산을 한 뒤, b를 더한 값을 출력했다. 15가 출력된다.

7 ◆ a가 6번 줄의 증가 연산에 의해 11로 증가된 상태이므로 11이 출력된다.

8 ◆ b에 전위 감소 연산을 한 뒤 바로 출력했다. b 값이 바로 감소되어 4가 출력된다.

📍 **결과** ▶▶▶▶▶▶▶▶▶▶▶▶▶▶▶▶▶▶▶▶▶▶▶▶▶▶▶▶▶▶▶▶▶▶▶

```
15
11
4
```

</> 비트 연산자(Bitwise Operator) and or xor inv shl shr ushr

입문 **007**

학습 내용 : 코틀린의 비트 연산자에 대해 배운다.

코틀린의 비트 연산자는 특이하게도 기호가 아닌 문자로 되어 있다. 코틀린에서 지원하는 비트 연산자는 다음과 같다.

형태	의미	Java 자바에 대응하는 연산자
15 and 7	15와 7을 비트 단위로 and 연산	15 & 7
5 or 2	5와 2를 비트 단위로 or 연산	5 | 2
15 xor 5	15와 5를 비트 단위로 xor 연산	15 ^ 5
32767.inv( )	32767을 비트 단위로 반전	~32767
1 shl 3	1을 왼쪽으로 3칸 시프트	1 << 3
8 shr 1	8을 오른쪽으로 1칸 시프트	8 >> 1
−17 ushr 2	부호를 유지한 채 −17을 오른쪽으로 2칸 시프트	−17 >>> 2

📁 소스 : EX_BitwiseOperator.kt

```
 1:  fun main(args: Array<String>): Unit
 2:  {
 3:      println(15 and 7)      // 7 출력
 4:      println(5 or 2)        // 7 출력
 5:      println(15 xor 5)      // 10 출력
 6:      println(32767.inv( ))  // -32768 출력
 7:      println(1 shl 3)       // 8 출력
 8:      println(8 shr 1)       // 4 출력
 9:      println(−17 ushr 2)    // 1073741819 출력
10:  }
```

지금까지는 **정수**를 저장할 수 있는 타입으로 **Int**, **실수**를 저장할 수 있는 타입으로 **Double**만 소개하였다. 하지만, 코틀린에는 이보다 더 많은 종류의 타입이 존재한다.

종류	타입 이름	용량 (단위: Byte)	저장 가능 범위
정수 타입	Byte	1	−128~127
	Short	2	−3만 2768~3만 2767
	Int	4	−21억 4748만 3648 ~ 21억 4748만 3647
	Long	8	−922경 3372조 0368억 5477만 5808 ~ 922경 3372조 0368억 5477만 5807
실수 타입	Float	4	1.410−45 ~ 3.40282351038
	Double	8	4.910−324 ~ 1.797693134862315710308

※실수 타입은 저장 가능 범위가 아니라 소수점 정밀도이다.

컴퓨터의 저장 공간은 무한하지 않기 때문에 변수에 저장할 수 있는 값의 범위에 한계가 있다. 프로그램을 작성할 때는 항상 이를 염두에 두어야 한다. 일반적인 경우라면 우리가 지금까지 써온 Int 타입만으로 대부분의 수를 표현할 수 있지만, 계산기 같이 매우 큰 수를 다루는 프로그램의 경우, 결과 값이 Int의 저장 가능 범위를 초과할 수도 있다. 그럴 때는 변수의 타입을 Int 대신 Long으로 사용해야 한다. 그렇다면, Long의 범위를 초과하는 매우 큰 수는 어떻게 다룰 수 있을까? 이에 대한 내용은 활용 챕터에서 설명하겠다.

반대로, 성적 처리 프로그램처럼 매우 작은 수를 처리할 때는 학생 개개인의 점수(0~100)를 저장하는 변수에 Byte 타입을 사용할 수 있다. 0~100 범위의 값을 저장하는데 대략 21억까지 저장 가능한 Int 타입을 사용하는 것은 용량 낭비이니 말이다.

실수 타입의 경우 저장 가능 범위가 아닌 **소수점 정밀도**를 표기했는데, 왜냐하면 소수점 아래 자리수는 무한하기 때문이다.* 컴퓨터는 무한대인 실수를 과연 어떻게 표현할까?

$$\boxed{\begin{array}{c}\text{유효숫자}\\(\text{2진수})\end{array}} \quad \times \quad \boxed{2^N}$$

컴퓨터는 표현하려는 실수 값을 항상 1.xxxx 형태로 만든다. 예를 들면, 표현하려는 수가 2진수로 1011.1001 일 경우 1.0111001 로 변환한다. 그 다음, 바로 뒤에 2^{-3}을 곱해 소수점의 위치를 왼쪽으로 3칸 이동시킨다. 그리고 이 값들 중, **유효숫자**인 10111001와 **지수** 부분인 −3만을 저장한다.**

이와 같이 실수를 표현하는 방식을 부동소수점(Floating Point) 방식이라고 한다. 소수점이 고정되어 있지 않고 **둥둥 떠다니는 것 같다**고 하여 이런 이름이 붙었다. Float라는 타입명은 부동소수점을 뜻하는 Floating Point에서 나왔으며, Double이라는 타입명은 단순히 Float보다 2배 정밀***하다고 해서 붙여졌다.

이제 예제 코드를 통해 각 타입들을 자세히 살펴보자.

📁 **소스 : EX_IntegerAndRealDataType.kt**

```kotlin
 1:  fun main(args: Array<String>): Unit
 2:  {
 3:      val a: Byte = 125
 4:      val b: Short = (100 + 200) * 100
 5:      var c: Int = 12_4354_6538
 6:      c = 0xFF_88_88
 7:      c = 0b01010010_01100011_01110101_01000101
 8:      var d: Long = -543_7847_3984_7238_4723
 9:
10:      c = a + b
11:      d = c + 10L
12:
```

---

* 실수에 있어서는 저장 가능 범위보다 소수점을 어디까지 표현할 수 있는지가 더 중요하다.

** 실제로 저장되는 값은 약간 다르지만, 유효숫자와 지수 값을 저장한다는 개념은 같으므로 구체적인 내용은 편의상 생략하였다.

*** Double은 용량이 8 바이트이기 때문에, 4 바이트인 Float 보다 표현할 수 있는 유효숫자와 지수의 자리수가 넓어 훨씬 더 정밀한 실수를 표현할 수 있다.

```
13:        var e: Float = 67.6f
14:        val f: Double = 658.456
15:        e = (e + f).toFloat( )
16:        println(e)
17:  }
```

3 ◆ Byte 타입의 변수를 선언하고 있다. 리터럴 125는 Int 타입이어서 원래는 Byte 타입의 변수에 저장
할 수 없지만, 표현식이 리터럴로만 이루어져 있고, 그 값이 Byte 타입의 저장 가능 범위 안에 있을
경우에 한해 저장이 허용된다.

4 ◆ Short 타입의 변수를 선언하고 있다. (100 + 200) * 100은 Int 타입이지만, 리터럴로만 이루어져 있
고, Short의 저장 가능 범위를 벗어나지 않기 때문에 문제 없이 저장된다. 소괄호로 둘러싼 부분은
연산자의 우선순위와 관계 없이 제일 먼저 수행되므로 30000이 저장된다.

5 ◆ Int 타입의 변수를 선언하고 있다. `1.1` 리터럴 부분이 조금 특이한데, 숫자 리터럴 안에 언더스코어
_를 넣어 숫자를 좀 더 알아보기 쉽게 표현할 수 있다. 언더스코어의 위치와 개수는 마음대로 할 수
있으며, 실수 타입의 리터럴에도 적용 가능하다.

6 ◆ 정수 리터럴이 0x로 시작하면, 뒤이어 오는 수가 16진수로 인식된다. 0x의 0은 숫자 0이다.

7 ◆ 정수 리터럴이 0b로 시작하면, 뒤이어 오는 수가 2진수로 인식된다. 0b의 0은 숫자 0이다.

N O T E | Java **코틀린의 8진법 정수 리터럴** |

코틀린은 8진법 정수 리터럴을 지원하지 않는다.

8 ◆ Long 타입의 변수를 선언하고 있다.
정수 리터럴의 값이 Int의 범위를 초과하면 자동으로 Long 타입이 된다. 그래서 리터럴 −543784739
8472384723은 Long 타입이다.

10 ◆ Int 타입의 변수 c에 'Byte 타입 변수 a' + 'Short 타입 변수 b'를 저장하고 있다. 언뜻 보기에, Byte
+ Short의 결과는 Short 타입이 될 것 같지만, 실제로는 Int 타입이 된다. 이 뿐만 아니라, Int 타
입보다 작은 정수 타입들(Byte, Short)끼리 **어떤 산술 연산을 해도 무조건 Int** 타입이 튀어나온다. 즉,
Byte + Byte도, Short − Short도, Short / Byte도 모두 Int 타입이 된다. 상식과 다른 동작이니 꼭
기억해두자.

변수 a에는 125가, b에는 30000이 저장되어 있으므로, c에는 30125가 저장된다.

◆ 11
정수 리터럴 뒤에 L을 붙이면, 그 리터럴은 수의 크기에 상관 없이 무조건 Long 타입이 된다. 따라서 10L은 Long 타입이다. c는 Int 타입이고, 10L은 Long 타입이므로, c + 10L은 무조건 Long 타입이 된다. 왜냐하면 Int 타입과 Long 타입을 계산하면 계산 결과가 Int의 범위를 넘을 수 있기 때문이다. c에는 30125가 저장되어 있으므로, 30125 + 10L = 30135L이 d에 저장된다.

◆ 13
Float 타입의 변수를 선언하고 있다.

실수 리터럴 뒤에 f를 붙이면 그 리터럴은 Float 타입이 된다. Float 타입의 변수에 Double 값을 저장할 수 없으므로 리터럴에 f를 붙였다. 67.6이 변수 e에 저장된다.

◆ 14
Double 타입의 변수 f를 선언과 동시에 658.456으로 초기화하고 있다.

◆ 15

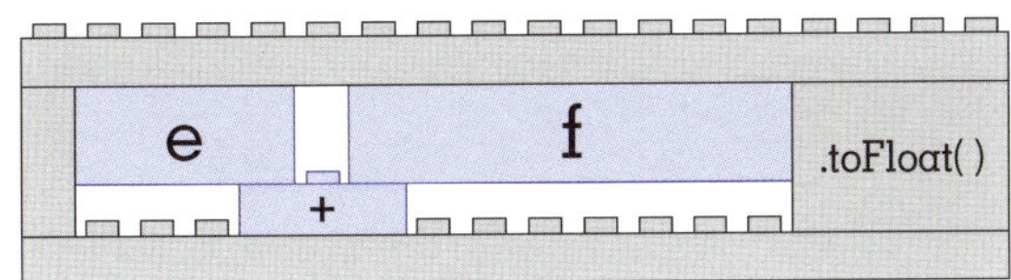

(e + f)가 소괄호로 감싸여 있으므로, 이 부분이 먼저 계산된다. e에는 67.6이, f에는 658.456이 저장되어 있으므로, 계산 결과는 726.056이 된다.

726.056은 Double 타입이어서 Float 타입인 변수 e에 저장할 수 없으므로, 뒤에 .toFloat()를 붙여 Float 타입으로 변환한다.

Float 타입으로 변환된 726.056을 변수 e에 저장한다. 기존 e에 저장되어 있던 67.6은 지워지고, 726.056이 새로 저장된다.

 변수 e의 값을 화면에 출력한다.

예제를 실행해보면 결과가 조금 이상하게 나오는 것을 볼 수 있다. 분명 변수 e에는 726.056이 저장되어 있을 텐데 726.0이 출력되었다. 사실, 이것이 정상적인 결과다. 다음 예제 **'실수 타입의 함정'**에서 왜 이런 현상이 나타나는지 알아보자.

All 실수 타입의 함정

입문
009

학습 내용 : 실수 타입을 다룰 때 주의해야 할 점을 배운다.

여기까지 읽은 독자들은 이런 생각을 할지도 모른다.

'정수 타입은 실수 타입에 비해 표현 범위도 작고, 소수점도 표현할 수 없는데, 그냥 모든 변수를 실수 타입으로 쓰면 안 될까?'

하지만, 정수 값만을 다룬다면 무조건 정수 타입을 사용하는 편이 좋다. 실수 타입에는 치명적인 문제점이 있기 때문이다. 아래 예제를 통해 실수 타입에 어떤 문제가 있는지 알아보자.

📁 **소스 : EX_TrapOfRealNumber.kt**

```kotlin
1: fun main(args: Array<String>): Unit
2: {
3:     println(0.1f + 0.1f + 0.1f)
4:     println(0.1f + 0.1f + 0.1f + 0.1f + 0.1f + 0.1f + 0.1f + 0.1f + 0.1f + 0.1f)
5:     println(0.1f * 10)
6: }
```

 결과 ▸▸▸▸▸▸▸▸▸▸▸▸▸▸▸▸▸▸▸▸▸▸▸▸▸▸▸▸▸▸▸▸▸▸▸▸

```
0.3
1.0000001
1.0
```

0.1을 3번 더했으므로, 0.3이 올바르게 출력된다.　　　　　　◆ 3

0.1을 10번 더했는데 1이 아니라 1.0000001이라는 엉뚱한 값이 나왔다. 이것이 바로 실수 타입의 함정이다.　　　　　　◆ 4

실수 값은 2진수 유효숫자로 표현되기 때문에 **상황에 따라 정확한 값을 가리킬 수 없다**. 예컨대 10진수로 0.1이라는 값은, 2진수로 표현할 때 소수점이 정확히 나눠 떨어지지 않는 무한 소수가 되기 때문에 표현할 수 있는 범위에서 가장 근사한 값인 0.100000001490116119384765625로 바뀌어 저장된다. 물론, 저장하려는 실수가 운 좋게 2진수 유효숫자로 정확히 표현할 수 있는 수라면 그 값이 온전히 저장되지만, 그렇지 못하면 잘못된 값을 저장하게 된다.

예제를 보면 알 수 있겠지만, 연산을 거듭할 수록 오차가 누적된다. 그래서 3번의 덧셈에서는 오차가 무시할 수 있을 정도로 작아 올바른 결과가 나왔지만, 10번의 덧셈은 오차가 무시할 수 없을 정도로 누적되어 잘못된 결과가 출력되었다.

5 ◆ 0.1에 10을 곱했다. 4번 줄과 똑같은 계산을 했으니 4번 줄처럼 오차 있는 결과가 나올 것 같지만, 10번 더하는 것은 오차가 10번 누적되고, 1번 곱하는 것은 오차가 1번만 누적되는 것이기 때문에 결과가 온전히 나왔다.

항상 정확한 결과만을 산출해야 하는 컴퓨터에 이런 특성은 너무 치명적이다. 실수 계산을 할 때는 **항상 대략적인 값만 얻을 수 있다**는 것을 염두에 두고, 꼭 실수 값을 처리해야 하는 상황이 아니라면 정수 타입만을 사용하자.

[All] 문자 타입

학습 내용 : 문자를 저장할 수 있는 타입에 대해 배운다.

지금까지는 수를 저장할 수 있는 타입에 대해서만 배웠다. 하지만, 코틀린에는 문자 타입이라는 것도 존재한다. 문자 타입은 말 그대로 **문자를 저장할 수 있는 타입**을 말한다. 예제를 통해 문자 타입에 대해 알아보자.

📁 **소스 : EX_CharType.kt**

```
1:  fun main(args: Array<String>): Unit
2:  {
3:      var ch: Char = 'A'
4:      println(ch)
5:
6:      ch = '\uAC00'
7:      println(ch)
8:
9:      ch = '한'
10:     println(ch.toInt( ))
11: }
```

역슬래시 입력하기

\는 역슬래시로, 글꼴에 따라 원화 기호(₩)로 나타날 수도 있다. 역슬래시와 원화 기호는 서로 같은 문자라고 생각하면 된다.

Char 타입의 변수 ch를 선언하고 있다. 여기서 Char이 바로 문자 타입이다. Char은 Character(문자)의 줄임말이다. Char 타입 변수에는 문자 한 개만 저장할 수 있으며, Char 타입의 크기는 2 바이트이다. 'A'은 Char 타입의 리터럴이다. 문자 한 개를 **작은따옴표로 감싸면 그 부분은 Char 타입**이 된다. 문자 A가 변수 ch에 저장된다.

◆ 3

4 ◆ 변수 ch에 저장된 문자 **A**가 출력된다.

6 ◆ 매우 특이한 코드가 나왔다. 이 줄의 이해를 위해 몇 가지 부연설명을 하겠다.

0과 1만 알아듣는 컴퓨터는 사실 숫자 값만 다룰 수 있다. 컴퓨터에 문자를 직접 저장한다는 것은 따지고 보면 말도 안 되는 개념이다. 사람들은 숫자만 다룰 수 있는 컴퓨터로 문자를 처리하기 위해 각 문자들에 번호를 매겨놓았다.* 그리고 컴퓨터에 문자를 저장할 때는 이 번호를 대신 저장했다. 실제로, 위 3번째 줄의 var ch: Char = 'A'는 변수 ch에 문자 A를 저장한 것처럼 보이지만, A가 아닌 A의 문자 코드가 저장된다.

문자 코드를 매기는 방식에는 여러 종류가 있는데,** 코틀린에서는 유니코드(Unicode)를 사용한다. 유니코드의 범위는 0~65535, 16진수로는 0~FFFF로, 정확히 16진수 4자리로 표현할 수 있다. 코틀린 코드에서 작은따옴표 안에 \u 4자리 16진수를 입력하면, 그 번호에 해당하는 문자로 치환된다. 변수 ch에 유니코드로 16진수 AC00에 해당하는 문자를 저장하고 있다. AC00은 16진수로 44032로, '가'를 나타낸다. 변수 ch에 저장된 문자 '가'가 출력된다.

9 ◆ 변수 ch에 문자 '한'을 저장하고 있다.

10 ◆ Char 타입의 표현식에 .toInt()를 적으면, 해당 문자의 유니코드 값을 갖는 Int 타입으로 변화한다. 따라서 문자 '한'에 해당하는 유니코드 값 **54620**이 출력된다.

---

* 이렇게 문자 하나하나에 매긴 번호를 문자 코드(Character Code)라고 한다.

** 종류에 따라 문자에 매긴 번호가 다르다.

[All] 문자열(String)

입문 011

학습 내용 : 여러 개의 문자를 저장할 수 있는 타입에 대해 배운다.

문자열은 **문자**(Char)들을 일렬로 나**열**한 것을 말한다. 코틀린에서 문자열을 다루는 법을 배워보자.

📁 소스 : EX_StringType.kt

```kotlin
 1:  fun main(args: Array<String>): Unit
 2:  {
 3:      var str: String = "Hello"
 4:      println(str)
 5:
 6:      str = str + "\nKotlin!"
 7:      println(str)
 8:
 9:      println(str[8])
10:
11:      val num = 10 * 5 + 3
12:      println(str + num)
13:  }
```

String 타입의 변수 str을 선언하고 있다. String은
문자열을 저장할 수 있는 타입이다.

큰따옴표로 감싼 "Hello"는 String 타입의 리터럴이
다. **문자 여러 개를 큰 따옴표로 감싸면 그 부분은 String
타입**이 된다. 문자열 "Hello"를 변수 str에 저장하고

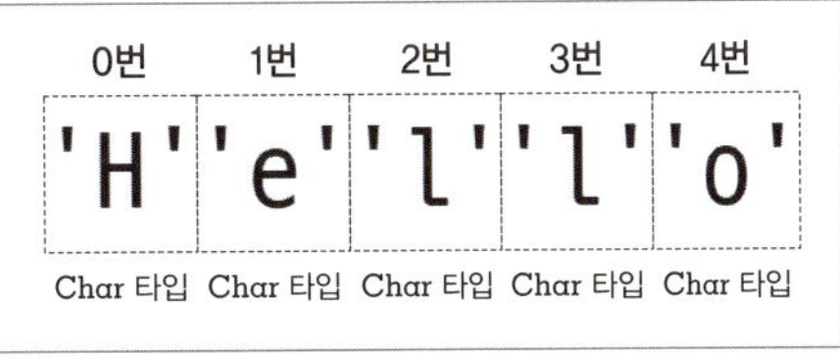

있다. str에 저장된 문자열 "Hello"의 모습을 간략히 그리면 우측의 그림과 같다. 원고지처럼 문자
한 개가 문자열 한 칸에 들어간다. 본 예제에는 없지만, 띄어쓰기도 마찬가지로 문자 한 개로 취급
되어 문자열 한 칸을 차지한다. 각 문자에는 번호가 매겨져 있다. 여기서 첫 번째 문자가 1번이 아
닌 0번이라는 점에 주의하자.

변수 **str**에 저장된 문자열 Hello가 출력된다.

◆ 3

◆ 4

6 ◆ + 연산자의 양 피연산자가 String 타입이면, 왼쪽의 문자열에 오른쪽의 문자열을 덧붙인다. 따라서 str에 저장된 값은 다음과 같이 변한다.

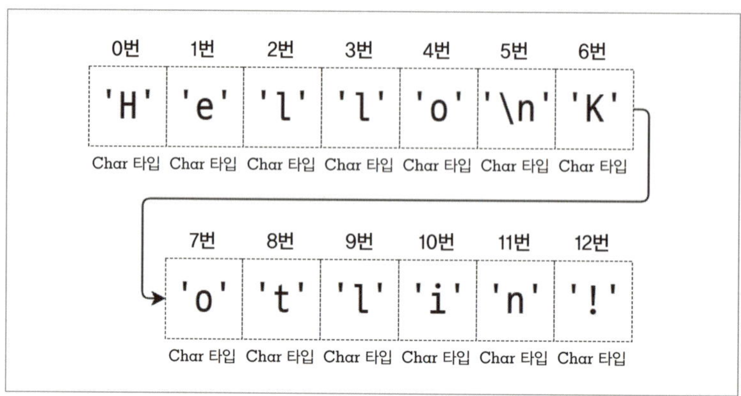

\n은 줄바꿈을 나타내는 특수문자이다. 큰 따옴표 안에서 직접 줄바꿈을 하면 오류가 발생하기 때문에 줄바꿈을 \n로 대체하여 표현한다.

7 ◆ str에 저장된 값이 출력된다.

```
Hello
Kotlin!
```

9 ◆ String 타입의 표현식 우측에 대괄호[]를 적고 그 안에 Int 값을 적으면, 그 번호에 맞는 문자를 Char 타입으로 꺼낼 수 있다. 즉, str 자체는 String 타입이지만, str[8]은 Char 타입이다. str의 8번째에 저장된 문자는 't'이므로, 't'가 출력된다. 8처럼 문자의 위치를 나타내는 숫자를 인덱스(Index)라고 한다.

String 리터럴에서 대괄호의 사용

String 타입의 표현식이라면 얼마든지 대괄호를 사용할 수 있다. 즉, 아래처럼 String 리터럴에도 대괄호를 사용할 수 있다. 위 코드를 실행하면 r이 출력된다.

```
println("Great"[1])
```

Int 타입 변수 num을 선언과 동시에 표현식 10 * 5 + 3으로 초기화하고 있다. num에 53이 저장 ◆ 11
된다.

String과 **String이 아닌 값**을 + 연산자로 연결하면, String이 아닌 값을 String으로 변환한 뒤 서로 ◆ 12
합친다. 즉, 아래와 같은 그림은 53이 문자열로 변하고 그대로 합쳐진다.

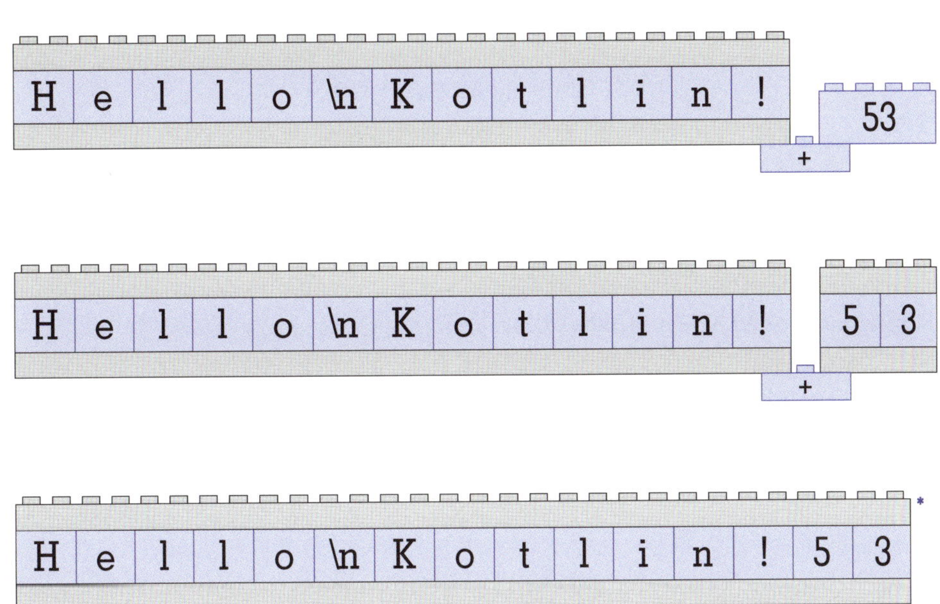

str + num 표현식의 결과인 Hello\nKotlin!53이 출력된다.

결과

```
Hello
Hello
Kotlin!
t
Hello
Kotlin!53
```

---

* 이제야 눈치챈 독자들도 있겠지만, 레고 블록의 너비는 해당 타입이 실제로 차지하는 바이트 수를 나타낸다(ex. Char 하나는 2바이트이므로 두 칸짜리 블록 사용).

문자열 안에 표현식의 값을 집어넣기

학습 내용 : 문자열 안에 변수나 표현식의 값을 집어넣는 방법을 알아본다.

이전 예제에서 + 연산자를 사용하여 표현식의 값을 문자열에 덧붙일 수 있는 방법을 배웠다. 그러나, 표현식의 값을 문자열에 연결할 때마다 + 연산자를 쓰는 것은 매우 번거롭다. 이번 예제에서는 좀 더 간결하게 표현식의 값을 문자열에 포함시키는 법을 배워보자.

소스 : EX_ExpressionIntoString.kt

```kotlin
 1:  fun main(args: Array<String>): Unit
 2:  {
 3:      val a = 10
 4:      val b = 20
 5:
 6:      println("a의 값: $a")
 7:      println("b의 값: $b")
 8:
 9:      println("a + b = ${a + b}")
10:  }
```

3,4 ◆ 변수 a와 b에 각각 10과 20을 저장하고 있다.

6 ◆ 큰따옴표 안에 $가 들어있다. $ 뒤에 변수 이름을 적으면 **해당 부분은 변수의 값으로 대체**된다. 따라서 a의 값: $a이 그대로 출력되는 것이 아니라 a의 값: 10이 출력된다.

그럼 $ 자체를 출력하고 싶으면 어떻게 해야 할까? 문자열 안에 $가 들어있으면, 바로 뒤에 오는 텍스트를 무조건 변수 이름으로 인식하기 때문에 $ 자체를 출력하려면 **\$를** 대신 사용해야 한다.

```kotlin
println("a의 값: \$a")
```

이렇게 하면 a의 값: $a이 그대로 출력된다.

b의 값: 20이 출력된다.　　　　　　　　　　　　　　　　　　　　　　　　　　　　　◆ 7

변수의 값이 아닌 **표현식의 값을 문자열에** 포함하고 싶으면 ${표현식}을 문자열 안에 적어야 한다. a +　◆ 9
b = 30이 출력된다.

결과 ▶▶▶

a의 값: 10
b의 값: 20
a + b = 30

알고 갑시다!

$의 정체

사실 우리가 "a의 값: $a"의 형태로 코드를 작성한다고 해도, 실제 컴파일될 때는 "a의 값: " + a 꼴로 변환된다. 기계의 입장에서 보면 명령어 형태의 종류가 적은 편이 좋기 때문이다. 이처럼 동일한 역할을 하는 문법이 이미 존재하지만, 사람이 읽고 쓰기 좋게 추가적으로 제공하는 문법을 문법적 설탕(Syntactic Sugar)이라고 부른다. 사람이 사용하기에 달콤하다고 하여 이런 이름이 붙여졌다.

타입 별명(Type Alias)

All
1.1

학습 내용 : 특정 타입에 또 다른 이름을 붙이는 방법에 대해 알아본다.

typealias라는 키워드를 사용하면 이미 존재하는 타입에 별명을 붙일 수 있다.

소스 : EX_TypeAlias.kt

```kotlin
1: typealias Number = Int
2:
3: fun main(args: Array<String>) : Unit
4: {
5:     val a: Number = 10
6:     println(a)
7: }
```

1 ◆ typealias 별명 = 타입과 같이 쓰면 그 타입에 새로운 이름을 붙일 수 있다. 이제 Number는 Int와 같은 타입이 된다.

5 ◆ a의 타입을 Number로 지정했지만, Number는 Int와 같으므로 a의 타입은 Int다.

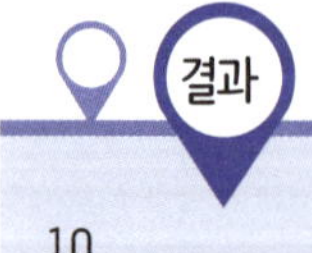 **결과**

```
10
```

타입 별명은 타입 이름이 너무 길 때, 타입 이름을 줄이는 용도로 사용하면 좋다.

[All] 주석(Comment)

학습 내용 : 소스코드에 메모를 다는 방법을 배운다.

소스코드는 아무래도 자연어가 아니기 때문에 한눈에 알아보기 어렵다. 코틀린에서는 코드의 동작을 자연어로 설명할 수 있도록 주석(Comment)이라는 문법을 제공한다. 주석은 소스코드에 달아 놓는 메모를 뜻한다.

📁 **소스 : EX_Comment.kt**

```kotlin
1:  fun main(args: Array<String>): Unit
2:  {
3:      // Apple을 화면에 출력한다.
4:      println(/* 이 부분은 컴파일러가 통째로 무시한다. */"Apple"/* 이
5:      부
6:      분
7:      도
8:      */)
9:  }
```

//로 시작하는 부분이 주석이다. //를 적은 순간부터 그 뒤에 오는 소스코드는 컴파일러가 모조리 무시하여 아예 존재하지 않는 코드로 취급한다. ◆ 3

/* */은 구간 주석이다. // 이 한 줄 전체가 주석으로 인식 되는 것과 달리, 이 주석은 주석의 시작과 끝을 지정할 수 있다. ◆ 4~8

주석은 본래 코드에 설명을 다는 역할이지만, 특정 코드를 임시적으로 비활성화할 때 사용하기도 한다.

```kotlin
val a = 15
val b = a + 5 / 3.0

// 테스트로 b에 값이 잘 저장되어 있는지 확인하기 위해 b값 출력
```

```
println(b)

println(α * b) // 최종 결과 출력
```

가령, 위와 같은 코드가 있으면 이렇게 주석을 활용하여 특정 코드를 일시적으로 비활성화할 수 있다.

```
val α = 15
val b = α + 5 / 3.0

// 테스트로 b에 값이 잘 저장되어 있는지 확인하기 위해 b값 출력
// println(b)

println(α * b) // 최종 결과 출력
```

다시 활성화시키고 싶으면 앞의 //만 지워버리면 된다. 코드를 완전히 지워버리기 아까울 때 이 편법을 사용하면 좋다.

All 배정 연산자(Assignment Operator) =

입문
015

학습 내용 : = 도 연산자임을 이해한다. 배정 연산자와 일반 연산자의 축약형도 알아본다.

배정 연산자(Assignment Operator)는 변수에 값을 저장할 때 사용하는 연산자다. 우리는 이미 배정 연산자를 사용해왔다. 이제서야 설명하지만, 사실 =도 연산자의 일종이다. 예제 코드를 살펴보자.

📁 **소스 : EX_AssignmentOperator.kt**

```kotlin
 1:  fun main(args: Array<String>): Unit
 2:  {
 3:      val a: Int
 4:      var b: Int
 5:
 6:      a = 10 + 5
 7:      b = 10
 8:
 9:      b += a // b에 a의 값을 누적
10:      println(b)
11:
12:      b %= 3 // b를 3으로 나눈 나머지를 b에 저장
13:      println(b)
14:  }
```

Int 타입 변수 a와 b를 선언하고 있다.　　　　　　　　　　　　　◆ 3, 4

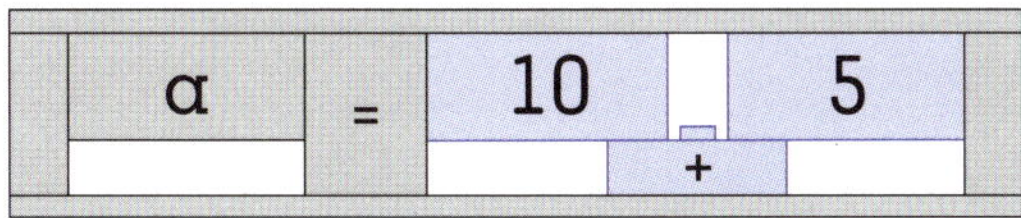

◆ 6

변수 a에 10 + 5를 저장하고 있다. 방금 전에 =도 연산자라고 말했다. = 연산자는 우선순위가 매우 낮기 때문에* 10 + 5가 먼저 계산된다.

---

* 　참고로 연산자 우선순위는 */%, +-, = 순으로 높다. 연산자 우선순위는 꼭 외워둘 필요까지는 없으므로, 코드를 작성하다가 연산자 우선순위가 헷갈린다면 먼저 계산되어야 할 부분을 ( )로 둘러싸도록 하자.

α	=	15

= 연산자는 좌측의 피연산자 α에 우측의 피연산자 15를 집어넣는다. 당연히 좌측의 피연산자는 변수여야 한다.

= 연산자는 결과 값을 내놓지 않기 때문에 =이 포함된 수식은 표현식이 아니다. 즉, 10 + 5 부분까지는 표현식이지만, α = 10 + 5까지는 표현식이 아니다. 위의 α = 15 그림이 다른 블록에 끼울 수 없는 형태인 것을 주목하자.

최종적으로 α에 15가 저장된다.

7 ◆ 변수 b에 10을 저장하고 있다.

9 ◆ 배정 연산자와 일반 연산자는 연산자= 형식으로 줄여 쓸 수 있다. 즉, α += 3은 α = α + 3에 대한 문법적 설탕이다. 원래 변수에 저장되어 있던 값에 누적한다고 생각하면 쉽다. 여기서는 b += α를 했으므로, b에 저장되어 있던 값 10에 α에 저장된 값 15를 누적하여 25가 b에 저장된다.

10 ◆ b에 저장된 값 25가 출력된다.

12 ◆ b에 저장된 값 25를 3으로 나눈 나머지를 b에 저장하고 있다. b에 1이 저장된다.

13 ◆ b에 저장된 값 1이 출력된다.

25
1

[All] 문장(Statement)

학습 내용 : 명령의 기본 단위가 되는 문장에 대해 알아본다.

문장(Statement)은 독립적으로 실행할 수 있는 코틀린 코드 조각을 뜻한다.

📁 **소스 : EX_Statement.kt**

```kotlin
1:  fun main(args: Array<String>): Unit
2:  {
3:      val num: Int
4:      num = 15
5:
6:      println(
7:          num + 7 * 3
8:      )
9:  }
```

위 예제는 총 몇 개의 문장으로 이루어져 있을까?

val num : Int는 다른 줄과 연결되지 않은 독립된 코드 조각이므로 하나의 문장이다.　　◆ 3

num = 15도 독립적인 코드 조각이므로 문장이다.　　◆ 4

일부러 독자들을 헷갈리게 하려고 줄을 많이 띄웠다. println(num + 7 * 3) 부분이 사실상 하나로 이　◆ 6~8
어져 있으므로 6~8 줄 전체가 한 문장이 된다.

의미 없는 빈 줄은 문장으로 인식되지 않는다. 그러므로 위 예제는 총 3개의 문장으로 이루어져 있다.
각 문장이 차지하고 있는 영역을 알기 쉽게 나타내면 다음과 같다.

```kotlin
fun main(args: Array<String>)
{
    val num: Int
    num = 15

    println(
        num + 7 * 3
    )
}
```

문장은 독립적인 코드 조각을 세는 단위이기 때문에 표현식과는 조금 다르다. 표현식은 하나의 값으로 수렴하는 덩어리이기만 하면 성립하지만, 문장은 더 이상 다른 코드와 연결되지 않는 독립체를 뜻하기 때문에 문장은 표현식이 아닐 수 있다.

여러 문장을 한 줄로 연결하기

세미콜론(;)을 이용하면, 여러 개의 문장을 한 줄에 쓸 수 있다. 아래 코드는 본 예제와 똑같은 코드이다.

```kotlin
val num: Int; num = 15; println(num + 7 * 3)
```

그러나, 이렇게 한 줄에 모두 적는다 해도 여전히 세 개의 문장으로 인식된다.

All 비교 연산자(Comparison Operator) == != > < >= <=

입문
017

학습 내용 : 참과 거짓을 표현하는 Boolean 타입과, 두 표현식의 값을 비교하는 연산자에 대해 배운다.

비교 연산자(Comparison Operator)는 말 그대로 두 피연산자를 비교하는 연산자이다. 코틀린에는 다음과 같은 비교 연산자들이 있다.

기호	사용 예	결과 값
==	a == b	a와 b가 같으면 true, 다르면 false
!=	a != b	a와 b가 다르면 true, 같으면 false
>	a > b	a가 b보다 크면 true, 그렇지 않으면 false
<	a < b	a가 b보다 작으면 true, 그렇지 않으면 false
>=	a >= b	a가 b보다 크거나 같으면 true, 그렇지 않으면 false
<=	a <= b	a가 b보다 작거나 같으면 true, 그렇지 않으면 false

비교 연산자의 결과 타입은 Boolean이다. Boolean 타입에는 true(참)과 false(거짓)이라는 특수 값만 저장할 수 있다.

📁 **소스 : EX_ComparisonOperator.kt**

```kotlin
 1:  fun main(args: Array<String>): Unit
 2:  {
 3:      var isRight: Boolean = (10 + 70) > (3 * 25)
 4:      println(isRight)
 5:
 6:      isRight = false
 7:      println(isRight)
 8:
 9:      isRight = 30 == (10 + 20)
10:      println(isRight)
11:
12:      isRight = 0.00001f == 0.005f * 0.002f
13:      println(isRight)
14:
```

```
15:        isRight = 3.0 * 5 + 2.7 <= 16
16:        println(isRight)
17: }
```

여러 문장을 한 줄로 연결하기

코틀린에서 ==, != 연산자는 자바의 equals 메서드를 호출한 것과 같다. 자바처럼 객체의 참조 값끼리 비교하려면 ===, !== 연산자를 사용해야 한다.

3 ◆ Boolean 타입의 isRight 변수를 선언하고 있다. 우측의 표현식은 아래와 같은 과정을 거쳐 계산된다.

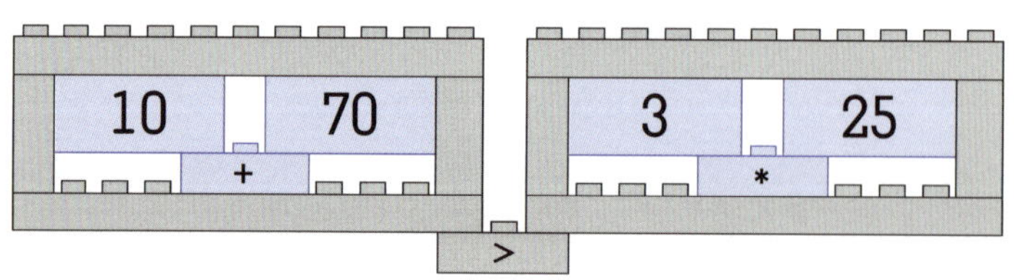

먼저, 소괄호로 감싸진 부분이 계산된다. 사실 비교 연산자보다 산술 연산자가 더 우선순위가 높아서 굳이 소괄호를 사용할 필요가 없지만 좀 더 코드를 읽기 좋게 하기 위해 소괄호를 사용했다.

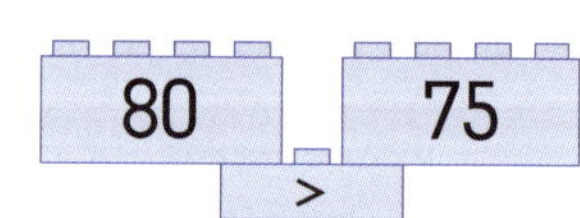

그 다음, 양측의 피연산자 중 어떤 것이 더 큰지 비교한다. 80이 75보다 더 크므로 결과는 true가 된다. 여기서 두 피연산자의 타입은 꼭 일치할 필요가 없다. 둘 다 숫자 타입*이기만 하면 된다.

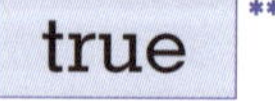

변수 isRight에 최종 값 true가 저장된다.

---

*   정수 타입과 실수 타입
** Boolean 타입은 크기가 정해져 있지 않기 때문에 레고 블록이 아닌 사각형으로 표현했다.

isRight에 저장된 true가 출력된다. ◆ 4

isRight에 false를 직접 저장하고 있다. ◆ 6

isRight에 저장된 false가 출력된다. ◆ 7

30 == (10 + 20) 부분은 30 == 30이 되고, 양 피연산자의 값이 같으므로 결과는 true가 된다. == 연산 ◆ 9
자는 > 연산자와는 달리 양 피연산자의 타입이 반드시 일치해야 한다.
배정 연산자는 우선순위가 제일 낮기 때문에 최종 값 true가 isRight에 저장된다.

isRight에 저장된 true가 출력된다. ◆ 10

0.00001f == 0.005f * 0.002f 부분은 false이다.*** 수학적으로는 0.00001과 0.005 * 0.002이 같지만, 실수 ◆ 12
타입의 한계로 인해 두 실수 값을 정확히 비교하지 못한다.

isRight에 저장된 값 false가 출력된다. ◆ 13

3.0 * 5 + 2.7 <= 16 부분은 17.7 <= 16으로 변한다. 여기서 <= 연산자는 피연산자가 서로 다른 타입이 ◆ 15
어도 상관없다는 것을 알 수 있다. 17.7 <= 16은 사실이 아니므로 false가 된다. isRight에 false가
저장된다.

isRight에 저장된 값 false가 출력된다. ◆ 16

```
true
false
true
false
false
```

가끔 =와 ==를 헷갈려하는 사람이 있는데 이렇게 생각하면 구분하기 쉽다.
=는 우측의 값을 왼쪽의 변수에 저장하는 연산자이고 ==는 왼쪽과 오른쪽의 값이 같으면 true, 다
르면 false를 내놓는 연산자이다.

*** 왜 이런 현상이 일어나는지 잘 모르겠다면 이전 예제 '실수 타입의 함정'을 다시 살펴보자.

All 논리 연산자(Logical Operator) && || !

학습 내용 : 논리 연산을 수행하는 연산자에 대해 배운다.

논리 연산자(Logical Operator)는 참과 거짓으로만 계산을 수행하는 연산자이다. 코틀린에는 다음과 같은 논리 연산자들이 있다.

기호	예	의미
&&	a && b	a와 b가 모두 true면 결과 값은 true, 둘 중 하나라도 false면 결과 값은 false
||*	a || b	a와 b 중 하나라도 true면 결과 값은 true, 둘 다 false면 false
!**	!a	a가 true면 결과 값은 false, a가 false면 결과 값은 true

📁 **소스 : EX_LogicalOperator.kt**

```kotlin
 1:  fun main(args: Array<String>): Unit
 2:  {
 3:      val a = 15
 4:      val b = 17
 5:
 6:      var bool: Boolean = (a - b < a + b) && (a == 15)
 7:      println(bool)
 8:
 9:      bool = !((a + b) > (a * 3)) || (b - a) > 0)
10:      println(bool)
11:  }
```

3,4 ◆ 변수 a, b에 각각 15와 17을 저장한다.

6 ◆ Boolean 타입 변수 bool을 선언과 동시에 표현식 (a - b < a + b) && (a == 15)으로 초기화하고 있다.

---

* [Shift]를 누른 채 역슬래시를 입력하면 된다.

** 프로그래밍 언어에서 '!'은 보통 Not의 의미로 사용된다. 그래서 !=도 같지 않음을 뜻한다.

표현식 (α − b < α + b) && (α == 15)을 하나씩 풀어보면 다음과 같다.

- (15 − 17 < 15 + 17) && (15 == 15)
- (−2 < 32) && true
- true && true

양 피연산자가 모두 true이므로 && 연산자의 결과는 true가 된다. 변수 bool에 true가 저장된다.

bool에 저장된 값 true가 출력된다.

◆ 7

표현식 !((α + b) > (α * 3) || (b − α) > 0) 부분을 하나씩 풀어보면 다음과 같다.

◆ 9

- !((15 + 17) > (15 * 3) || (17 − 15) > 0)
- !(32 > 45 || 2 > 0)
- !(false || true)

왼쪽 피연산자는 false이지만 오른쪽의 피연산자가 true이므로, || 연산자의 결과는 true가 된다.

- !true

---

true 앞에 ! 연산자가 붙었으므로 값이 반전되어 false가 된다. 변수 bool에 false가 저장된다.

bool에 저장된 값 false가 출력된다.

◆ 10

true
false

아래 코드는 초보자들이 자주 하는 실수이다. 어떤 부분이 문제가 되는지 찾아보자.

```
val a = 10
val isTrue = 5 < a < 15
```

5 < a < 15 부분을 자세히 보자. 이 부분이 제대로 계산될 수 있을까? a에는 10이 저장되어 있으므로 5 < 10 < 15로 치환해서 생각해보자. 5 < 10 부분이 계산되면 true < 15로 변한다. 그런데, Int 타입과 Boolean 타입은 비교가 불가능하다. '참'과 숫자 15를 비교할 수 있겠는가?

오류: The integer literal does not conform to the expected type Boolean (정수 리터럴이 예상되는 타입 Boolean을 따르지 않는다)

5 < a < 15는 다음과 같이 써야 올바르게 동작한다.

```
val isTrue = 5 < a && a < 15
```

이렇게 하면 5 < a && a < 15는 true && true로 변하고, 다시 true로 변하여 올바른 결과를 낸다. 만약 a가 3이라면, false && true 이므로 false가 되고, a가 30이라면 true && false가 되어 false가 된다.

All 흐름 제어–조건문 if

입문
019

학습 내용 : 조건에 따라 문장을 실행할지 말지 결정하는 if 문에 대해 배운다.

비교 연산자와 논리 연산자를 배운 독자들은 Boolean 타입을 대체 어디에 사용하는 것인지 궁금할 것이다. 사실 Boolean 타입과 비교/논리 연산자는 조건문 if를 설명하기 위해 소개했다.

코드를 작성하다 보면 상황에 따라 실행될 코드를 다르게 하고 싶을 때가 있을 것이다. 예를 들면, '변수 num에 들어 있는 값이 30 이상일 때만 println으로 출력' 등과 같다.

📁 **소스 : EX_If.kt**

```kotlin
 1:  fun main(args: Array<String>): Unit
 2:  {
 3:      var a = 15
 4:      val b = 11
 5:
 6:      if (a > b)
 7:      {
 8:          println("if 안으로 들어옴")
 9:          a -= b
10:      }
11:
12:      println(a)
13:  }
```

a와 b에 각각 15와 11을 저장하고 있다.

◆ 3, 4

이 부분이 이번 예제에서 설명할 if 문이다. if 문은 다음과 같이 작성한다.

◆ 6, 7, 10

```
if (Boolean 타입 표현식)
{
    if 문에 포함시킬 문장들
}
```

여기서 **if**( ) 다음에 오는, 중괄호로 둘러싼 부분을 블록(Block)이라고 한다. 블록은 여러 개의 문장을
담을 때 사용한다.

if 문 소괄호 안에 들어가는 **Boolean 타입의 표현식**은 조건(Condition)이라고 한다. 조건이 **true**일 때
만 **if** 문에 들어있는 문장들이 실행된다. 조건문(Conditional Statement)이라는 이름은 조건에 따라
특정 코드를 실행하거나 실행하지 않을 수 있다고 하여 붙여졌다.

8,9 ◆ α > b는 **true**이므로 8, 9 번 줄이 실행된다. 'if 안으로 들어옴'이 출력되고, α에 저장된 값이 11 만큼
감소한다.

12 ◆ α에는 현재 4가 저장되어 있으므로 4가 출력된다.

if 문은 몇 줄의 문장을 포함하고 있든 간에 무조건 하나의 문장으로 인식된다. 본 예제의 각 문장들
의 영역을 그림으로 나타내면 다음과 같다.

```kotlin
fun main(args: Array<String>)
{
    var a = 15
    val b = 11

    if (a > b)
    {
        println("if 안으로 들어옴")
        a -= b
    }

    println(a)
}
```

if 문 속에는 두 개의 문장이 있지만, if(α > b) { … } 부분 자체는 한 문장으로 인식된다. 즉, main 함
수 안에는 4개의 문장이 있는 것으로 인식된다.

블록 짧게 쓰기

if 문에 속한 문장이 하나일 때는 중괄호를 생략할 수 있다.

```
if (a > b)
{
    println(a)
}
```

위 코드는 다음과 같이 줄여 쓸 수 있다.

```
if (a > b)
    println(a)
```

앞으로 소개하는 else, when, while도 여러 개의 문장을 담기 위해 블록을 사용하는데, 이때도 마찬가지로 포함된 문장이 하나이면 중괄호를 생략할 수 있다.

else는 if와 짝이 되는 키워드이다. 따라서 if가 나오고 난 다음에만 else를 사용할 수 있다. else는 자신과 연결된 if의 조건이 false일 때만 실행된다.

📁 **소스 : EX_IfElse.kt**

```kotlin
 1:  fun main(args: Array<String>): Unit
 2:  {
 3:      val a = 10
 4:      val b = 5
 5:
 6:      if (a < b)
 7:          println("if")
 8:      else
 9:          println("else")
10:
11:      if (a > b)
12:          println("a가 크다.")
13:      else
14:          println("b는 a 이상이다.")
15:  }
```

3,4 ◆ 변수 a와 b에 각각 10과 5를 저장하고 있다.

6 ◆ 조건 a < b은 참이 아니므로, 7번 줄은 실행되지 않는다.

8 ◆ 이 else는 6번 줄의 if와 짝이 된다. 짝이 되는 if의 조건이 false였으므로 이 else에 속한 문장이 실행된다.

9 ◆ else가 출력된다.

조건 a > b는 참이므로, 12번 줄이 실행된다.　　　　　　　　　　　◆ 11

a가 크다.가 출력된다.　　　　　　　　　　　◆ 12

else는 11번 줄의 if와 짝이 된다. 짝이 되는 if의 조건이 true였으므로 이 else에 속한 문장은 실행　◆ 13
되지 않는다.

> **결과**
>
> else
> a가 크다.

if부터 else까지는 하나의 문장으로 인식된다. if하고 else는 분리된 요소가 아니기 때문이다. 본
예제의 각 문장들의 영역을 그림으로 나타내면 다음과 같다. main 함수는 총 4개의 문장을 가지고
있다.

```kotlin
fun main(args: Array<String>)
{
    val a = 10
    val b = 5

    if (a < b)
        println("if")
    else
        println("else")

    if (a > b)
        println("a가 크다.")
    else
        println("b는 a 이상이다.")
}
```

All if와 else의 중첩

학습 내용 : if와 else 안에 또 다른 if 와 else를 넣을 수 있음을 이해한다.

if나 else 안에는 또 다른 if를 넣을 수 있다. 이를 이용하여 여러 가지 조건을 처리하는 것이 가능하다.

📁 **소스 : EX_NestedIfElse.kt**

```kotlin
 1:  fun main(args: Array<String>): Unit
 2:  {
 3:      val score = 88
 4:
 5:      if (score >= 90)
 6:      {
 7:          println('A')
 8:      }
 9:      else
10:      {
11:          if (score >= 80)
12:          {
13:              println('B')
14:          }
15:          else
16:          {
17:              if (score >= 70)
18:              {
19:                  println('C')
20:              }
21:              else
22:              {
23:                  println('F')
24:              }
25:          }
26:      }
27:  }
```

변수 score에 88을 저장하고 있다. ◆ 3

score >= 90은 false이므로, 9번 줄의 else 안에 들어있는 문장이 실행된다. ◆ 5

score >= 80은 true이므로, if 문 안에 들어있는 문장이 실행되며, 15번 줄의 else는 실행되지 않 ◆ 11
는다.

B가 출력된다. ◆ 13

if와 else를 중첩시켜 우리가 원하는 결과는 얻었지만 들여쓰기가 너무 많아 코드를 읽기 어려워졌
다. 이 코드를 조금 더 읽기 좋게 바꿀 수 없을까?

본 예제의 각 문장들의 영역을 그림으로 나타내면 이러하다.

문장이 하나일 때는 중괄호를 생략할 수 있으므로 9번 줄의 else는 다음과 같이 고쳐쓸 수 있다.

```
fun main(args: Array<String>)
{
    val score = 88

    if (score >= 90)
    {
        println('A')
    }
    else
    {
        if (score >= 80)
        {
            println('B')
        }
        else
        {
            if (score >= 70)
            {
                println('C')
            }
            else
            {
                println('F')
            }
        }
    }
}
```

```
fun main(args: Array<String>)
{
    val score = 88

    if (score >= 90)
    {
        println('A')
    }
    else
    if (score >= 80)
    {
        println('B')
    }
    else
    {
        if (score >= 70)
        {
            println('C')
        }
        else
        {
            println('F')
        }
    }
}
```

여기서 9번 줄의 **else**와 10번 줄의 **if**를 붙여 쓴다고
해서 오류가 발생하지 않으므로, 조금 더 코드를 줄일
수 있다.

```kotlin
fun main(args: Array<String>)
{
    val score = 88

    if (score >= 90)
    {
        println('A')
    }
    else if (score >= 80)
    {
        println('B')
    }
    else
    {
        if (score >= 70)
        {
            println('C')
        }
        else
        {
            println('F')
        }
    }
}
```

이와 같은 방법으로 나머지 **if-else**들도 축약해주면
다음과 같은 형태가 된다.

이렇게 하면 **if**와 **else**를 몇 번이고 중첩해도 깔끔하
게 코드를 작성할 수 있다.

```kotlin
fun main(args: Array<String>)
{
    val score = 88

    if (score >= 90)
    {
        println('A')
    }
    else if (score >= 80)
    {
        println('B')
    }
    else if (score >= 70)
    {
        println('C')
    }
    else
    {
        println('F')
    }
}
```

All if–else를 표현식으로 사용하기

학습 내용 : if–else를 표현식으로 사용하는 법을 알아본다.

if와 else가 모두 갖춰져 있으면 if–else 부분 전체가 표현식이 된다.

소스 : EX_IfExpression.kt

```kotlin
 1:  fun main(args: Array<String>): Unit
 2:  {
 3:      val value: Int = if (10 > 5)
 4:      {
 5:          println("10은 5보다 크다.")
 6:          10
 7:      }
 8:      else
 9:      {
10:          println("10은 5보다 크지 않다.")
11:          5
12:      }
13:
14:      println(value)
15:  }
```

Int 타입의 변수 value를 선언하고 있다. 그런데 변수에 if 문을 대입하고 있다. 일단, 10 > 5는 참이 ◆ 3
므로 if 블록 안의 문장이 실행된다.

10은 5보다 크다.가 출력된다. ◆ 5

뜬금없이 10이 나왔다. 조금 전에 if와 else가 모두 있으면 if–else 전체가 표현식이 된다고 했는데, ◆ 6
if 블록 안의 마지막 표현식이 이 if–else 표현식의 값이 된다. 즉, val value: Int = if (...) else (...)는
val value: Int = 10이 된다. 반대로, if가 아닌 else 블록이 실행됐을 경우, else 블록의 마지막 표
현식인 5가 if–else 표현식의 값이 된다. value에 10이 저장된다.

if-else 표현식의 타입

if 블록과 else 블록의 마지막 표현식의 타입은 일치해야 한다. 즉, if 블록의 마지막 표현식이 Int 타입이었으면, else 블록의 마지막 표현식도 Int 타입이어야 한다.

8~12 ◆ else와 연결된 if 문을 이미 실행했으므로 이 줄들은 실행되지 않는다.

14 ◆ value에 저장된 값 10이 출력된다.

결과

```
10은 5보다 크다.
10
```

그런데, 한가지 궁금한 점이 있다. if-else 블록이 비어있거나 마지막 문장이 표현식이 아니라면 어떻게 될까? 예를 들어 다음과 같은 경우에 말이다. 이럴 때는 if-else 표현식이 Unit 타입이 된다. 즉, 변수 a와 b는 자동으로 Unit 타입이 되며, 의미 없는 값이 저장된다.

```kotlin
val a = if (10 > 5) { }
else { }

// 또는
val b = if (10 > 5)
{
    val a = 10
}
else
{
    val a = 5
}
```

📝 N O T E | Java 코틀린의 삼항 연산자 |

if-else 표현식을 삼항 연산자처럼 사용 가능하므로 코틀린에서는 삼항 연산자가 존재하지 않는다.

All 흐름 제어–조건문 when

학습 목표 : 조건문의 일종인 when 문에 대해 배운다.

when도 if와 같이 조건에 따라 문장 실행 여부를 결정하는 키워드이다. when은 자바의 switch – case를 훨씬 업그레이드 한 버전이다.

when은 다음과 같은 형태로 쓴다.

```
when (타깃 표현식)
{
    타깃 표현식과 비교할 값 –>
    {
        N개의 문장
    }
}
```

📁 **소스 : EX_When.kt**

```
 1:  fun main(args: Array<String>): Unit
 2:  {
 3:      val score = 64
 4:
 5:      when (score / 10)
 6:      {
 7:          6 -> { println('D') }
 8:          7 -> { println('C') }
 9:          8 -> { println('B') }
10:          9, 10 -> { println('A') }
11:          else -> { println('F') }
12:      }
13:
14:      println("test")
15:  }
```

3 ◆ score 변수에 64를 저장하고 있다.

5 ◆ when 옆의 소괄호 안에 비교의 대상이 되는 타깃 표현식을 지정한다. 여기서는 score / 10을 지정했다.

7 ◆ 타깃 표현식과 비교할 값 또는 표현식을 지정한다. 여기서는 6을 지정했다. score / 10과 6이 같으면 println('D')을 실행한 뒤, when 블록을 빠져나온다. score / 10은 6이므로 D가 출력된다.

8 ◆ score / 10과 7이 같으면 println('C')을 실행하고 when 블록을 빠져나온다. score / 10은 7이 아니므로 실행되지 않는다.

9 ◆ score / 10과 8이 같으면 println('B')을 실행하고 when 블록을 빠져나온다. score / 10은 8이 아니므로 실행되지 않는다.

10 ◆ 쉼표를 이용하여 비교할 값을 여러 개 지정할 수 있다. score / 10이 9이거나 10이면 println('A')을 실행하고 when 블록을 빠져나온다. score / 10은 9도, 10도 아니므로 실행되지 않는다.

11 ◆ when 문 안의 모든 비교 값(6, 7, 8, 9, 10)과 같지 않을 때 실행되는 부분이다. else 블록은 생략해도 된다.

14 ◆ test가 출력된다.

when 안의 각 블록들은 if와 마찬가지로, 안에 들어있는 문장이 하나일 때 중괄호를 생략할 수 있다. 이를 토대로 본 예제를 깔끔하게 작성하면 다음과 같다.

```kotlin
fun main(args: Array<String>)
{
  val score = 64

  when (score / 10)
  {
     6 -> println('D')
     7 -> println('C')
     8 -> println('B')
     9, 10 -> println('A')
     else -> println('F')
  }

  println("test")
}
```

본 예제의 실행 흐름을 그림으로 나타내면 다음과 같다.

```kotlin
fun main(args: Array<String>)
{
     val score = 64

  when (score / 10)
  {
     6 -> println('D')
     7 -> println('C')
     8 -> println('B')
     9, 10 -> println('A')
     else -> println('F')
  }

  println("test")
}
```

All when을 표현식으로 사용하기

학습 내용 : when을 표현식으로 사용하는 법을 알아본다.

when도 if처럼 else 블록을 포함하고 있다면 표현식이 된다.

소스 : EX_WhenExpression.kt

```kotlin
 1:  fun main(args: Array<String>): Unit
 2:  {
 3:      val score = 95
 4:
 5:      val grade: Char = when (score / 10)
 6:      {
 7:          6 -> 'D'
 8:          7 -> 'C'
 9:          8 -> 'B'
10:          9, 10 -> 'A'
11:          else -> 'F'
12:      }
13:
14:      println(grade)
15:  }
```

3 ◆ score 변수에 95를 저장하고 있다.

5 ◆ Char 타입 변수 grade를 선언하면서 when 표현식을 대입하고 있다.

7 ◆ score / 10이 6이라면 when 표현식 전체는 'D'로 대체된다.

8 ◆ score / 10이 7이라면 when 표현식 전체는 'C'로 대체된다.

9 ◆ score / 10이 8이라면 when 표현식 전체는 'B'로 대체된다.

score / 10이 9 또는 10이라면 when 표현식 전체는 'A'로 대체된다.　◆ 10

score / 10은 9이므로 이 when 표현식 전체는 'A'가 된다. 따라서 grade 변수에 'A'가 저장된다.

score / 10이 6, 7, 8, 9, 10 중 어디에도 해당하지 않으면, when 표현식 전체는 'F'로 대체된다.　◆ 11

grade에 저장된 값 A가 출력된다.　◆ 14

결과 ▶▶▶▶▶▶▶▶▶▶▶▶▶▶▶▶▶▶▶▶▶▶▶▶▶▶▶▶▶▶

A

when을 if-else처럼 쓰기

when은 아래와 같이 if-else처럼 사용할 수도 있다.

```kotlin
val grade: Char = when
    {
        score >= 90 -> 'A'
        score >= 80 -> 'B'
        score >= 70 -> 'C'
        score >= 60 -> 'D'
        else -> 'F'
    }
```

All 흐름 제어–반복문 while

학습 내용 : 특정 문장을 반복하는 방법을 배운다.

while은 **특정 문장을 반복할 때** 사용하는 키워드이다. 형태는 다음과 같다.

```
while (Boolean 표현식)
{
    while에 포함시킬 문장들
}
```

소스 : EX_While.kt

```kotlin
 1:  fun main(args: Array<String>): Unit
 2:  {
 3:      var i = 1
 4:
 5:      while (i < 10)
 6:      {
 7:          println(i)
 8:          i += 1
 9:      }
10:  }
```

3 ◆ 변수 i를 선언과 동시에 1로 초기화하고 있다.

5 ◆ while 속의 Boolean 표현식을 **조건**이라고 한다. **조건이 true이면 while 블록 속의 문장을 실행**한다. 여기까지는 if와 비슷해보인다.

7 ◆ 변수 i의 값을 출력한다.

8 ◆ i에 저장된 값을 1씩 증가시킨다.

모든 문장이 완료되었으나, 다음 줄로 진행하지 않고 다시 5번 줄로 돌아가 조건이 true인지 검사한다. 만일 조건이 또 true였다면, while 블록 속의 문장들을 다시 실행한다. if-else는 블록 속의 문장이 모두 끝나면 블록을 빠져나오지만 while은 다시 처음으로 되돌아간다. 또, while은 if-else와 달리 표현식이 될 수 없다.

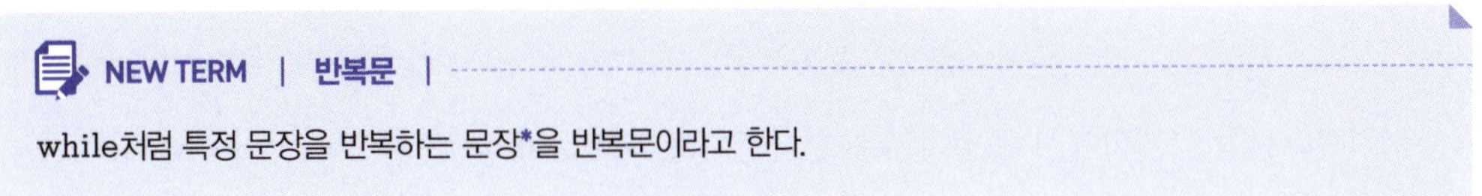

while처럼 특정 문장을 반복하는 문장*을 반복문이라고 한다.

while 블록이 실행될 때마다 i의 값이 증가하기 때문에 while의 조건 i < 10은 언젠간 false가 된다. 따라서 어느 순간에는 while 블록을 반드시 빠져나오게 된다. 하지만, 반복 조건을 엉뚱하게 지정하면 while 블록을 영원히 실행할 수도 있다.

```
while (i > 0)
{
  println(i)
  i += 1
}
```

조건을 i > 0으로 지정하면, i값이 증가한다고 해도 while의 조건은 항상 true가 된다. 이렇게 되면 강제 종료를 당하기 전까지 프로그램은 끝나지 않는다. 이런 상황을 무한 루프(Infinite Loop)에 빠졌다고 표현한다.

---

* if와 마찬가지로 while 블록 전체도 while 바깥에서는 문장 한 개로 인식된다. 이 특성은 when과, 이후에 소개할 do-while, for 에도 적용된다.

All 흐름 제어-반복문 do-while

학습 내용 : 조건이 마지막에 오는 while 문에 대해 알아본다.

do-while도 문장 마지막에서 조건을 검사한다는 점만 빼면 while과 동일하다. do-while의 형태는 다음과 같다.

```
do
{
    do-while에 포함시킬 문장들
} while(Boolean 표현식)
```

📁 **소스 : EX_DoWhile.kt**

```kotlin
1:  fun main(args: Array<String>): Unit
2:  {
3:      var i = 1
4:      do {
5:          println("실행됨")
6:      } while (i == 0)
7:  }
```

3◆ 변수 i를 선언과 동시에 1로 초기화하고 있다.

4◆ 조건을 검사하는 부분이 맨 뒤로 옮겨졌으므로 do-while 블록이 적어도 한번은 무조건 실행된다.

5◆ 실행됨이 출력된다.

6◆ while의 조건이 false이므로 do-while 블록을 반복하지 않고 빠져나온다. 만약, 조건이 true였으면 다시 5번 줄로 실행 흐름이 되돌아갔을 것이다.

 **결과** ▶▶▶▶▶▶▶▶▶▶▶▶▶▶▶▶▶▶▶▶▶▶▶▶▶▶▶▶▶▶▶▶▶▶▶▶

실행됨

[All] 흐름 제어 continue

학습 내용 : 반복문의 내용 일부를 건너뛰는 방법을 배운다.

continue 키워드를 사용하면 반복문의 일부 문장을 무시하고 건너뛸 수 있다.

📁 **소스 : EX_Continue.kt**

```kotlin
 1:  fun main(args: Array<String>): Unit
 2:  {
 3:      var i = 0
 4:      while (i < 10)
 5:      {
 6:          i += 1
 7:          if (i % 2 == 0) // 짝수이면
 8:              continue // continue 아래의 문장들을 모두 skip 한다.
 9:          print(i)
10:      }
11:  }
```

변수 i를 선언과 동시에 0으로 초기화하고 있다. ◆ 3

i < 10이 참일 동안에 while에 딸린 블록을 반복 실행한다. ◆ 4

i에 저장된 값을 1만큼 증가시킨다. ◆ 6

i % 2 == 0이 true이면 8번 줄을 실행한다. ◆ 7

continue를 실행하는 순간, 곧바로 가장 가까운 반복문의 첫 부분, 즉 5번 줄로 실행 흐름이 순간이 ◆ 8
동한다. i가 짝수이면 항상 continue가 실행되므로, i가 짝수인 순간에는 13번 줄의 **print** 함수*를
만나지 못해 값이 출력되지 않는다.

i가 홀수일 때만 이 문장까지 실행 흐름이 도달한다. 13579가 출력된다. ◆ 9

---

* printIn 대신 print를 사용하면, 문자열 출력 후 줄 바꿈을 하지 않는다.

| All | # 흐름 제어 break |

학습 내용 : 반복문 실행 중 반복문을 빠져나오는 방법을 배운다.

break 키워드를 사용하면 반복문을 즉시 탈출할 수 있다.

소스 : EX_Break.kt

```kotlin
 1:  fun main(args: Array<String>): Unit
 2:  {
 3:      var i = 0
 4:      while (true)
 5:      {
 6:          i += 1
 7:          if (i >= 5)
 8:              break // 이 문장이 실행되는 순간 while 블록을 탈출한다.
 9:          print(i)
10:      }
11:  }
```

3◆ 변수 i를 선언과 동시에 0으로 초기화하고 있다.

4◆ while의 조건이 true이므로 이 반복문은 영원히 반복될 것이다.

6◆ i에 저장된 값을 1만큼 증가시킨다.

7◆ i >= 5가 참이면 8번 줄을 실행한다.

8◆ break를 만나는 순간 가장 가까운 반복문인 5~10 줄의 블록을 빠져나온다. 즉, 11번 줄로 실행 흐름이 점프한다. 그 다음은 더 이상 실행할 문장이 없으므로 프로그램이 종료된다.

결과

1234

All 레이블(Label)

입문 029

학습 내용 : if와 else 안에 또 다른 if와 else를 넣을 수 있음을 이해한다.

다음과 같이 반복문을 이용하여 연립 방정식의 해를 구하는 코드를 가정해보자.

```kotlin
var x = 0
var y = 0

while (x <= 20)
{
  y = 0
  while (y <= 20)
  {
     if (x + y == 15 && x - y == 5)
         break
     y += 1
  }
  x += 1
}

println("x: $x, y: $y")
```

반복문 두 개를 중첩시켜놓고 조건을 각각 x <= 20, y <= 20으로 설정한 뒤, 각 반복문이 끝날 때마다 x와 y의 값을 1씩 계속 증가시켰다. 또, x + y == 15 && x - y == 5이 참이 되는 순간에 break를 사용하여 반복문을 탈출하고, 맨 마지막에 있는 println을 이용해 x와 y의 값을 출력하려고 한다.

위 코드가 제대로 동작하려면 if (x + y == 15 && x - y == 5)의 조건이 true가 되는 순간 모든 반복문을 빠져나와야 한다. 그런데, break는 가장 가까운 반복문 **'하나만'** 빠져나온다. 즉, while (y <= 20) { ... } 반복문을 빠져나온다고 해도, 여전히 while (x <= 20) { ... } 반복문을 계속 돌게 된다. 이런 문제를 해결하기 위해 코틀린에서는 레이블(Label)이라는 문법을 제공한다.

```kotlin
1:  fun main(args: Array<String>): Unit
2:  {
3:      var x = 0
4:      var y = 0
5:
6:      outer@ while (x <= 20)
7:      {
8:          y = 0
9:          while (y <= 20)
10:          {
11:              if (x + y == 15 && x - y == 5)
12:                  break@outer
13:              y += 1
14:          }
15:          x += 1
16:      }
17:
18:      println("x: $x, y: $y")
19:  }
```

3,4 ◆ 변수 **x**와 **y**를 선언과 동시에 0으로 초기화하고 있다.

6 ◆ while 앞에 특이한 텍스트가 붙어 있다. 이것이 바로 레이블이다. 레이블은 특정 반복문에 붙인 이름이라고 보면 된다.

12 ◆ **break@**레이블 이름을 실행하면 그 레이블에 해당하는 반복문을 빠져나온다. 여기서는 **break@ outer**를 사용했으므로 6번 줄의 반복문을 탈출하게 된다. 즉, 연립방정식 x + y == 15 && x − y == 5의 해가 구해지는 순간에 18번 줄로 실행 흐름이 점프한다.

18 ◆ 연립방정식의 해를 출력한다.

결과

x: 10, y: 5

[All] 함수(Function)

학습 내용 : 작업의 기본 단위가 되는 함수에 대해 알아본다.

첫 번째 예제에서 **main** 함수를 언급할 때, 함수는 명령어를 담는 상자 정도로 이해하라고 했었다. 이번 예제에서 드디어 함수의 정체를 소개할 수 있게 되었다.

📁 **소스 : EX_function.kt**

```kotlin
 1:  fun main(args: Array<String>): Unit
 2:  {
 3:      println(myFunction( ))
 4:      println(myFunction( ) + 10)
 5:  }
 6:
 7:  fun myFunction( ): Int
 8:  {
 9:      val a = 3
10:      val b = 6
11:      println("a: " + a + ", b: " + b)
12:      return a + b
13:  }
```

myFunction이라는 이름의 함수를 선언하고 있다. 이 코드로 인해 **myFunction**이라는 식별자는 ◆ 7, 8, 13
함수로 인식된다.

함수를 선언할 때는 다음 양식을 따른다.

```
fun 식별자( ): 반환 타입
{
    함수에 포함시킬 문장
}
```

3 ◆ 첫 번째 예제에서도 설명했었지만, 아무 지점에서 함수이름()을 적으면 그 줄이 실행되는 순간 해당 **함수 속에 들어있던 문장들이 순차적으로 실행**된다. 이를 보고 함수를 호출(Call)한다고 한다.

여기서는 println 함수를 호출하면서 myFunction 함수도 호출하고 있다. 이렇게 한 줄에 여러 개의 함수 호출이 있을 때는 **가장 안쪽에 있는 함수가 먼저** 호출된다. 즉, myFunction 함수 속에 있는 문장들이 먼저 실행된다. 참고로, **함수 호출도 표현식**이다. 표현식의 타입은 함수의 반환 타입이 되며, 표현식의 값은 함수가 반환한 값이 된다. 즉, myFunction 함수가 반환한 값이 화면에 출력된다.

9, 10 ◆ myFunction 함수가 호출될 때 실행된다. 변수 α와 b에 각각 3과 6을 저장하고 있다.

11 ◆ myFunction 함수가 호출될 때 실행된다. α: 3, b: 6이 출력된다.

12 ◆ return은 함수를 호출했던 위치로 되돌아가는 키워드이다. return 뒤에 **함수 반환 타입에 맞는 표현식**을 적으면, myFunction()이 이 표현식의 값으로 대체된다. 즉, 3번 줄의 myFunction() 부분은 α + b의 값, 9가 된다.

4 ◆ myFunction 함수의 반환 값에 10을 더한 값을 출력하고 있다. myFunction 함수가 호출되면 9를 반환하므로 9 + 10이 되어 19가 출력된다.

본 예제의 실행 흐름을 그림으로 나타내면 다음과 같다.

```
fun myFunction(): Int
{
val a = 3
val b = 6
println("a: " + a + ", b: " + b)
return a + b
}
fun main(args: Array<String>)
{
println(myFunction())
println(myFunction() + 10)
}
```

참고로, myFunction 함수는 main 함수보다 앞에 와도 되고, 뒤에 와도 된다.

함수 간단히 쓰기

함수 블록의 문장이 하나일 경우, 한 줄로 축약할 수 있다.

```kotlin
fun function( ): Double
{
    return 3.0 + 7
}
```

예를 들어, 위와 같이 문장이 하나뿐인 블록은 =를 이용하여 줄여쓸 수 있다.

```kotlin
fun function( ): Double = 3.0 + 7
```

단, return은 반드시 생략해야 하며 = 오른쪽은 함수의 반환 타입과 일치하는 표현식이 와야 한다.

여기서 더 나아가, 아예 함수의 반환 타입까지 생략할 수 있다.

```kotlin
fun function( ) = 3.0 + 7
```

3.0 + 7로 부터 Double 타입을 추론해낼 수 있으므로 가능한 일이다.

함수는 고정된 문장으로 이루어져 있기 때문에 기본적으로 다양한 기능을 기대할 수 없다. 하지만, 함수에 값을 전달하면 함수가 다양한 일을 수행할 수 있게 만들 수 있다.

📁 **소스 : EX_ParameterAndArgument.kt**

```kotlin
 1:  fun main(args: Array<String>): Unit
 2:  {
 3:      println(cToF(30))
 4:      println(getAverage(89, 96))
 5:  }
 6:
 7:  fun cToF(celsius: Int): Double
 8:  {
 9:      return celsius * 1.8 + 32
10:  }
11:
12:  fun getAverage(a: Int, b: Int): Double
13:  {
14:      return (a + b) / 2.0
15:  }
```

7~10 ◆ 섭씨 온도를 화씨 온도로 변환하는 함수를 선언하고 있다. 자세히 보면, 함수 이름 옆의 소괄호 안에 변수를 선언한 것을 볼 수 있다. 이를 매개변수(Parameter)라고 한다. 매개변수는 **함수를 호출한 곳으로부터 값을 전달받을 때** 사용한다.

📝 **N O T E |** 매개변수 선언 시 주의점 **|**

매개변수를 선언할 때는 var이나 val 키워드를 붙이지 않는다. 또한, 매개변수는 무조건 val로 선언되므로 값을 수정할 수 없다.

cToF 함수는 전달받은 Int 값으로부터 화씨 온도를 계산하고 그 값을 Double 타입으로 반환한다.

cToF 함수를 호출하면서 30을 전달하고 있다. 이때, 30이라는 값이 cToF 함수의 매개변수 celsius ◆ 3
에 저장된다. 여기서 **매개변수에 저장되는 표현식** 30을 인수(Argument)라고 한다. 당연하겠지만, 인수
의 타입과 매개변수의 타입은 일치해야 한다.

30을 cToF 함수에 전달했으므로, cToF 함수는 30 * 1.8 + 32, 즉 86.0을 반환한다. 86.0이 화면에 출
력된다.

두 정수의 평균 값을 반환하는 함수를 선언하고 있다. 매개변수를 여러 개 사용할 때는 콤마를 사용 ◆ 12~14
한다. 입력된 두 Int 값의 평균을 Double 타입으로 반환한다.

getAverage 함수를 호출하면서 89와 96을 전달하고 있다. getAverage의 매개변수 a에 89, b에 ◆ 4
96이 저장된 채로 getAverage 함수 속의 문장이 실행된다.

결과

```
86.0
92.5
```

실행 흐름을 그림으로 나타내면 다음과 같다.

함수를 작성하다 보면 가끔 반환 값이 필요하지 않을 때가 있다. 바로 전 예제의 cToF 함수를 다음과 같이 개조해보자.

📁 **소스 : EX_UnitType.kt**

```kotlin
 1:  fun main(args: Array<String>): Unit
 2:  {
 3:      celsiusToFah(27)
 4:  }
 5:
 6:  // 이전 예제의 cToF 함수와 이름이 겹치지 않도록 함수의 이름을 변경했다.
 7:  fun celsiusToFah(celsius: Int): Unit
 8:  {
 9:      println(celsius * 1.8 + 32)
10:  }
```

celsiusToFah 함수 안에서 바로 계산 결과를 println으로 출력하도록 수정했다. 이런 구조를 취하면 함수에서 굳이 값을 반환해줄 필요가 없다. 이렇게 반환 값이 필요 없을 때, 함수의 반환 타입으로 Unit을 사용한다. 반환 타입이 Unit이면 함수 끝에 return을 쓰지 않아도 된다. 물론 굳이 return을 쓰고 싶다면 써도 된다. 단, 이 때는 return 뒤에 표현식을 적지 말고 return만 단독으로 사용해야 한다.

함수 간단히 쓰기 2

함수의 반환타입을 생략하면 자동으로 Unit이 된다. 그래서 아래 코드는 문제 없이 컴파일된다.

```kotlin
fun celsiusToFah(celsius: Int)
{
    println(celsius * 1.8 + 32)
}
```

또한, 함수에 포함된 문장이 한 개이므로, =로 축약 가능하다. 마침 println의 반환 타입도 Unit이기 때문에 타입 불일치로 인한 문제는 발생하지 않는다.

```kotlin
fun celsiusToFah(celsius: Int) = println(celsius * 1.8 + 32)
```

앞으로의 예제에서는 main 함수의 반환 타입 Unit을 생략하겠다.

Java 자바의 Unit 타입?

코틀린의 Unit 타입은 자바의 void에 대응되는 개념이다. 하지만 이 둘이 완전히 같은 것은 아니다. void는 반환 값이 없음을 의미하는 특수 타입이지만, Unit은 class 키워드로 정의된 일반 타입이기 때문이다. 자바의 Void 클래스와 비슷한 개념이라고 보면 된다.

Unit 타입을 반환하는 함수는, return을 생략한다고 해도 암묵적으로 Unit 타입의 객체를 return 하도록 되어 있다.* 단, 그 Unit 객체는 싱글톤 인스턴스이기 때문에 매번 객체를 생성하지는 않는다.

 **결과** ▷▷▷▷▷▷▷▷▷▷▷▷▷▷▷▷▷▷▷▷▷▷▷▷▷▷▷▷▷▷▷▷▷▷▷▷▷▷

80.6

---

* 당연하겠지만, 그 Unit 객체는 아무 의미 없는 값을 나타낸다.

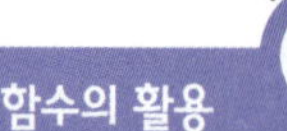

함수를 활용하면 중복되는 코드를 줄일 수 있다. 예를 들어 다음과 같은 코드가 있다고 하자.

```
var a = 3
var b = 5
println(a * b + a - b)

a = 18
b = 23
println(a * b + a - b)
```

자세히 보면, 비슷한 패턴의 코드가 반복되는 것을 알 수 있다. 중복되는 부분을 함수로 추출하면 다음과 같이 쓸 수 있다.

```
fun main( )
{
    printFomular(3, 5)
    printFomular(18, 23)
}

fun printFomular(a: Int, b: Int)
{
    println(a * b + a - b)
}
```

이 예제에서는 중복되는 부분이 두 군데 밖에 없어 함수의 효과를 크게 보지 못했지만, 중복되는 코드가 3개 이상이 되면 코드의 중복을 크게 줄여준다. main 함수 안에 다른 곳에서 또 사용할지도 모르는 코드가 있다면 이렇게 함수로 추출해두는 게 좋다. 단, 재사용이 가능하도록 함수는 하나의 기능만 수행하게 설계하는 것이 좋다.

이 예제의 printFomular는 두 가지 기능을 수행하고 있다. 첫 번째는 공식을 계산하는 기능이고, 두 번째는 그 결과를 출력하는 기능이다. 이런 구조를 취하면 main 함수에서는 printFomular 함수만 호출하면 되니 간편하지만, 다른 곳에서 공식의 값만 필요하다고 할 때는 이 함수를 쓸 수 없다. 그래서 printFomular는 아래처럼 고치는 것이 좋다.

```
fun calculateFomular(a: Int, b: Int) = a * b + a - b
```

값을 출력하는 기능이 빠져서 main 함수에서는 println을 한번 더 호출해야 하지만, calculateFomular 함수 호출문을 표현식으로 활용 가능하므로 훨씬 활용도가 높아지게 된다.

All 디폴트 인수

입문

033

학습 내용 : 매개변수에 기본 값을 지정하는 방법을 알아본다.

매개변수에는 디폴트 값을 지정할 수 있다. 매개변수가 너무 많아 호출하기 번거로울 때 사용하면 좋다.

📁 소스 : EX_DefaultArgument.kt

```kotlin
1:  fun main(args: Array<String>)
2:  {
3:      println(getAverage(89, 96))
4:      getAverage(100, 50, true)
5:      println(getAverage(90))
6:      getAverage(66, print = true)
7:      getAverage(print = true)
8:      getAverage(print = true, a = 10, b = 30)
9:  }
10:
11: fun getAverage(a: Int = 0, b: Int = 0, print: Boolean = false): Double
12: {
13:     val result = (a + b) / 2.0
14:     if (print)
15:         println(result)
16:     return result
17: }
```

매개변수를 선언과 동시에 디폴트 값으로 초기화하고 있다. 이렇게 하면 함수 호출시 해당 매개변수에 인수를 지정하지 않아도 된다. 인수가 지정되지 않은 매개변수는 디폴트 값으로 초기화된다. ◆ 11

두 매개변수 a와 b의 평균을 result에 저장하고 반환한다. ◆ 13, 16

매개변수 print의 값이 true이면 평균 값을 출력한다. ◆ 14~15

3 ◆ **getAverage** 함수를 호출하면서 마지막 인수를 생략했다. 매개변수 print에는 디폴트 값인 false가 들어
간다. 인수를 생략할 때는 맨 오른쪽에서 하나씩 생략해야 된다. 중간에 있는 인수를 생략할 수는 없다.

4 ◆ 모든 인수를 지정한 채로 **getAverage** 함수를 호출하고 있다. 디폴트 값은 모두 무시되고 지정된 인
수 값이 매개변수에 전달된다.

5 ◆ 첫 번째 인수만 지정했다. 매개변수 b에는 0이, print에는 false가 전달된다.

6 ◆ 인수를 생략할 때는 맨 오른쪽에서 하나씩 생략해야 한다고 했다. 그러나 인수를 전달할 매개변
수의 이름을 직접 지정하면 중간에 있는 인수도 생략할 수 있다. 매개변수 a에는 66을, print에는
true를 전달했다.

7 ◆ 매개변수 print에만 인수를 전달했다. 매개변수 a와 b에는 디폴트 값인 0이 들어간다.

8 ◆ 모든 매개변수에 값을 전달하고 있다. 사실상 4번 줄과 같으나, 매개변수를 이름을 직접 지정하면
인수의 위치를 마음대로 할 수 있다.

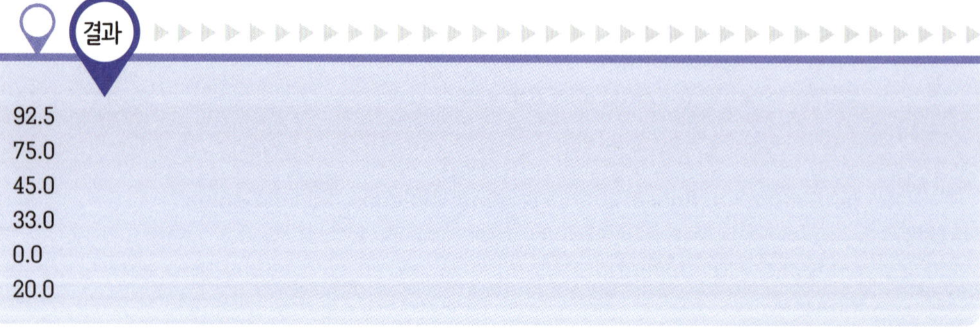

📝 **N O T E** | **디폴트 인수를 가진 함수를 호출할 때 주의점** |

매개변수의 이름을 지정한 인수는 일반 인수들보다 항상 오른쪽에 있어야 한다. 아래와 같은 호출문은 모두 오류를 일으
킨다.

```
getAverage(print = true, 10, 30)
getAverage(10, print = true, 30)
```

오류: Mixing named and positioned arguments is not allowed (이름이 지정된 인수와 위치로 지정된 인수(일반 인
수)는 혼재할 수 없다)

All 가변 인수

입문 **034**

학습 내용 : 개수가 정해지지 않은 매개변수를 만드는 방법을 알아본다.

만약, N개의 인수를 받는 함수를 만들고 싶으면 어떻게 해야 할까?

📁 **소스 : EX_VariableArgument.kt**

```kotlin
 1:  fun main(args: Array<String>)
 2:  {
 3:      println(getSumOf(1, 2, 3, 4, 5, 6, 7))
 4:      println(getSumOf(32, 57, 12))
 5:      println(getSumOf( ))
 6:  }
 7:
 8:  fun getSumOf(vararg numbers: Int): Int
 9:  {
10:      val count = numbers.size;
11:      var i = 0; var sum = 0
12:
13:      while (i < count) {
14:          sum += numbers[i]
15:          i += 1
16:      }
17:      return sum
18:  }
```

매개변수 앞에 **vararg** 키워드를 붙였다. 이 키워드를 붙이면 여러 개의 인수를 받을 수 있게 된다. ◆ **8**

count에 인수의 개수를 저장하고 있다. **.size**의 타입은 Int다. ◆ **10**

변수 **i**와 **sum**을 선언과 동시에 0으로 초기화하고 있다. ◆ **11**

sum에 가변 매개변수 **numbers**에 들어있는 값들을 누적한다. ◆ **13~16**

가변 매개변수의 특정 위치의 값을 가져오고 싶으면 문자열과 마찬가지로 대괄호를 사용한다. 예를 들어, numbers[i]와 같이 하면, numbers 가변 매개변수 중, i번째 값을 Int 타입으로 가져오게 된다. 참고로, 첫 번째 위치는 0이다.

17 ◆ 누적된 값을 반환한다.

3 ◆ getSumOf을 호출하면서 7개의 인수를 전달하고 있다. 1~7의 합이 출력된다.

4 ◆ getSumOf을 호출하면서 3개의 인수를 전달하고 있다. 32, 57, 12의 합이 출력된다.

5 ◆ 가변 매개변수에는 아무 인수도 지정하지 않을 수 있다. 이때는 numbers.size가 0이 된다. 0이 출력된다.

가변 인수는 일반 인수와 함께 쓸 수도 있다.

```
fun function(something: Char, vararg numbers: Int): Int
```

이 함수는 다음처럼 호출하면 된다.

```
function(Char 타입 인수, N개의 Int 타입 인수)
```

일반 인수가 가변 인수보다 오른쪽에 있으면 호출시 인수에 매개변수 이름을 붙여야 한다.

```
fun function(vararg numbers: Int, something: Char): Int
```

예를 들어, 위와 같은 함수는 아래처럼 호출해야 한다.

```
function(N개의 Int 타입 인수, something = Char 타입 인수)
```

All 함수 오버로딩(Function Overloading)

입문
035

학습 내용 : 이름이 중복되는 함수를 작성할 수 있음을 이해한다.

첫 번째 꼭지에서 println도 사실 함수라고 했었다. 이번 예제에서는 println의 코드를 살펴보며, 함수 오버로딩의 개념을 학습해보자.

Ctrl 을 누른 채로, 소스코드의 println을 누르면 println 함수가 선언된 파일 Console.kt로 이동할 수 있다.

📁 **소스 : Console.kt**

```
74: …
75: /** Prints the given message and newline to the standard output stream. */
76: @kotlin.internal.InlineOnly
77: public inline fun println(message: Int) {
78:     System.out.println(message)
79: }
80:
81: /** Prints the given message and newline to the standard output stream. */
82: @kotlin.internal.InlineOnly
83: public inline fun println(message: Long) {
84:     System.out.println(message)
85: }
86:
87: /** Prints the given message and newline to the standard output stream. */
88: @kotlin.internal.InlineOnly
89: public inline fun println(message: Byte) {
90:     System.out.println(message)
91: }
92: …
```

@kotlin.internal.InlineOnly 부분은 어노테이션이라는 것인데, 아직 배우지 않았으므로 무시하자. 소스코드를 자세히 보면, 매개변수 타입만 다르지 함수의 이름은 모두 **println**인 것을 확인할 수 있다. 코틀린에서는 함수 시그니처가 다르기만 하면 함수 이름의 중복을 허용한다.* 이렇게 이름이 같은 함수를 여러 개 선언하는 것을 함수 오버로딩(Function Overloading)이라고 한다.

> **NEW TERM | 시그니처 |**
>
> 함수 시그니처(Function Signature)란 함수의 고유한 특징을 나타내는 것으로, 매개변수의 개수와 타입, 반환 타입에 대한 정보를 뜻한다. 예를 들어, fun average(one: Int, two: Int): Int 함수와 fun max(a: Int, b: Int): Int 함수는 둘 다 시그니처가 (Int, Int) → Int로 서로 같다.

println은 거의 모든 타입에 대해 오버로딩 되어 있다. 그래서 우리가 println에 Int를 집어넣어도, Double을 집어넣어도, Float를 집어넣어도, String을 집어넣어도 문제 없이 동작했다.

---

* 단, 반환 타입은 서로 달라야 한다. 예를 들어, 시그니처가 (Int, Double) → Unit인 함수와 (Int, Double) → Int인 함수는 오버로딩이 불가능하다.

All 지역 변수(Local Variable)와 전역 변수(Global Variable)

입문 036

학습 내용 : 지역 변수와 전역 변수. 그리고 변수의 유효 범위(Scope)에 대해 알아본다.

함수 안에 선언한 변수에는 수명이 있다. 예제를 통해 변수의 수명과, 프로그램이 종료될 때까지 유지되는 변수에 대해 알아보자.

📁 **소스 : EX_LocalAndGlobalVariable.kt**

```kotlin
 1:  var count = 0
 2:
 3:  fun main(args: Array<String>)
 4:  {
 5:      val a = 15
 6:      println(a)
 7:
 8:      count += 1
 9:      printCount( )
10:      println(count)
11:  }
12:
13:  fun printCount( )
14:  {
15:      println(count)
16:      count += 1
17:  }
```

함수의 밖에서 변수를 선언하고 있다.

◆ 1

이렇게 함수 밖에서 선언한 변수는 함수 호출이 끝나도 사라지지 않는다. 반면, 블록 안에서 선언한 변수는 블록 밖으로 나가면 사라진다.** 여기서 함수 밖에 선언한 변수 count를 전역 변수(Global Variable)라고 한다. 블록 안에서 선언된 변수는 지역 변수(Local Variable)라고 한다.

** 함수의 매개변수도 포함된다.

전역 변수는 어떤 함수에도 속해있지 않기 때문에 모든 함수에서 사용할 수 있다. 그러나 지역 변수는 그 변수가 속한 지역, 즉 변수가 선언된 블록 안에서만 인식된다. 여기서 변수가 인식될 수 있는 범위를 **스코프**(Scope)라고 한다.

5 ◆ main 함수 안에서 지역 변수 a를 선언하고 있다. 변수 a는 main 함수 안에 들어 있기 때문에 main 함수 안에서만 인식된다. printCount 함수에서 변수 a를 적으면 오류가 발생한다.

6 ◆ 변수 a의 값 15를 출력한다.

8 ◆ 전역 변수 count에 1을 누적한다. 현재 count에는 1이 저장되어 있다.

9 ◆ printCount 함수를 호출한다.

15 ◆ 전역 변수 count의 값 1을 출력하고 있다. 보다시피 count는 전역 변수이기 때문에 main 함수에서도, printCount 함수에서도 접근이 가능하다.

16 ◆ 전역 변수 count에 1을 누적한다. 현재 count에는 2가 저장되어 있다.

10 ◆ count는 값이 계속 유지되기 때문에 count에 저장된 값 2가 출력된다.

결과

```
15
1
2
```

본 예제에 있는 변수의 스코프를 그림으로 나타내면 다음과 같다.

전역 변수는 여러 함수에서 접근할 수 있어 편리하게 사용할 수 있지만, 변수를 특정 블록에서만 사용한다면 지역 변수로 써주는 것이 좋다. 전역 변수는 접근할 수 있는 범위가 너무 넓어 변수가 사용되는 지점과 값이 바뀌는 지점을 한눈에 파악하기가 어렵기 때문이다.

_{All} 지역 변수와 전역 변수의 이름이 중복될 때

학습 내용 : 스코프가 다르면 변수의 이름이 중복될 수 있음을 이해한다.

한 블록 내에서 변수의 이름은 중복될 수 없지만, 지역 변수와 전역 변수는 이름이 중복될 수 있다.

📁 소스 : EX_LocalAndGlobalVariable.kt

```kotlin
 1:  var a = 5
 2:
 3:  fun main( )
 4:  {
 5:      val a = 30
 6:      println(a)
 7:      func( )
 8:  }
 9:
10:  fun func( )
11:  {
12:      println(a)
13:  }
```

a라는 이름의 전역 변수를 선언하고 있다. ◆ 1

a라는 이름의 main 함수에 속한 지역 변수를 선언하고 있다. 전역 변수와 지역 변수 간에는 이름의 ◆ 5
중복을 허용하기 때문에 오류가 발생하지 않는다.

변수 a의 값을 출력하면 어떻게 될까? 이름이 중복된 변수에 접근할 때는 현재 실행되고 있는 코드 ◆ 6
와 가장 가까운 스코프의 변수, 즉 main 함수의 변수가 우선적으로 인식된다. 때문에 main 함수
안에서 a라는 식별자를 적으면 항상 main 함수의 a로 인식된다.

지역 변수 α의 값 30이 출력된다.

7 ◆ func 함수를 호출한다.

12 ◆ 변수 α의 값을 출력한다. 이 줄에서 스코프에 걸리는 α 변수는 전역 변수 α밖에 없기 때문에 전역 변수 α의 값 5가 출력된다.

결과

```
30
5
```

All 지역 변수와 다른 함수의 지역 변수가 중복될 때

입문
038

학습 내용 : 변수가 속한 함수가 다를 때도 스코프가 다르기 때문에 변수의 이름이 중복될 수 있음을 이해한다.

지역 변수의 이름은 같은 스코프 내에서만 중복되지 않으면 되기 때문에 서로 다른 함수 안에 같은 이름의 변수가 존재할 수 있다.

📁 **소스 : EX_LocalDuplications.kt**

```
 1:  fun main(args: Array<String>)
 2:  {
 3:      val a = 52
 4:      println(a)
 5:
 6:      printA( )
 7:      printA2( )
 8:  }
 9:
10:  fun printA( )
11:  {
12:      val a = 17
13:      println(a)
14:  }
15:
16:  fun printA2( )
17:  {
18:      val a = 120
19:      println(a)
20:  }
```

위 예제 변수들의 스코프를 그림으로 나타내면 다음과
같다.

```kotlin
fun main(args: Array<String>)
{
    val a = 52
    println(a)

    printA()
    printA2()
}

fun printA()
{
    val a = 17
    println(a)
}

fun printA2()
{
    val a = 120
    println(a)
}
```

지역 변수 간에 스코프가 겹치지 않기 때문에 함수 간에 변수의 이름이 같아도 문제 없다. 함수마다
저마다의 a 변수를 가지며, 이 변수들은 이름만 같을뿐 완전히 서로 다른 변수이다. 마치 이 세상에
동명이인이 있는 것처럼, 동명이변수도 있는 셈이다.

3, 4 ◆ main 함수의 변수 a의 값 52가 출력된다.

6, 7 ◆ printA와 printA2 함수를 호출한다.

12, 13 ◆ printA 함수의 변수 a의 값 17이 출력된다.

18, 19 ◆ printA2 함수의 변수 a의 값 120이 출력된다.

[All] 지역 함수(Local Function)

학습 내용 : 함수 속에 함수를 선언하는 방법을 배운다.

만약, 어떤 함수가 특정 함수 안에서만 사용된다면, 지역 함수라는 것을 사용해볼 수 있다. **지역 함수**(Local Function)란, 블록 안에 선언된 함수를 뜻한다.

📁 **소스 : EX_LocalFunction.kt**

```kotlin
 1:  fun main(args: Array<String>)
 2:  {
 3:      fun printFomular(a: Int, b: Int)
 4:      {
 5:          println(a * b + a - b)
 6:      }
 7:
 8:      printFomular(73, 1)
 9:      printFomular(4, 6)
10:  }
```

main 함수 안에서만 쓰이는 함수를 선언하고 있다. ◆ 3~6

main 함수 안에 선언된 지역 함수 printFomular를 호출하고 있다. ◆ 8, 9

결과

```
145
22
```

All **메모리의 스택(Stack) 영역**

학습 내용 : 지역 변수가 실제로 어디에 생성되는지 살펴본다.

지금까지는 단순히 변수를 선언하면 메모리에 변수를 위한 공간이 생성된다고 배웠다. 이번 예제에서는 좀 더 구체적으로, 지역 변수가 어디에 어떤 모습으로 생성되는지 알아보자.

메모리에는 스택(Stack)이라고 하는 영역이 있다. 이곳에 지역 변수가 저장된다. 스택은 '쌓아올리다'라는 뜻으로, 변수가 생성될 때 생성된 순서대로 차곡차곡 쌓이기 때문에 이런 이름이 붙었다.

📁 **소스 : EX_MemoryStack.kt**

```kotlin
 1:  fun main(args: Array<String>)
 2:  {
 3:      val a = -36
 4:      val result = absolute(a)
 5:      println(result)
 6:  }
 7:
 8:  // 입력받은 정수의 절대값을 반환하는 함수
 9:  fun absolute(number: Int): Int
10:  {
11:      return if (number >= 0)
12:          number
13:      else -number
14:  }
```

1 ◆ main 함수가 시작되면서 매개변수 args가 생성된다. 이때, 스택 영역은 다음의 그림처럼 된다.

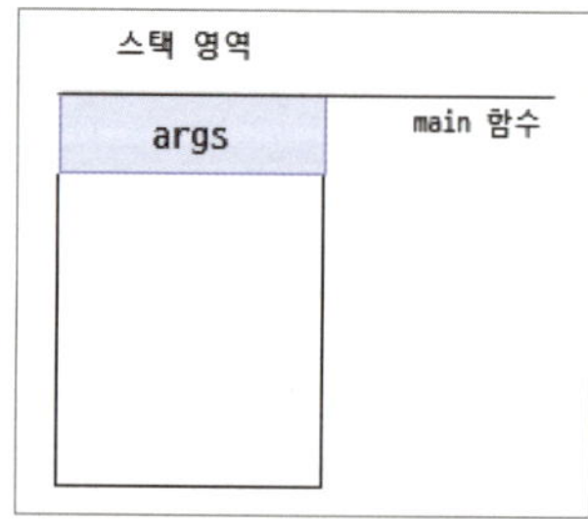

지역 변수 a를 선언하고 있다. a가 스택 영역에 쌓인다.   ◆ 3

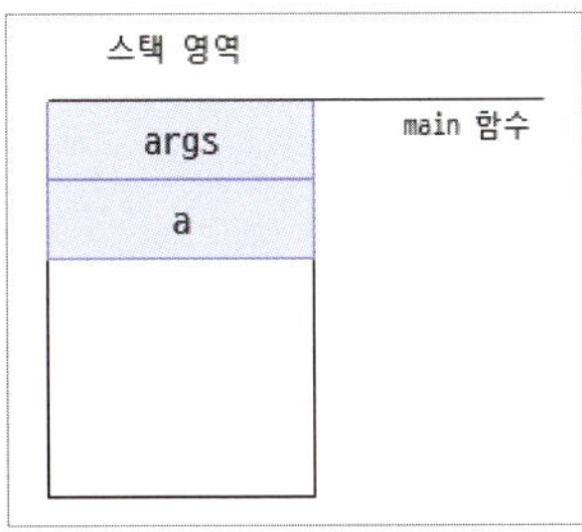

absolute 함수를 호출하고 있다. 9번 줄로 실행 흐름이 점프한다.   ◆ 4

absolute 함수가 시작되면서 매개변수 number가 생성된다. number가 스택 영역에 쌓인다.   ◆ 9

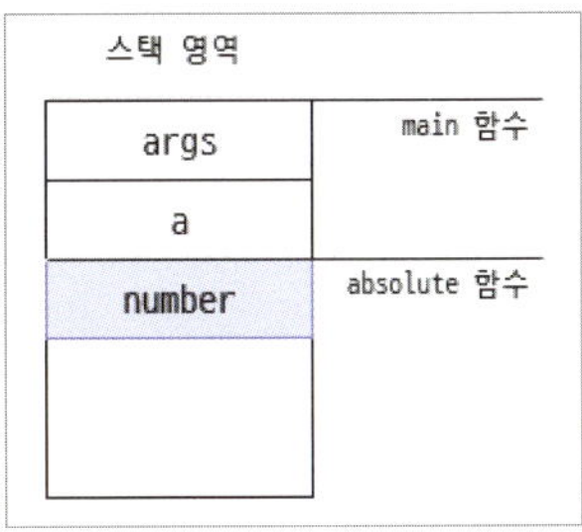

number가 0 이상이면 number를 그대로 반환하고, 음수면 부호를 반전시켜 반환한다.   ◆ 11~13
실행 흐름이 함수를 호출한 지점, 4번 줄로 이동한다. 이때, absolute 함수가 끝나면서 매개변수
number가 스택 영역에서 사라진다.

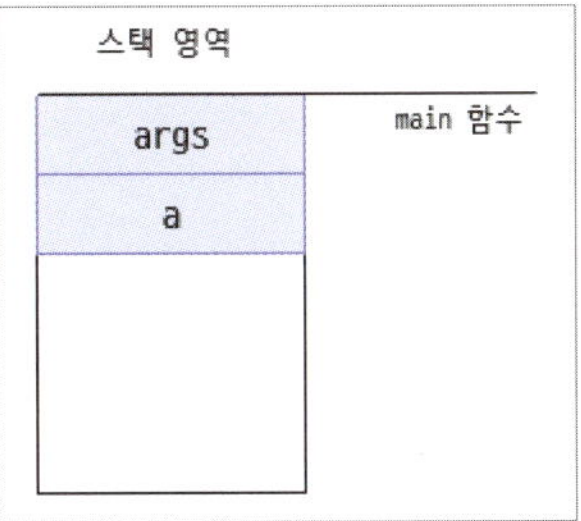

4 ◆ 지역 변수 result를 선언하고 있다. result가 스택 영역에 쌓인다.

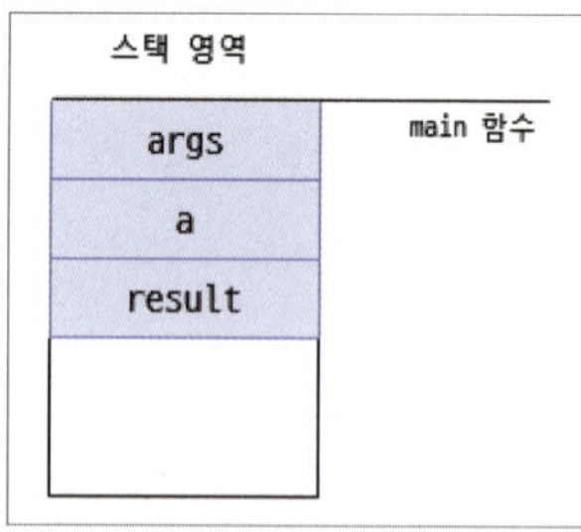

5 ◆ result에 저장된 값 36이 출력된다.

6 ◆ main 함수가 끝나면서 모든 지역 변수가 스택 영역에서 사라진다.

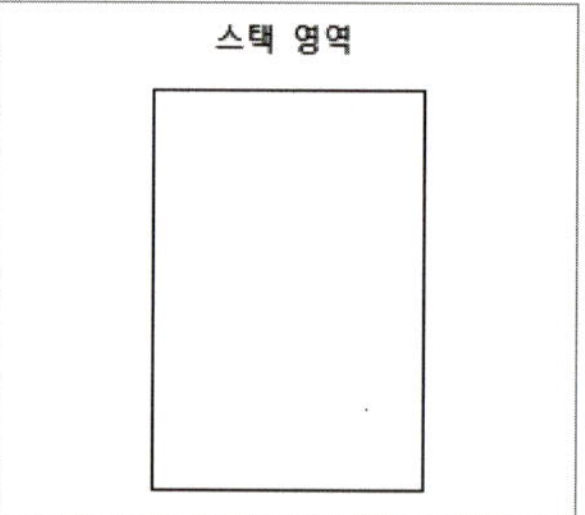

All 소스 파일 여러 개로 분리하기

학습 내용 : 소스 파일을 여러 개로 분리하는 방법을 알아본다.

지금까지는 하나의 소스 파일에 모든 코드를 작성하였다. 하지만, 프로그램이 규모가 커지면 한 파일에 모든 코드를 집어넣기 버거워진다. 이번 예제에서는 소스 파일 하나를 여러 개로 분리하는 방법에 대해 알아보자. 프로젝트에 다음 두 파일을 추가한다.

📁 **소스 : Math.kt**

```
 1:   // a와 b 중 더 큰 수를 반환하는 함수
 2:   fun max(a: Int, b: Int): Int =
 3:           if (a > b) a else b
 4:
 5:   // a와 b 중 더 작은 수를 반환하는 함수
 6:   fun min(a: Int, b: Int): Int =
 7:           if (a < b) a else b
 8:
 9:   // num의 절대값을 반환하는 함수
10:   fun abs(num: Int): Int =
11:           if (num >= 0) num else -num
```

소스코드는 함수 단위로 쪼갤 수 있다. 수학 관련 함수 max, min, abs를 Math.kt 라는 파일로 분리해냈다.　　　　◆ 1~11

📁 **소스 : EX_SplitSourceFile.kt**

```
1:   fun main(args: Array<String>)
2:   {
3:       val a = 20
4:       val b = -30
5:
6:       println(max(a, abs(b)))
7:   }
```

Math.kt에 선언된 함수들을 호출하고 있다. 보다시피 함수가 선언된 파일이 서로 달라도 호출이 가능하다.

본 예제처럼 서로 관련 있는 함수끼리 묶어 하나의 파일로 추출해두면, 나중에 관리하기 편하다. 또한 프로그램을 개발하다가 수학 관련 함수가 필요할 때 Math.kt 파일만 복사해 프로젝트에 추가하기만 하면 되므로 소스코드를 재사용하기도 쉬워진다.

All 패키지(Package)

학습 내용 : 관련 있는 소스 파일을 하나의 폴더로 관리하는 방법을 알아본다.

소스 파일을 여러 개로 나누면 코드를 관리하기는 좋지만, 파일이 너무 많아지면 이 또한 관리하기 어려워진다. 이번 예제에서는 서로 관련 있는 소스 파일을 하나의 폴더로 관리하는 방법에 대해 알아보자.

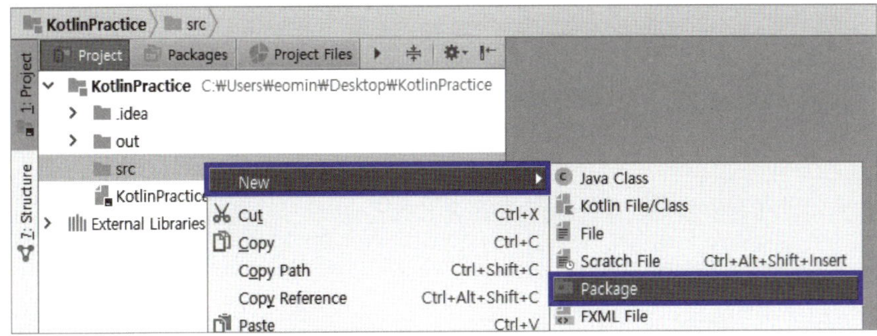

먼저, 프로젝트 탐색기의 **src** 폴더를 우클릭하고 New – Package를 클릭하여 패키지를 하나 추가한다. 패키지(Package)는 코틀린 소스 파일을 담는 폴더를 뜻한다.

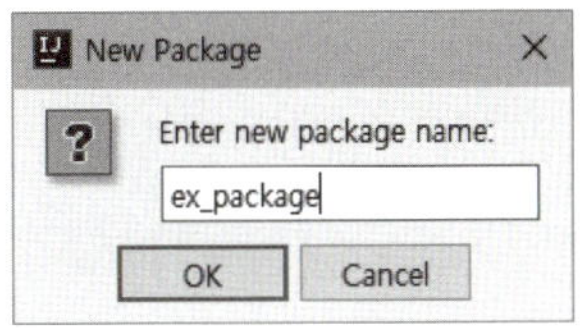

패키지의 이름을 입력한 뒤 OK를 누른다. 그러면 **src** 폴더 아래에 패키지가 추가될 것이다.

무조건 그래야 하는 것은 아니지만, 패키지 이름은 가급적 소문자로 짓는 것을 추천한다. 패키지 이름을 대문자로 적으면 이후에 소개할 클래스 이름과 혼동할 가능성이 있기 때문이다.

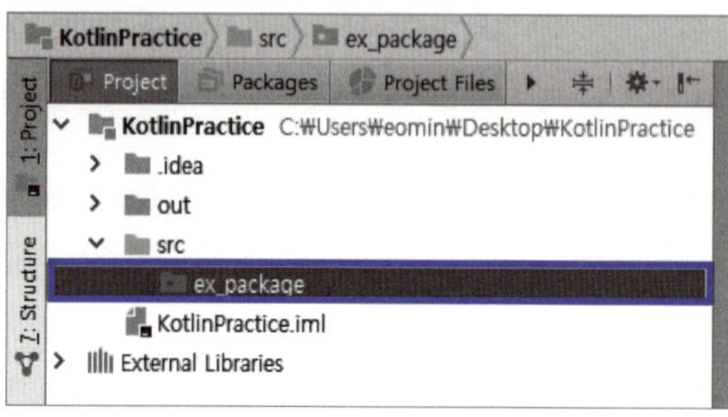

이 패키지에 이전 예제에서 만들었던 소스 파일을 담아보자.

소스 : ex_package/Math.kt

```
 1:  package ex_package
 2:
 3:  // a와 b 중 더 큰 수를 반환하는 함수
 4:  fun max(a: Int, b: Int): Int =
 5:          if (a > b) a else b
 6:
 7:  // a와 b 중 더 작은 수를 반환하는 함수
 8:  fun min(a: Int, b: Int): Int =
 9:          if (a < b) a else b
10:
11:  // num의 절대값을 반환하는 함수
12:  fun abs(num: Int): Int =
13:          if (num >= 0) num else -num
```

📁 **소스 : ex_package/EX_Package.kt**

```kotlin
1:  package ex_package
2:
3:  fun main(args: Array<String>)
4:  {
5:      val a = 20
6:      val b = -30
7:
8:      println(max(a, abs(b)))
9:  }
```

각 파일의 첫 줄에 처음 보는 코드가 적혀있다. package 키워드는 이 소스 파일이 어느 패키지에 포함되어 있는지 나타낼 때 사용한다. package ex_package는 이 소스 파일이 ex_package 패키지 안에 있음을 나타낸다.

만약, 소스 파일이 여러 겹의 폴더 속에 있다면 package 폴더명1.폴더명2.폴더명3 식으로 적는다. 예를 들어, Math.kt 파일이 ex_package 폴더 속의 math 폴더 안에 있었다면 package ex_package.math와 같이 적는다.

코틀린의 package 경로

사실, package 선언문과 실제 폴더 구조는 일치하지 않아도 된다. 예를 들어 실제 폴더 구조가 hello/my/kotlin 이더라도, 패키지 선언문을 package hi 로 적을 수 있다. 그러나 가급적이면 패키지 선언과 실제 폴더 구조를 일치시키는 것이 좋다.

앞으로의 예제에서는 예제의 규모가 점점 커지는 것을 대비하여 각 예제에 해당하는 패키지를 만들고, 그 안에 예제 소스 파일을 넣도록 하겠다. 소스 파일 이름에 패키지 이름까지 명시할 것이니 소스 파일을 추가할 때 참고하기 바란다.

All 다른 패키지의 함수 호출하기

학습 내용 : 다른 패키지의 소스 파일에 선언된 함수를 호출하는 방법을 알아본다.

소스 파일이 서로 같은 패키지 안에 있으면 자유롭게 서로의 파일에 선언된 함수를 호출할 수 있지만, 각각 다른 패키지에 있다면 그럴 수 없다. 이번 예제에서는 다른 패키지에 선언된 함수를 호출하는 방법을 설명하겠다.

📁 **소스 : ex_func_in_another_package/Main.kt***

```
1:  package ex_func_in_another_package
2:
3:  fun main(args: Array<String>)
4:  {
5:      println(ex_package.min(30, 10))
6:  }
```

1 ◆ **ex_func_in_another_package**로 패키지 선언을 하고 있다.

5 ◆ 다른 패키지의 소스 파일에 선언된 함수를 호출하고 있다. 보다시피 다른 패키지에 선언된 함수를 호출할 때에는 패키지 이름.함수 이름()을 사용한다.

결과

```
10
```

참고로 패키지가 서로 다르다면, 이름과 시그니처가 같은 함수를 선언해도 상관없다. 예를 들어, aaa 패키지의 func라는 함수와 bbb 패키지의 func라는 함수가 있다고 하면, 함수를 호출할 때는 aaa.func()와 bbb.func()로 구분할 수 있으므로 문제가 되지 않는다.

---

*   ex_func_in_another_package 패키지를 추가하고 그 안에 Main.kt 파일을 추가하자.

All import

입문
044

학습 내용 : 패키지 이름 없이 다른 패키지에 선언된 함수를 호출하는 방법을 알아본다.

다른 패키지에 선언된 함수를 호출할 때마다 매번 패키지 이름을 적는 것은 매우 번거롭다. import 키워드를 사용하면 다른 패키지에 선언된 함수를 패키지 이름 없이 호출할 수 있다.

📁 **소스 : ex_import/Main.kt**

```kotlin
1:  package ex_import
2:  import ex_package.max
3:  import ex_package.min as ex_min
4:
5:  fun main(args: Array<String>) {
6:      println(max(55, 47))
7:      println(ex_min(3, 10))
8:  }
```

import 패키지 이름.함수 이름을 적으면 해당 함수를 패키지 이름 없이 호출할 수 있다. 참고로 ◆ 2
import 패키지 이름.*과 같이 적으면 그 패키지에 들어있는 모든 함수를 패키지 이름 없이 호출할 수 있게 된다.

import 패키지 이름.함수 이름 as 새로운 이름과 같이 적으면 새로운 이름으로 해당 함수를 호출할 수 ◆ 3
있다.

패키지 이름 없이 ex_package 패키지의 max 함수를 호출하고 있다. ◆ 6

새로운 이름 ex_min으로 ex_package 패키지의 min 함수를 호출하고 있다. ◆ 7

결과 ▶▶

```
55
3
```

코틀린 중급 문법 살펴보기

초보자를 위한
KOTLIN 200제

All **객체(Object)**

학습 내용 : 서로 관련 있는 변수를 하나로 묶는 방법을 배운다.

객체(Object)란, 장바구니, 상자, CCTV, 사람, 가방 등, 우리가 인식할 수 있는 물체 또는 물건을 뜻한다. 객체들은 각자의 고유한 속성과 동작을 갖고 있다. 가방과 사람을 예로 들어보자. 가방은 '용량'과 '색상'이라는 속성, 그리고 '담는다'라는 동작을 가질 수 있다. 사람은 '이름'과 '나이'라는 속성, 그리고 '말하다' 정도의 동작을 가질 수 있다.

소프트웨어 관점에서 객체란, 서로 연관 있는 변수(속성)들을 묶어놓은 데이터 덩어리를 뜻한다. 화제를 돌려서, 여러분이 만약 사람에 대한 정보를 저장해야 한다고 가정해보자. 객체라는 개념이 없으면 다음과 같이 변수를 선언해야 한다.

```
val personName = "홍길동"
val personAge = 36
```

이렇게 하면 **person** 부분이 겹쳐서 코드가 중복되는 문제가 있다. **object** 키워드를 이용하면 이러한 중복 코드를 줄일 수 있다.

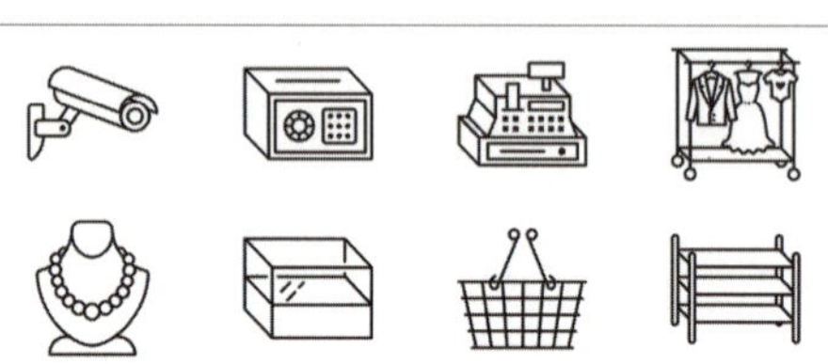

📁 **소스 : ex_object/Main.kt**

```
1:  package ex_object
2:
3:  fun main(args: Array<String>)
4:  {
5:      val person = object
6:      {
7:          val name: String = "홍길동"
8:          val age: Int = 36
9:      }
10:
```

```
11:     println(person.name)
12:     println(person.age)
13: }
```

person 변수에 object(객체)를 저장하고 있다. 객체에는 타입 이름이 없기 때문에, person의 타입 ◆ 5
을 생략하고 선언과 동시에 object { … }로 초기화했다.

object(객체)의 시작과 끝을 나타내는 중괄호이다. 이 사이에 object(객체)에 포함시킬 변수들을 선 ◆ 6, 9
언한다.

object(객체)에 포함된 변수들을 선언과 동시에 초기화하고 있다. name, age처럼 object(객체)에 ◆ 7, 8
포함된 변수들은 프로퍼티(Property)라고 부른다. 프로퍼티는 우리말로 '속성'이다. 프로퍼티는 반드
시 선언과 동시에 초기화해야 한다.

person 변수에 저장된 객체의 프로퍼티를 출력하고 있다. 보다시피, 객체를 저장하고 있는 변수에 ◆ 11, 12
점을 찍고 프로퍼티 이름을 적으면 그 프로퍼티에 저장된 값을 가져올 수 있다. 참고로 person과
name 사이에 찍힌 점은 연산자의 일종이며, person.name은 String 타입의 표현식이다.

결과

홍길동
36

알고 갑시다!

Java 필드와 프로퍼티

코틀린의 프로퍼티는 언뜻 보면 자바의 필드와 동일하다. 그럼에도 왜 코틀린에서는 필드라는 용어 대신 프로퍼티라는 용어를
사용했을까? 그 이유는 사실 프로퍼티는 필드와 같지 않기 때문이다. 이후에 설명하겠지만, 프로퍼티는 필드와 Getter,
Setter가 합쳐진 개념이다.

All 메모리의 힙(Heap) 영역

학습 내용 : 객체가 만들어지는 공간인 힙 영역에 대해 알아본다.

입문 챕터에서 메모리의 스택 영역에 대해 배웠었다. 이번 예제에서는 또 다른 메모리 영역인 **힙**(Heap) 영역을 알아보자. 이전 예제의 예제를 그대로 가져왔다.

📁 소스 : ex_memory_heap/Main.kt

```kotlin
1:  package ex_memory_heap
2:
3:  fun main(args: Array<String>)
4:  {
5:      val person = object
6:      {
7:          val name: String = "홍길동"
8:          val age: Int = 36
9:      }
10:
11:     println(person.name)
12:     println(person.age)
13: }
```

5 ◆ person 변수를 선언과 동시에 객체로 초기화하고 있다. 이때 변수의 선언이 먼저 이루어지므로, 처음에는 스택에 person 변수가 쌓일 것이다.

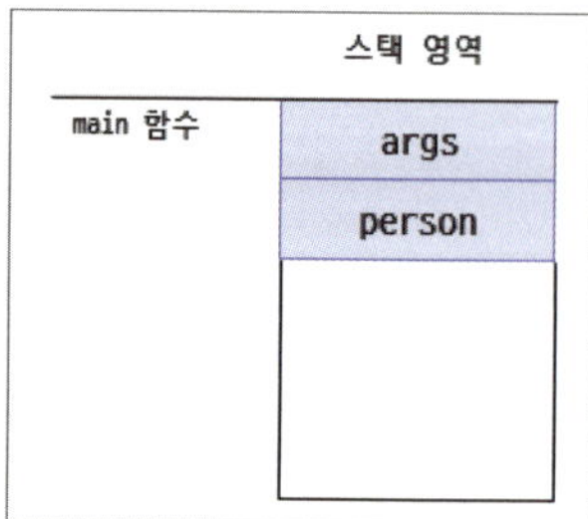

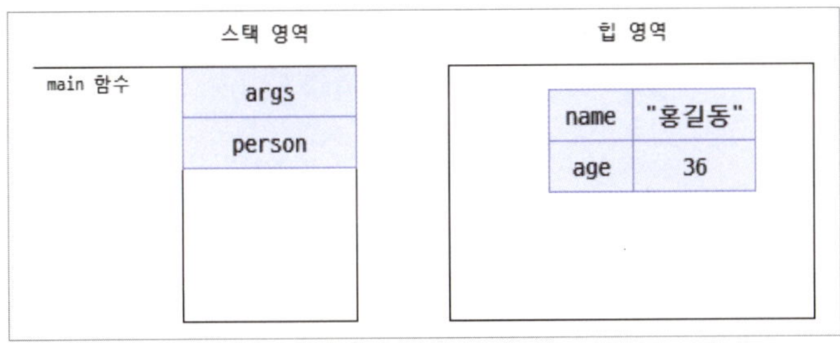

그 다음 object { … } 부분이 실행되어 힙 영역에 객체가 생성된다.

변수가 차곡차곡 쌓이는 형태인 스택 영역과는 달리, 힙 영역에는 임의의 위치에 객체가 생성된다. 따라서 어떤 객체의 프로퍼티에 값을 저장하거나 저장된 값을 가져오고 싶으면, 그 객체의 힙 영역 상 좌표를 알고 있어야 한다. object { … } 표현식*은 힙 영역에 객체를 생성하며, 갓 생성된 객체의 좌푯값을 갖는다.

person 변수에는 객체의 좌표를 저장하기 위한 공간만 존재한다. **person**처럼 실제 값을 가지지 않고 객체의 좌표만 저장하는 변수를 참조 변수(Reference Variable)라고 한다. 객체의 좌푯값은 참조값(Reference Value)이라 부른다.

대입 연산자에 의해 객체의 참조값이 **person** 참조 변수에 저장되면 메모리 공간은 다음과 같은 상태가 된다.

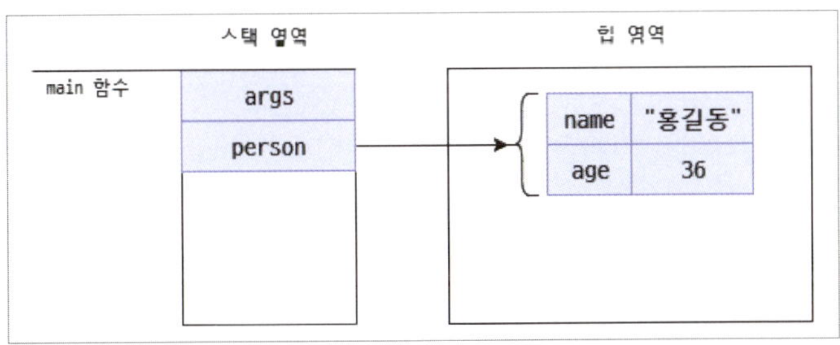

person 참조 변수가 어느 객체를 가리키고** 있는지 쉽게 알아볼 수 있도록 화살표로 표현했다.

그런데, '왜 굳이 힙 영역을 만들었을까'라는 생각이 들지 않는가? name과 age 프로퍼티도 그냥 스택에 만들면 되지 않을까? 힙 영역의 필요성은 객체에 대한 설명이 어느 정도 마무리 된 이후에 설명하겠다.

---

*   object { … }도 표현식이다. 사실, 표현식이기 때문에 **person** 변수에 대입할 수 있는 것이다. 단, **object** 표현식은 타입 이름을 갖지 않는다. 다시 말하면, 타입이 존재하기는 하지만 컴파일러가 내부용으로만 타입 이름을 짓기 때문에 우리는 그 이름을 알 수 없다.

**   앞으로 참조 변수가 어떤 객체의 참조값을 저장하고 있는 것을 '참조 변수가 해당 객체를 가리킨다'라고 표현하겠다.

만약, 똑같은 형태의 객체를 여러 개 만들고 싶을 때 우리가 배운 대로라면 다음과 같이 해야 한다.

```kotlin
val person = object
{
    val name: String = "홍길동"
    val age: Int = 36
}

val person2 = object
{
    val name: String = "김미영"
    val age: Int = 29
}

val person3 = object
{
    val name: String = "John"
    val age: Int = 52
}
```

그러나, 이렇게 수작업으로 일일이 객체를 만드는 것은 너무 번거롭고 지루하다. 이번 예제에서 소개할 **클래스**(Class)라는 문법을 이용하면 모양이 같은 객체를 대량 생산할 수 있다.

📁 **소스 : ex_class/Main.kt**

```kotlin
1:  package ex_class
2:
3:  class Person
4:  {
5:      var name: String = ""
6:      var age: Int = 0
```

```
 7:  }
 8:
 9:  fun main(args: Array<String>)
10:  {
11:      val person: Person
12:      person = Person( )
13:      person.name = "홍길동"
14:      person.age = 36
15:
16:      val person2 = Person( )
17:      person.name = "김미영"
18:      person.age = 29
19:
20:      val person3 = Person( )
21:      person.name = "John"
22:      person.age = 52
23:  }
```

다음과 같이 적으면 클래스를 선언할 수 있다.

◆ 3~7

```
class 클래스 이름
{
    프로퍼티
}
```

Java 코틀린에서의 클래스 선언

자바에서 public 클래스를 선언하려면 클래스 이름이 파일 이름과 같아야 하고, public 클래스는 파일 하나당 한 개만 존재할 수 있다. 하지만 코틀린에서는 클래스 이름이 파일 이름과 같아야 할 의무가 없으며, 한 파일 내에 여러 개의 public 클래스를 선언할 수도 있다.

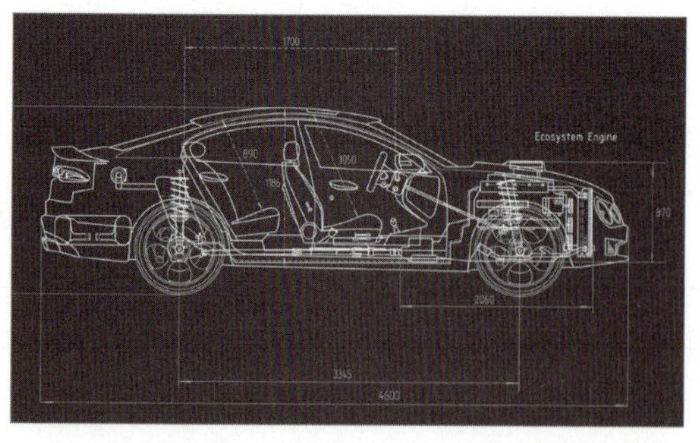

클래스는 객체를 찍어내기 위한 설계도이다. 클래스 안에 포함된 프로퍼티는, 이 클래스대로 객체를 만들면 객체 안에 이렇게 생긴 프로퍼티가 들어갈 것이라고 알려주기 위한 모형 변수이다. 그래서 클래스를 선언한다 해도 클래스 속의 프로퍼티가 곧바로 생성되지는 않는다.

11 ◆ 클래스를 선언하면, 클래스 이름과 동일한 이름의 타입이 만들어진다.

객체의 타입

object 키워드로 객체를 일일이 생성했을 때는 객체의 타입에 이름이 없었다. 심지어, object 키워드로 객체를 여러 개 생성하면 객체의 형태가 완전히 같아도 서로 다른 타입으로 인식된다. 예를 들어, 예제 제일 위에 첨부한 코드 속 person과 person2 참조 변수는 서로 다른 타입이다. 사람이 아무리 손재주가 좋다고 해도 손으로 직접 만든 물건은 조금씩 모양이 다르지 않은가? 그것과 같은 이치라고 보면 된다. 반면에, 클래스로 생성된 객체는 공장에서 찍혀 나오는 공산품과 같기 때문에 모두 동일한 타입을 갖는다.

12, 16, 20 ◆ 클래스를 선언하면 클래스 이름과 동일한 특수 함수가 같이 선언된다. Person 함수를 호출하면 Person 클래스의 내용대로 객체가 힙 영역에 만들어진다. 이 함수의 반환 타입은 Person이며, 값은 갓 생성된 객체의 참조값이다.

Java 코틀린과 new 키워드

객체를 생성할 때 사용하는 키워드인 new는 코틀린에서 삭제되었다. 객체를 생성할 때는 new 없이 생성자만 호출하면 된다.

클래스로부터 생성된 객체는 특별히 인스턴스라고 부르기도 한다. 인스턴스(Instance)는 '구체적인 것'이라는 뜻을 갖고 있는데, 클래스라는 '틀'로부터 '구체적으로' 만들어지기 때문이다.*

객체의 프로퍼티에 값을 채워넣고 있다.

◆ 13~14,
17~18,
21~22

Java 코틀린의 기본 접근지정자

코틀린의 기본 접근지정자는, 기본 값이 default인 자바와는 달리 public이다. 정보은닉을 중시하는 객체지향 관점에서 보면 조금 의아한 부분이다. 사실 코틀린 베타 시절에는 기본 접근지정자가 internal(자바의 default와 유사한 개념)이었다. 그러다 어느 순간 수많은 논쟁 속에 기본 값이 public으로 바뀌었는데, 그 이유는 단순하게도 자바의 수많은 클래스와 메서드들이 public으로 선언되어 있다는 점 때문이었다.** 간결한 코드를 중시하는 코틀린의 정신을 엿볼 수 있는 부분이다.

클래스 덕에 일일이 객체를 생성하는 부담은 줄었는데, 아쉬운 점이 하나 있다. 바로 프로퍼티에 값을 일일이 채워 넣어야 한다는 점이다. 인스턴스를 생성하고 나면 어차피 프로퍼티에 값을 하나씩 저장해야 하므로 클래스를 선언한 의미가 생각보다 별로 없다. 이 문제는 이후 '생성자' 꼭지에서 다루도록 하겠다.

N O T E | 참조 변수 사용 시 주의점 |

참조 변수를 초기화하지 않은 채 프로퍼티에 접근하면 오류가 발생한다. 참조 변수가 어떤 객체를 가리키고 있는지 알 수 없기 때문이다. 따라서 반드시 참조 변수에 Person()을 대입해 주어야 한다.

```
val person: Person
person.age = 23
```

오류: Variable 'person' must be initialized(변수 person은 반드시 초기화되어야 한다)

참고로 클래스도 함수처럼 클래스 단위로 소스 파일을 분리할 수 있다. 일반적으로 클래스 하나당 파일 하나로 분리하고, 파일 이름은 클래스 이름과 동일하게 하는 것을 권장한다.

---

*   Person의 인스턴스라고 하면 Person 클래스로 생성된 객체라고 이해하면 된다.

**   코틀린 M13 버전 릴리즈 노트에 의하면, 자바에서 private 선언보다 public 선언이 2.5~5배 정도 더 많다고 한다.

[All] 힙 영역의 존재 이유

학습 내용 : 힙 영역이 왜 필요한지 알아본다.

객체는 왜 스택이 아닌 힙 영역에 생성될까? 굳이 스택 영역과 힙 영역을 나눠놓은 이유는 무엇일까? 이번 꼭지에서 드디어 그 이유를 설명할 수 있게 되었다.

📁 **소스 : ex_role_of_heap/Product.kt**

```kotlin
1:  package ex_role_of_heap
2:
3:  class Product
4:  {
5:      var name = ""
6:      var price = 0
7:  }
```

3~7 ◆ name과 price 프로퍼티를 갖는 Product 클래스를 선언하고 있다.

📁 **소스 : ex_role_of_heap/Main.kt**

```kotlin
1:  package ex_role_of_heap
2:
3:  fun main(args: Array<String>)
4:  {
5:      val product: Product; product = createProduct( )
6:      printProductInfo(product)
7:      processProduct(product)
8:      printProductInfo(product)
9:  }
10:
11: fun createProduct( ): Product
12: {
13:     val apple = Product( )
14:     apple.name = "Apple"
```

```
15:     apple.price = 1000
16:
17:     return apple
18: }
19:
20: fun processProduct(product: Product)
21: {
22:     product.price += 500
23: }
24:
25: fun printProductInfo(product: Product)
26: {
27:     println("이름: ${product.name}")
28:     println("가격: ${product.price}")
29: }
```

Product 타입의 값을 반환하는 함수를 호출하고, 그 결과를 product 참조 변수에 저장하고 있다. ◆ 5
일단, 변수의 선언이 먼저 이루어지므로 이때까지의 메모리 상황을 그리면 다음과 같다.

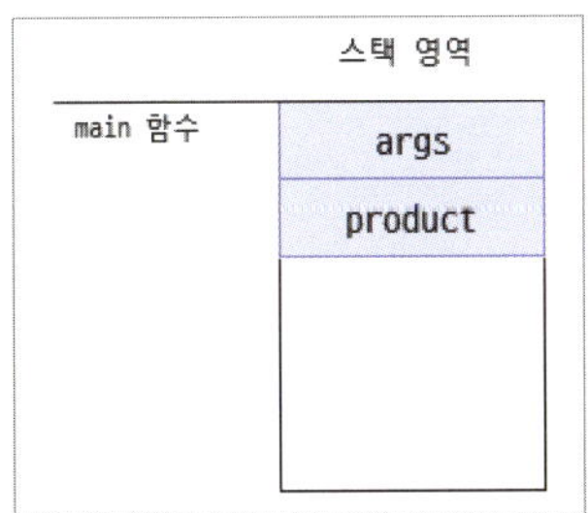

createProduct 함수 안으로 실행 흐름이 이동했다. Product의 인스턴스를 생성하고, apple 참조 ◆ 13
변수에 그 위치를 저장하고 있다. 여기까지의 상황을 그림으로 나타내면 다음과 같다.

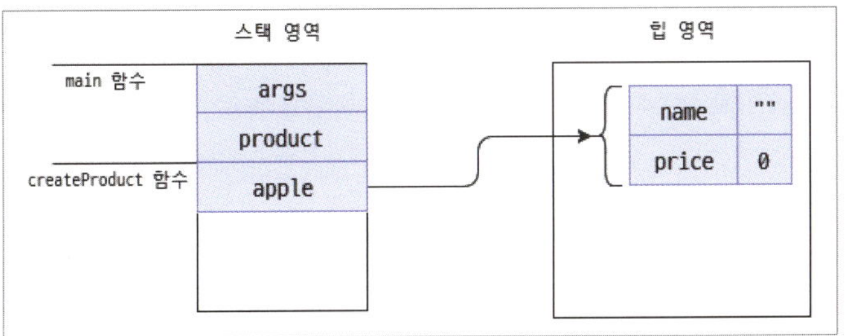

14~15 ◆ apple 참조 변수가 가리키는 객체의 프로퍼티에 값을 채워넣는다.

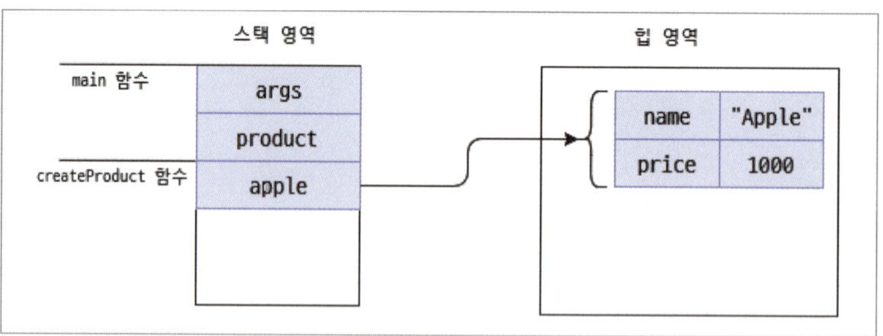

17 ◆ apple 참조 변수가 가지고 있는 참조값을 반환한다.

5 ◆ 이 부분이 이 예제에서 가장 중요한 순간이다. 일단, apple 참조 변수는 createProduct 함수가 끝났으므로 스택에서 지워진다. 하지만, apple 참조 변수가 가리키고 있던 **객체는 힙에서 지워지지 않는다.**

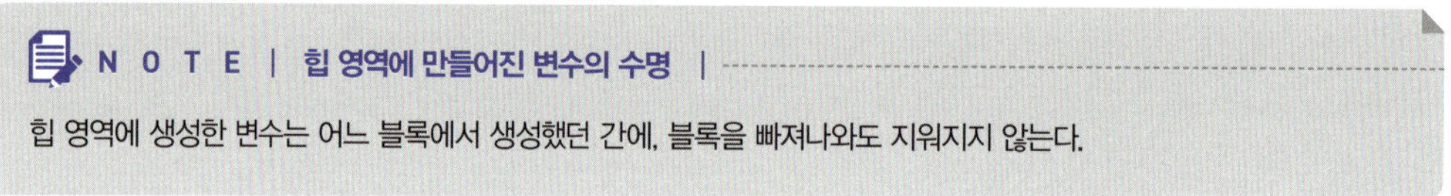

이후 product에 apple이 가지고 있던 참조값이 저장되어 다음과 같은 상태가 된다.

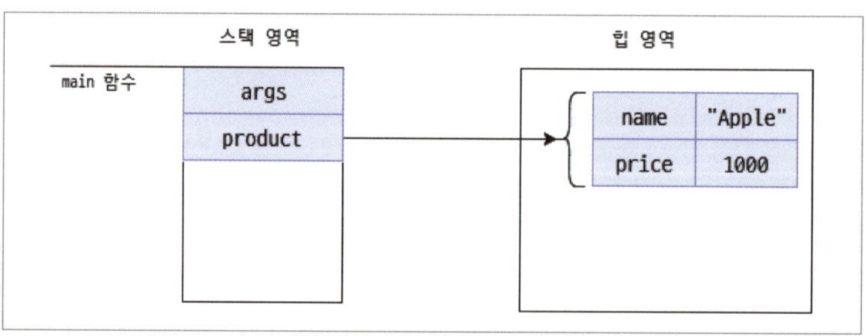

보다시피 createProduct 함수 안에서 생성한 객체를 main 함수에서도 접근할 수 있다.

6 ◆ printProductInfo 함수로 product의 참조값을 전달하고 있다.

전달받은 참조값을 매개변수 product에 저장하고 있다. 이제 두 개의 참조 변수가 하나의 객체를 가리키게 된다. ◆ 25

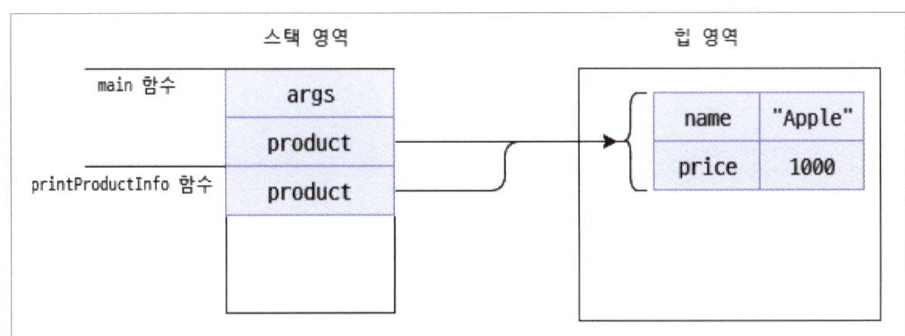

만약, 힙이라는 공간이 없었다면 main 함수의 product 변수와 printProductInfo 함수의 product 매개변수가 각각 자신만의 name과 price 변수를 가지고 있었을 것이다. 이처럼 힙 영역을 두면, 하나의 객체를 여러 참조 변수에서 공유하는 형태로 사용할 수 있어 훨씬 메모리 공간을 절약할 수 있다.

product가 가리키는 객체의 변수들을 출력한다. ◆ 27~28

```
이름: Apple
가격: 1000
```

printProductInfo 함수의 product 매개변수가 사라져 메모리 공간은 다시 기존으로 돌아간다. ◆ 7

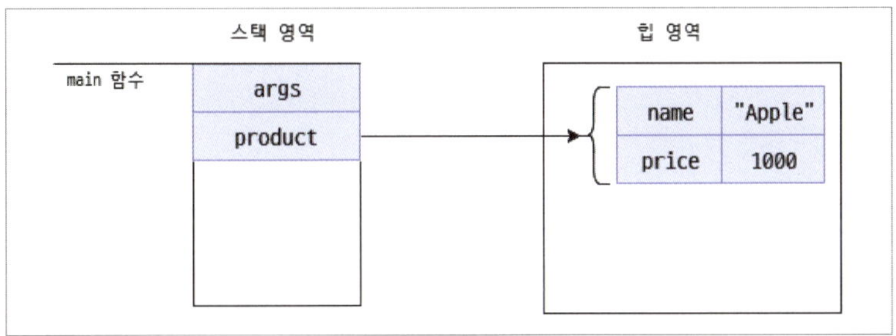

processProduct 함수를 호출하며 product의 참조값을 전달하고 있다.

20 ◆ 전달받은 참조값을 매개변수 product에 저장하고 있다. 이제 두 개의 참조 변수가 하나의 객체를 가리키게 된다.

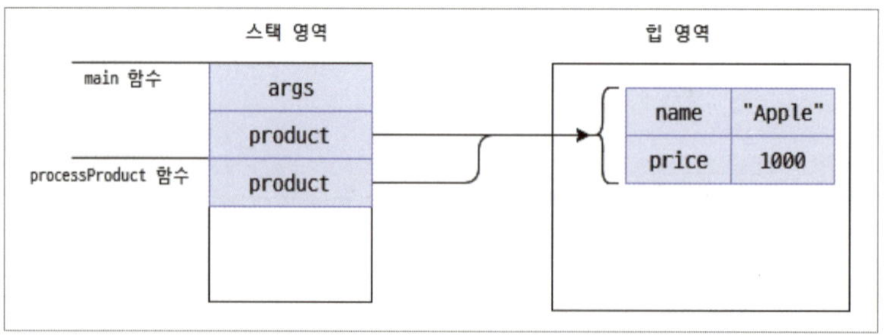

22 ◆ product 매개변수가 가리키고 있는 객체의 price 프로퍼티를 수정하고 있다. main 함수의 product 참조 변수도 product 매개변수와 동일한 객체를 가리키고 있기 때문에 함께 영향을 받는다.

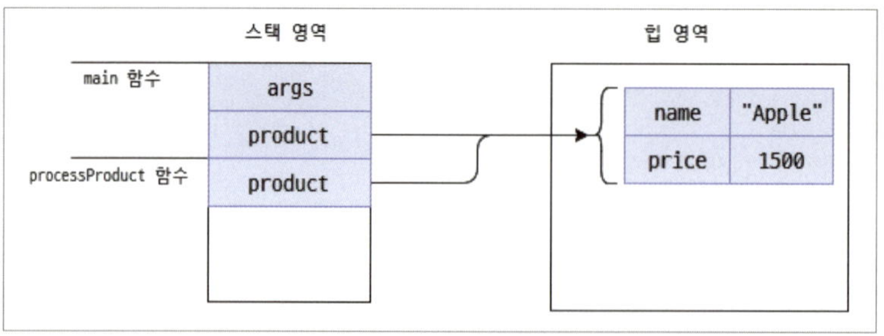

8 ◆ product가 가리키는 객체의 프로퍼티를 출력한다. price 프로퍼티의 값이 500만큼 상승한 상태이므로, 다음과 같이 출력된다.

```
이름: Apple
가격: 1500
```

결과 ▶▶▶▶▶▶▶▶▶▶▶▶▶▶▶▶▶▶▶▶▶▶▶▶▶▶▶▶▶▶▶▶

```
이름: Apple
가격: 1000
이름: Apple
가격: 1500
```

All 문자열간 + 연산 시 주의점

학습 내용 : String 타입 변수도 스택이 아닌 힙 영역에 실제 데이터가 생성된다는 것을 이해하고, 문자열간 + 연산 시 주의해야 할 점에 대해 알아본다.

Person, Product 타입처럼 스택이 아닌 힙 영역에 실제 공간이 할당되는 타입을 참조 타입이라고 한다. 코틀린에서 Byte, Short, Int, Long, Float, Double, Char, Boolean 타입을 제외한 타입은 모두 참조 타입이다. 지금까지 String 타입의 변수가 스택 영역에 문자열을 저장하는 것처럼 표현 했지만, 사실 실제 문자열은 힙 영역에 생성되며, String 변수는 문자열의 참조값을 저장하기 위한 공간만 갖고 있다.

📁 **소스 : ex_string_plus/Main.kt**

```
1:  package ex_string_plus
2:
3:  fun main(args: Array<String>)
4:  {
5:      var first = "Hello "
6:      var second = "World"
7:      first += second
8:  }
```

first 변수에 문자열 "Hello "를 대입하고 있다. 메모리 공간은 다음과 같이 형성된다.

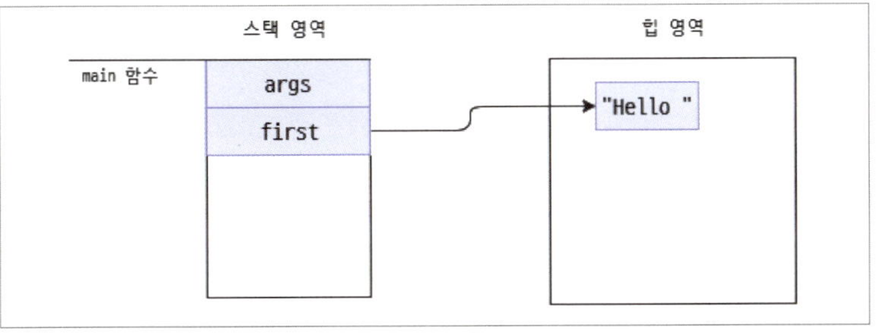

◆ 5

6 ◆ second 변수에 문자열 "World"를 대입하고 있다. 메모리 공간은 다음과 같이 형성된다.

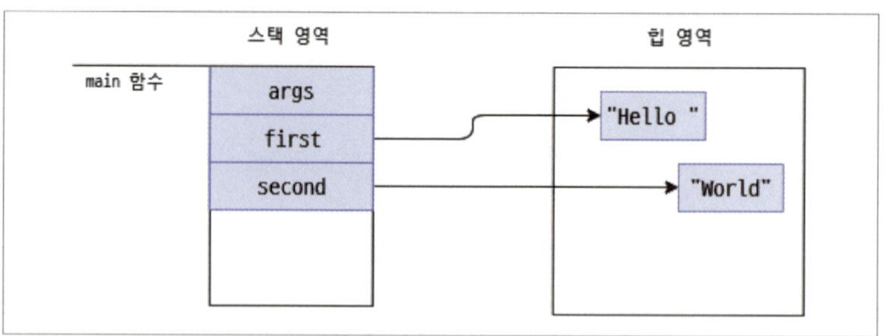

7 ◆ first 변수에 first 와 second 가 가리키는 문자열을 합쳐 저장하고 있다. 이 부분이 바로 이 예제에서 설명하고자 하는 부분이다. 문자열끼리 + 연산을 하면 원래 갖고 있던 문자열에 새로운 문자열이 덧붙여지는 게 아니라, 기존의 문자열은 그대로 남고 합쳐진 문자열이 새로 생성된다.

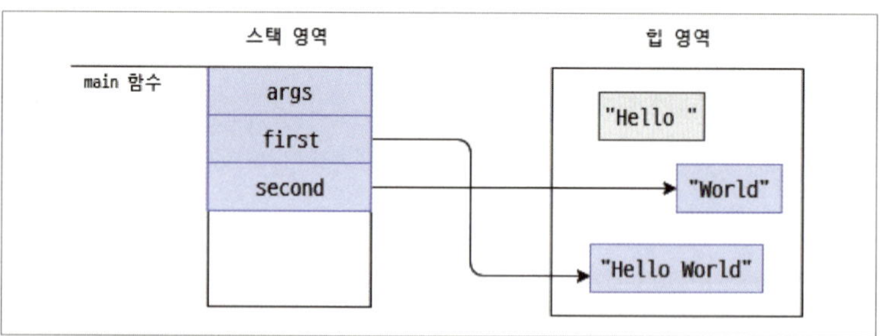

보다시피 first가 가리키고 있었던 "Hello "는 힙 영역에서 사라지지 않는다. 또한, 연결된 참조 변수가 하나도 없기 때문에 "Hello " 문자열에 다시 접근할 방법도 전혀 없다.

이렇게 + 연산을 할 때마다 힙에 문자열이 계속 쌓여 나간다면, 분명 언젠가는 메모리 공간을 모두 차지해버릴 것이다. 다음 예제에서 이 문제를 어떻게 해결하는지 알아보자.

[All] 가비지 컬렉션(Garbage Collection)

초급

050

학습 내용 : 모든 참조 변수와 연결이 끊어진 객체가 어떻게 되는지 알아본다.

힙 영역은 매우 넓어서, 객체의 위치를 기억하고 있는 참조 변수가 모두 사라져버리면 마치 사막(힙)한가운데에 볼펜(객체)을 떨어뜨린 것과 같은 상황이 된다. 객체는 분명 힙 영역 어딘가에 존재하지만 위치를 모르기 때문에 다시는 찾을 수 없다. 이렇게 미아가 된 객체는 메모리 공간이 부족해질 정도까지 쌓이면 **가비지 컬렉션**(Garbage Collection)이라고 하는 기능에 의해 소멸한다. 가비지 컬렉션은 '쓰레기 수거'라는 뜻으로, 말 그대로 미아 객체를 수거해가는 기능을 뜻한다.

📁 **소스 : ex_garbage_collection/Main.kt**

```kotlin
 1:  package ex_garbage_collection
 2:
 3:  fun main(args: Array<String>)
 4:  {
 5:      var result = ""
 6:      var i = 1
 7:
 8:      while (i <= 100)
 9:      {
10:          result += "$i "
11:          i += 1
12:      }
13:
14:      println(result)
15:
16:  }
```

result, i 변수를 선언과 동시에 각각 ""와 1로 초기화하고 있다. ◆ 5, 6

반복문을 동원하여 총 100번의 문자열 덧셈을 하고 있다. 반복문을 마치고 나면 힙에는 수백 개*의 ◆ 8~12
미아 객체가 존재할 것이다.

---

* while 문 안에 있는 "1 ", "2 ", "3 ", …의 개별 문자열들도 힙에 생성된다.

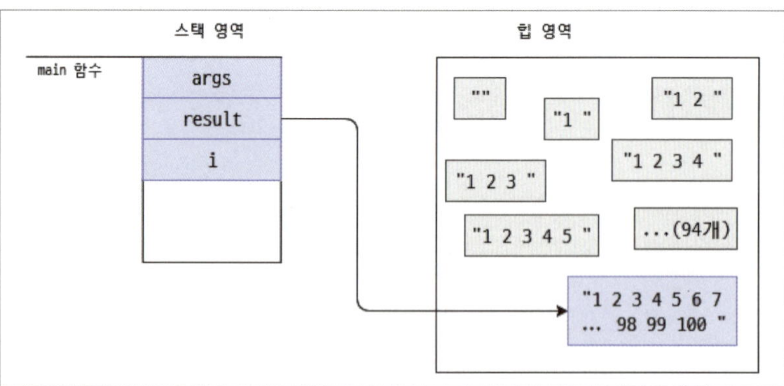

언제인지는 확신할 수 없지만, 이렇게 많은 미아 객체가 힙에 쌓이면 적당한 시점에 시스템이 자동으로 가비지 컬렉션을 수행하여 쓰레기 객체를 수거해간다.

가비지 컬렉션과 프리징 현상

가비지 컬렉션이 일어날 때는 삭제할 미아 객체들을 탐색해야 하기 때문에 순간적으로 프로그램이 멈추는 현상(프리징)이 일어날 수 있다.*

결과 ▶

1 2 3 4 5 6 7 8 9 10 11 12 13 14 15 16 17 18 19 20 21 22 23 24 25 26 27 28 29 30 31 32 33 34 35 36 37 38 39 40 41 42 43 44 45 46 47 48 49 50 51 52 53 54 55 56 57 58 59 60 61 62 63 64 65 66 67 68 69 70 71 72 73 74 75 76 77 78 79 80 81 82 83 84 85 86 87 88 89 90 91 92 93 94 95 96 97 98 99 100

---

* 물론, 요즘은 컴퓨터 성능이 좋아져 무거운 프로그램이 아니라면 그렇게 자주 프리징이 일어나지는 않는다.

_{All} ===, !== 연산자

초급

051

학습 내용 : 두 참조 변수가 같은 객체를 가리키고 있는지 확인하는 방법을 알아본다.

=== 연산자는 두 참조 변수가 같은 객체를 가리키고 있는지 여부를 조사하는 연산자이다. 참조 변수 1 === 참조 변수 2 형태로 쓰면, 두 참조 변수가 같은 객체를 가리킬 때 true, 서로 다른 객체를 가리킬 때 false의 결과 값이 나온다. !== 는 ===의 반대로, 두 참조 변수가 서로 다른 객체를 가리키고 있으면 true이다.

소스 : ex_triple_equals/Main.kt

```kotlin
 1:  package ex_triple_equals
 2:
 3:  fun main(args: Array<String>)
 4:  {
 5:      var a = "one"
 6:      var b = "one"
 7:
 8:      println(a === b)
 9:
10:      b = "on"
11:      b += "e"
12:      println(a !== b)
13:
14:      b = a
15:      println(a === b)
16:  }
```

변수 a와 b에 똑같은 문자열 "one" 을 저장하고 있다. **String** 타입의 리터럴로 이루어진 표현식에 한해**, 참조 변수에 동일한 문자열을 저장하면, 컴파일러는 매번 새로운 문자열을 생성하지 않고 하나의 문자열을 가리키도록 만든다. 따라서 힙에는 다음과 같이 데이터가 생성된다.

◆ 5, 6

****** a = "one"; b = "o" + "ne"와 같이 해도 a와 b는 서로 같은 문자열 인스턴스를 가리키게 된다는 뜻이다.

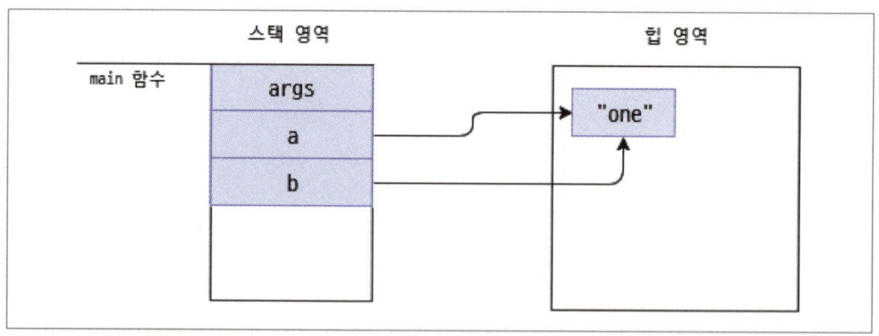

8 ◆ a와 b가 동일한 문자열의 참조값을 가지고 있으므로 true가 출력된다.

10, 11 ◆ b에 먼저 "on" 문자열을 저장한 뒤, "e" 문자열을 누적하고 있다. 이처럼 표현식이 리터럴로만 이루어져 있지 않으면, b가 a와 똑같은 문자열을 저장하고 있다고 해도 새로운 문자열이 만들어진다.

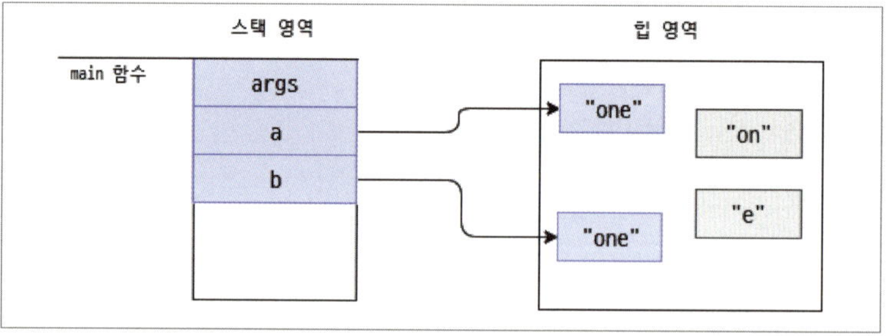

12 ◆ a와 b는 서로 다른 객체의 참조값을 가지고 있으므로 true가 출력된다.

14 ◆ b에 a가 가지고 있는 참조값을 저장하고 있다.

a와 b는 같은 문자열을 가리키고 있으므로 true가 출력된다.

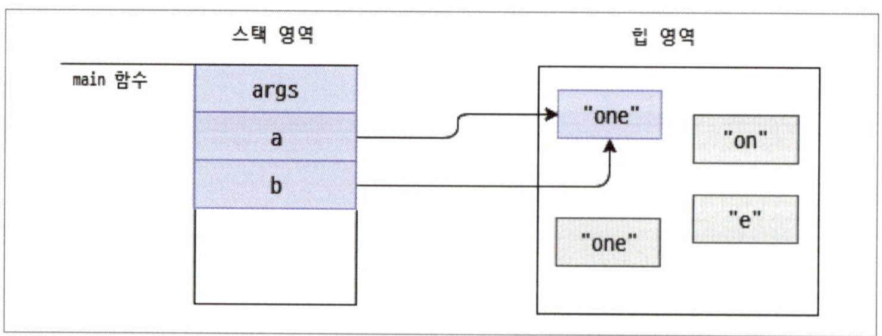

결과

```
true
true
true
```

알고 갑시다!

Java 코틀린의 === 연산자와 자바의 == 연산자

코틀린의 === 연산자는 자바의 == 연산자와 같다. 그럼 코틀린에서의 == 연산자는 어떤 기능을 할까? 벌써 눈치챈 독자도 있겠지만, 코틀린의 == 연산자는 자바의 equals 메서드를 호출한 것과 같은 효과를 지닌다.

```
class Building
{
    var name = "" // 건물명
    var date = "" // 건축일자
    var area = 0 // 면적 (m²)
}

fun printBuilding(building: Building)
{
    println("이름: " + building.name)
    println("건축일자: " + building.date)
    println("면적: " + building.area)
}
```

건물 데이터를 나타내는 Building 클래스와, Building의 인스턴스 내용을 출력하는 printBuilding 함수가 있다. 자세히 보면 printBuilding 이라는 함수는 Building의 인스턴스만을 위한 함수이다. 이렇게 특정 클래스와 강한 연관이 있는 함수는 아예 클래스 안으로 내장시킬 수 있다.

📁 **소스 : ex_member_function/Building.kt**

```
 1:  package ex_member_function
 2:
 3:  class Building
 4:  {
 5:      var name ="" // 건물명
 6:      var date = "" // 건축일자
 7:      var area = 0 // 면적 (m²)
 8:
 9:      fun print( )
10:      {
```

```
11:        println("이름: " + this.name)
12:        println("건축일자: " + this.date)
13:        println("면적: ${this.area} m²")
14:    }
15: }
```

Building 클래스 안에 print 함수가 내장되어 있다. 이렇게 클래스에 내장된 함수를 **멤버 함수**
(Member Function)라고 부른다. 멤버 함수는 ex_member_function/Main.kt의 10번 줄 처럼 참조
변수.멤버 함수()의 형태로 호출한다.

◆ 9~14

> **NEW TERM** | 멤버(Member) |
>
> 프로퍼티와 멤버 함수를 아울러 간단히 멤버(Member)라고 부른다.

각 프로퍼티 이름 앞에 this.가 붙어있다. this는 멤버 함수가 호출될 때, 어떤 객체로부터 호출된
것인지를 나타내는 키워드이다. 즉, building.print()와 같이 멤버 함수를 호출하면, this 키워드
는 building 참조 변수가 가리키는 객체로 치환된다. this.는 생략 가능하므로, println("이름: " +
name)과 같이 프로퍼티 이름만 써도 상관 없다.

◆ 11~13

📁 **소스 : ex_member_function/Main.kt**

```
1: package ex_member_function
2:
3: fun main(args: Array<String>)
4: {
5:     val building = Building( )
6:     building.name = "A 오피스텔"
7:     building.date = "2017-12-13"
8:     building.area = 120 * 8
9:
10:     building.print( )
11: }
```

Building의 인스턴스를 생성하고 값을 채워 넣고 있다.

◆ 5~8

 building 객체*를 통해 print 멤버 함수를 호출하고 있다. print 멤버 함수 안의 this는 이 building 객체로 치환된다.

결과 ▶▶▶

이름: **A** 오피스텔
건축일자: **2017-12-13**
면적: **960m²**

객체의 개념에 대해 소개할 때, 객체는 **동작**(Behavior)도 갖는다고 했었다. 멤버 함수가 바로 객체의 동작 역할을 한다.

 **N O T E** | **코틀린의 모든 타입은 클래스** | -

이제 와서 말하지만, 사실 코틀린에 존재하는 모든 타입은 클래스이다. 즉, Byte, Short, Int, Long, Float, Double, Char, Boolean 같이 스택에 실제 값이 저장되는 타입들도 모두 클래스이다. '산술 연산자' 예제에서, 우리는 Int 클래스의 toDouble( )이라는 멤버 함수를 이미 호출해봤었다.

Int 같은 기본 타입마저 클래스라고 하니 몇몇 독자들은 클래스 개념에 혼동이 올지도 모르겠다. 궁금한 독자들은 Ctrl 을 누른 채로 Byte, Short, Int, Long, Float, Double, Char, Boolean를 눌러 이들 클래스의 선언문을 살펴보자. 아마 프로퍼티는 없고 멤버 함수만 잔뜩 들어있을 것이다. 물론 모든 멤버 함수 내용은 텅텅 비어 있다.

기본 타입이 클래스로 선언된 것은, 기본 타입에서 호출할 수 있는 멤버 함수를 코틀린 문법적으로 확실히 하기 위한 장치일 뿐, 그 자체로 어떤 코드를 담고 있는 것은 아니다. 즉, 기본 타입은 클래스의 형태는 하고 있어도 사용자 정의 클래스**와는 엄연히 다르다.

---

*   정확히 말하면, building 참조 변수가 가리키는 인스턴스를 말한다. 편의상 앞으로는 **building** 객체라고 표현하겠다. xxx 객체라는 표현이 나오면 xxx 참조 변수가 가리키는 인스턴스라고 이해하면 된다.

**   Person, Car처럼 우리가 임의로 정의한 클래스이다.

[All] 프로퍼티와 멤버 함수의 매개변수 이름이 중복될 때

학습 내용 : 프로퍼티와 멤버 함수의 매개변수의 이름이 같을 때, 이 둘을 어떻게 구분하는지 알아본다.

멤버 함수의 매개변수와 프로퍼티의 이름은 중복될 수 있다.

📁 **소스 : ex_this_duplication/Main.kt**

```kotlin
 1: package ex_this_duplication
 2:
 3: class AAA
 4: {
 5:     var num = 15
 6:
 7:     fun memberFunc(num: Int)
 8:     {
 9:         println(num)
10:         println(this.num)
11:     }
12: }
13:
14: fun main(args: Array<String>)
15: {
16:     val a = AAA( )
17:     a.memberFunc(53)
18: }
```

AAA 클래스 안에 num이라는 프로퍼티가 들어있다. ◆ 5

memberFunc 멤버 함수의 매개변수 이름도 num이다. 보다시피 프로퍼티와 멤버 함수의 매개변 ◆ 7
수 이름을 중복해도 오류가 발생하지 않는다.

변수 이름을 그냥 적으면 이 변수는 매개변수로 인식된다. ◆ 9

10 ◆ 변수 앞에 **this.**를 붙이면 이 변수는 프로퍼티로 인식된다. 프로퍼티와 동일한 이름의 매개변수가 없으면 **this** 없이 프로퍼티 이름만 적을 수 있지만, 여기서는 이름이 동일한 매개변수가 존재하기 때문에 반드시 **this.**를 써야 한다.

16 ◆ **AAA**의 인스턴스를 생성한 뒤, α에 대입하고 있다.

17 ◆ α 객체의 멤버 함수 **memberFunc**를 호출하고 있다.

```
53
15
```

[All] 생성자(Constructor)와 초기화(Initializer) 블록

학습 내용 : 객체를 생성과 동시에 원하는 값으로 초기화하는 방법을 배운다.

객체를 생성하고 난 뒤 프로퍼티에 값을 채워넣는 작업은 꽤 번거롭다. 객체를 생성하면서 원하는 값으로 한번에 초기화하는 방법은 없을까?

이번 예제에서 소개할 생성자가 바로 이런 역할을 수행한다. 생성자는 객체를 초기화하는 특수 멤버 함수이다. 예제를 통해 생성자를 만드는 법을 알아보자.

📁 **소스 : ex_constructor/Main.kt**

```kotlin
 1:  package ex_constructor
 2:
 3:  class Person constructor(name: String, age: Int)
 4:  {
 5:      val name: String
 6:      val age:Int
 7:
 8:      init
 9:      {
10:          this.name = name
11:          this.age = age
12:      }
13:  }
14:
15:  fun main(args: Array<String>)
16:  {
17:      val person = Person("홍길동", 46)
18:      println("이름: ${person.name}")
19:      println("나이: ${person.age}")
20:  }
```

생성자는 다음처럼 정의한다. 여기서 constructor 키워드는 생략해도 상관 없다.

◆ 3

```
class 클래스 이름 constructor(생성자의 매개변수 선언)
{ ... }
```

153

일반 함수와 같은 생성자

생성자도 함수의 일종이므로 디폴트 인수와 가변 인수를 사용할 수 있다.

5~6 ◆ val 프로퍼티를 선언하고 있다. 프로퍼티를 선언과 동시에 초기화하지 않은 점에 주목하자.

8~12 ◆ 생성자의 매개변수는 init 블록* 내부에서 사용할 수 있다. init 블록 안에서 프로퍼티를 초기화하면 프로퍼티를 선언과 동시에 초기화하지 않아도 된다.

17 ◆ 클래스를 소개하면서 클래스를 선언하면 그 이름과 동일한 특수 함수가 같이 정의된다고 했었다. 그 함수의 정체가 바로 생성자이다. 클래스에 아무런 생성자를 정의하지 않으면 매개변수가 없는 기본 생성자가 자동으로 정의된다.** 여기서는 String과 Int 타입의 매개변수를 갖는 생성자를 정의 했으므로 Person 생성자를 호출하면서 String과 Int 타입의 인수를 전달해야 한다.

생성자를 호출하면, 10~11 번 줄의 init 블록이 실행되며 프로퍼티에 자동으로 값이 채워진다.

18~19 ◆ person 객체의 값을 출력하고 있다.

결과

이름: 홍길동
나이: 46

Java 코틀린의 생성자

코틀린의 생성자는 자바의 생성자와 달리 매우 특이하게 생겼다. 어차피 생성자의 이름과 클래스의 이름은 동일하므로, 코틀린에서는 생성자 정의부를 아예 클래스 이름에 합쳐버렸기 때문이다. 여기서도 코틀린의 간결함을 엿볼 수 있다.

---

*   init 블록은 **초기화 블록**(Initialize Block)의 줄임말이다.

**   만약, 매개변수가 있는 생성자를 정의하면 매개변수가 없는 기본 생성자는 자동으로 정의되지 않는다.

All init 블록 나누어 쓰기

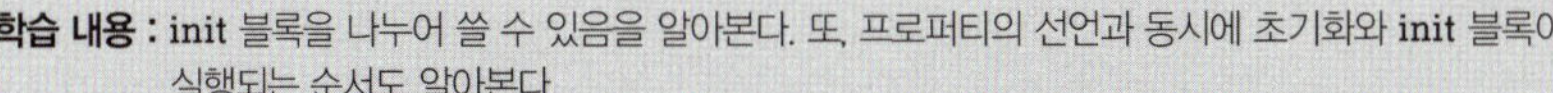

학습 내용 : init 블록을 나누어 쓸 수 있음을 알아본다. 또, 프로퍼티의 선언과 동시에 초기화와 init 블록이
실행되는 순서도 알아본다.

init 블록은 여러 개로 나누어 쓸 수 있다.

📁 소스 : ex_init_blocks/Main.kt

```
 1:  package ex_init_blocks
 2:
 3:  class Size(width: Int, height: Int)
 4:  {
 5:      val width = width
 6:      val height: Int
 7:
 8:      init
 9:      {
10:          this.height = height
11:      }
12:
13:      val area: Int
14:
15:      init
16:      {
17:          area = width * height
18:      }
19:  }
20:
21:  fun main(args: Array<String>)
22:  {
23:      val size = Size(10, 50)
24:      println(size.area)
25:  }
```

Size의 인스턴스를 생성하고 있다.

◆ 23

155

5 ◆ 인스턴스가 생성된다고 해서 init 블록이 곧장 실행되는 것은 아니다. 인스턴스가 생성되면, **위에서 부터 순서대로** 프로퍼티의 선언 및 초기화문과, init 블록이 실행된다. Size 클래스 안에는 맨 꼭대기에 **val width = width**가 있으므로, 이 부분이 가장 먼저 실행된다. 보다시피 생성자의 매개변수는 init 블록뿐만 아니라 프로퍼티를 선언과 동시에 초기화하는 데에도 사용할 수 있다.

10 ◆ 6번 줄에서는 단순히 프로퍼티를 선언만 하기 때문에 실행할 코드가 없으므로, 바로 다음 위치에 있는 8~11번 줄의 init 블록이 실행된다. height 프로퍼티를 생성자의 매개변수 height로 초기화하고 있다.

17 ◆ 13번 줄도 단순히 프로퍼티를 선언만 하고 있으므로, 바로 다음 위치에 있는 15~18번 줄의 init 블록이 실행된다. area 프로퍼티를 프로퍼티 **width**와 **height**의 곱으로 초기화하고 있다.

24 ◆ size 객체의 area 프로퍼티의 값을 출력하고 있다.

결과

500

Size 생성자를 호출하는 순간 실행되는 코드의 순서를 그림으로 나타내면 다음과 같다.

생성자와 프로퍼티 한번에 쓰기

All

초급

056

학습 내용 : 프로퍼티 선언과 생성자 정의를 한번에 하는 방법을 알아본다.

프로퍼티 선언문과 생성자 정의문을 보면 비슷한 코드가 반복되는 것을 알 수 있다. 예를 들어, 클래스에 **name**이라는 프로퍼티가 있다면, 이를 초기화하기 위한 생성자 매개변수를 같이 선언해야 한다. 간결함을 중시하는 코틀린에서는 이러한 중복 코드를 좋아하지 않기 때문에 생성자와 프로퍼티를 한번에 쓸 수 있는 문법을 제공한다.

📁 **소스 : ex_property_in_constructor/Main.kt**

```
 1:  package ex_property_in_constructor
 2:
 3:  class Car(val name: String, val speed: Int = 0)
 4:
 5:  fun main(args: Array<String>)
 6:  {
 7:      val car = Car("My Car")
 8:      println(car.name)
 9:      println(car.speed)
10:  }
```

생성자 매개변수 앞에 **val** 키워드를 붙였다. 물론 **var**을 대신 써도 된다. 매개변수 앞에 **val**이나 **var** 키워드를 붙이면, 동일한 이름의 프로퍼티가 같이 선언된다. 그리고 생성자 매개변수에 들어온 인수가 프로퍼티의 초기값이 된다.

◆ 3

speed 매개변수에는 디폴트 인수를 지정하여 프로퍼티를 좀 더 간편히 초기화할 수 있도록 했다. 클래스 안에 들어가는 내용이 하나도 없으므로 클래스의 중괄호는 생략했다.

Car의 인스턴스를 생성하고 내용을 출력하고 있다.

◆ 7~9

 **결과** ▶▶▶▶▶▶▶▶▶▶▶▶▶▶▶▶▶▶▶▶▶▶▶▶▶▶▶▶▶▶▶▶

My Car
0

157

All 보조 생성자(Secondary Constructor)

학습 내용 : 여러 개의 생성자를 정의하는 방법을 배운다.

생성자는 여러 개를 둘 수 있다. 기본적인 문법은 다음과 같다.

```
// 주 생성자
class 클래스 이름 constructor(매개변수)
{
    // 보조 생성자 1
    constructor(매개변수) : this(인수)
    {
        ...
    }

    // 보조 생성자 2
    constructor(매개변수) : this(인수)
    {
        ...
    }

    ...
}
```

클래스 이름 옆에 오는 생성자는 주 생성자(Primary Constructor)라고 한다. 클래스 내부에 오는 생성자는 보조 생성자(Secondary Constructor)라고 하며, 여러 개가 올 수 있다. 보조 생성자 오른쪽에 있는 : this(인수) 부분은 잠시 후 설명하겠다.

📁 **소스 : ex_secondary_constructor/Main.kt**

```
1:  package ex_secondary_constructor
2:
3:  class Time(val second: Int)
4:  {
5:      init
```

```
 6:     {
 7:         println("init 블록 실행 중")
 8:     }
 9:
10:     // 보조 생성자 1
11:     constructor(minute: Int, second: Int) : this(minute * 60 + second)
12:     {
13:         println("보조 생성자 1 실행 중")
14:     }
15:
16:     // 보조 생성자 2
17:     constructor(hour: Int, minute: Int, second: Int) : this(hour * 60 + minute, second)
18:     {
19:         println("보조 생성자 2 실행 중")
20:     }
21:
22:     init
23:     {
24:         println("또 다른 init 블록 실행 중")
25:     }
26: }
27:
28: fun main(args: Array<String>)
29: {
30:     println("${Time(15, 6).second} 초")
31:     println("${Time(6, 3, 17).second} 초")
32: }
```

시간을 표현하는 Time 클래스를 선언하고 있다. 초 값을 저장하는 val second: Int 프로퍼티를 선 언 및 초기화하는 주 생성자를 정의하고 있다. ◆ 3

분과 초로 Time의 인스턴스를 초기화할 수 있는 보조 생성자를 정의하고 있다. 만약 클래스에 주 생성자가 존재한다면, 주 생성자를 반드시 먼저 호출해주어야 한다. this(인수)는 이 클래스에 포함 된 또 다른 생성자를 호출하는 문법이다.* 여기서는 Int 타입 인수 하나를 전달했으므로 주 생성자 가 호출된다. ◆ 11

---

*   this 키워드를 클래스 이름을 나타내는 대명사라고 생각하면 이해하기 편하다.

17 ◆ 시, 분, 초로 **Time**의 인스턴스를 초기화할 수 있는 보조 생성자를 정의하고 있다.

여기서도 마찬가지로 주 생성자를 반드시 먼저 호출해주어야 한다. 여기서는 **Int** 타입 인수 두 개를 전달하여 생성자를 호출했으므로 보조 생성자 1이 호출된다. 보조 생성자 1은 다시 주 생성자를 먼저 호출하므로, 궁극적으로는 주 생성자가 가장 먼저 호출되게 된다.

30 ◆ 분과 초로 **Time**의 인스턴스를 생성하고 바로 **second** 프로퍼티를 출력하고 있다. 보조 생성자 1이 호출되고 연이어 주 생성자가 곧바로 호출되어 init 블록들이 가장 먼저 수행된다.

> init 블록 실행 중
> 또 다른 init 블록 실행 중

주 생성자가 끝나면 본격적으로 보조 생성자 1의 코드가 실행된다. 보조 생성자 1 실행 중이 출력된다. 최종적으로 30번 줄의 **second** 값 906 초가 출력된다.

31 ◆ 시, 분, 초로 **Time**의 인스턴스를 생성하고 바로 **second** 프로퍼티를 출력하고 있다. 보조 생성자 2가 호출되고 연이어 보조 생성자 1이 호출되며, 또 연이어 주 생성자가 호출된다.

init 블록들이 수행되어 출력된다.

> init 블록 실행 중
> 또 다른 init 블록 실행 중

그 다음 보조 생성자 1이 수행되어 보조 생성자 1 실행 중이 출력된다. 그 다음 보조 생성자 2가 수행되어 보조 생성자 2 실행 중이 출력된다. 최종적으로 31번 줄의 **second** 값 21797 초가 출력된다.

결과 ▶▶▶▶▶▶▶▶▶▶▶▶▶▶▶▶▶▶▶▶▶▶▶▶▶▶▶▶▶▶▶▶▶▶

> init 블록 실행 중
> 또 다른 init 블록 실행 중
> 보조 생성자 1 실행 중
> 906 초
> init 블록 실행 중
> 또 다른 init 블록 실행 중
> 보조 생성자 1 실행 중
> 보조 생성자 2 실행 중
> 21797 초

프로퍼티와 Getter/Setter

초급

058

All

학습 내용 : 프로퍼티에 Getter, Setter라고 부르는 특수 함수가 포함되어 있음을 이해한다.

우리는 프로퍼티를 클래스에 묶이는 변수라고 배웠다. 그러나 프로퍼티에는 변수뿐만 아니라 Getter/ Setter라고 부르는 특수 함수도 포함되어 있다. 이번 예제에서 Getter와 Setter에 대해 알아보자.

📁 **소스 : ex_property_getter_setter/Person.kt**

```kotlin
 1:  package ex_property_getter_setter
 2:
 3:  class Person
 4:  {
 5:      var age: Int = 0
 6:          get()
 7:          {
 8:              return field
 9:          }
10:          set(value)
11:          {
12:              field = if (value >= 0) value else 0
13:          }
14:  }
```

age 프로퍼티의 getter이다.　　　　　　　　　　　　　　　◆ 6~9

age 프로퍼티의 setter이다.　　　　　　　　　　　　　　　◆ 10~13

📁 **소스 : ex_property_getter_setter/Main.kt**

```kotlin
 1:  package ex_property_getter_setter
 2:
 3:  fun main(args: Array<String>)
 4:  {
 5:      val person = Person()
```

```
6:        person.age = -30
7:        println(person.age)
8: }
```

6 ◆ person 객체의 age 프로퍼티에 값을 저장하고 있다. 이렇게 프로퍼티에 특정 값을 대입하면, 이 프로퍼티에 해당하는 **setter**가 호출된다.

ex_property_getter_setter.Person.kt 10 라인에서 setter의 **value**는 저장하려는 값 –30을 담고 있는 매개변수이다. **value**의 타입은 어차피 프로퍼티 타입과 같기 때문에 생략이 가능하다.

ex_property_getter_setter.Person.kt 12 라인에서 **field**는 실제로 값이 저장되는 프로퍼티 속의 변수를 나타내는 특수 식별자이다. 만약, **value**가 **0** 이상이라면 그 값을 그대로 저장하고, 음수라면 **0**을 저장한다. 여기서는 **value**가 –30이므로 0이 프로퍼티에 저장된다.

7 ◆ person 객체의 age 프로퍼티에 저장된 값을 읽어오고 있다. 이렇게 프로퍼티에서 특정 값을 읽어 오려 하면, 이 프로퍼티에 해당하는 **getter**가 호출된다.

ex_property_getter_setter.Person.kt 6 라인에서 getter의 반환 타입은 어차피 프로퍼티 타입과 같기 때문에 생략이 가능하다.

ex_property_getter_setter.Person.kt 7 라인에서 **field**는 실제로 값이 저장된 프로퍼티 속의 변수를 나타내는 특수 식별자이다. 여기서는 **return field**를 하여 단순히 프로퍼티 속 변수에 저장된 값을 반환했다.

0이 출력된다. 예제에서 보듯이, Getter와 Setter를 정의하면 프로퍼티에 값을 저장하거나 저장된 값을 가져오려고 하는 순간에 원하는 동작을 실행하게 할 수 있다.

```
0
```

정리하면, 프로퍼티는 실제로 데이터가 저장되는 공간(Field), 저장된 값을 읽으려고 할 때 호출되는 함수(Getter), 그리고 값을 저장하려고 할 때 호출되는 함수(Setter)로 이루어져 있다.

N O T E | val 프로퍼티의 Setter? |

val 프로퍼티는 초기 값이 주어지면 더 이상 값을 변경(Set)할 수 없다. 그래서 val 프로퍼티에는 Getter만 존재한다. val 프로퍼티에 Setter를 정의하려고 하면 오류가 발생한다.

우리가 Getter와 Setter을 별도로 정의하지 않으면 다음처럼 디폴트 Getter/Setter가 자동으로 정의된다. 그래서 프로퍼티의 기본적인 동작은 프로퍼티 속 변수의 값을 단순히 읽고 쓰는 동작이 된다.

```kotlin
class Person
{
    var age: Int = 0
        get( )
        {
            return field
        }
        set(value)
        {
            field = value
        }
}
```

Java 디폴트 Getter/Setter의 유용성

프로퍼티에 디폴트 Getter/Setter가 포함되어 있기 때문에 더 이상 자바처럼 Getter/Setter를 마구 만들 필요가 없다! 단, Getter/Setter의 동작을 커스터마이징 하고 싶다면 별도로 정의해 주어야 한다.

참고로 프로퍼티의 Getter/Setter는 다양한 형태로 정의가 가능하다.

```
// 디폴트 Getter/Setter 정의. get/set은 생략해도 어차피 디폴트 Getter/Setter가 만들어지는데,
이 코드가 필요한 이유는 접근 지정자 예제에서 설명
var age = 0
   get
   set


// Getter 속 문장이 하나일 때 축약 가능
var name = ""
   get( ) = "이름: $field"
```

1.1 **val** 프로퍼티이고, Getter의 반환 값이 **field**가 아니라면 다음처럼 프로퍼티의 타입을 생략할 수 있다. Getter의 반환 타입으로 프로퍼티의 타입을 추론할 수 있기 때문이다.

```
class Person
{
    var age = 0
    val isYoung get( ) = age < 30
}
```

All 연산자 오버로딩(Operator Overloading)

초급 **059**

학습 내용 : 사용자 정의 클래스에서 연산자를 사용할 수 있게 하는 방법을 배운다.

다음과 같이 2차원 평면의 좌표를 표현하는 클래스가 있다고 가정하자.

```kotlin
class Point(var x = 0, var y = 0)
```

이 클래스의 두 객체끼리 덧셈을 하려고 한다. 다음과 같은 코드가 가능할까?

```kotlin
val pt1 = Point(3, 7)
val pt2 = Point(2, –6)
val pt3 = pt1 + pt2 // pt3의 x에는 5가, y에는 1이 저장되기를 원함
```

당연히 가능하지 않다. **Point** 타입은 숫자 타입이 아니어서 더하기 연산자를 사용할 수 없기 때문이다. 하지만, 연산자 오버로딩을 이용하면 이러한 코드를 가능하게 할 수 있다.

📁 소스 : **ex_operator_overloading/Point.kt**

```kotlin
 1:  package ex_operator_overloading
 2:
 3:  class Point(var x: Int = 0, var y: Int = 0)
 4:  {
 5:      operator fun plus(other: Point): Point
 6:      {
 7:          return Point(x + other.x, y + other.y)
 8:      }
 9:
10:      operator fun minus(other: Point): Point
11:      {
12:          return Point(x – other.x, y – other.y)
13:      }
14:
15:      operator fun times(number: Int): Point
16:      {
```

```
17:            return Point(x * number, y * number)
18:        }
19:
20:        operator fun div(number: Int): Point
21:        {
22:            return Point(x / number, y / number)
23:        }
24:
25:        // 좌표 값을 출력한다.
26:        fun print( )
27:        {
28:            println("x: $x, y: $y")
29:        }
30:    }
```

5~8 ◆ 멤버 함수 정의문 앞에 **operator**를 붙였다. **operator**의 의미는 **Point**의 인스턴스 간에 연산자를 사용했을 때 이 멤버 함수를 대신 호출해달라는 뜻이다. 함수 이름은 **plus**로 했는데, 이 이름은 정해진 이름이며 다른 이름을 사용하면 연산자 오버로딩이 제대로 되지 않는다. **plus** 라는 이름은 + 연산자를 오버로딩한다. 즉, **pt1 + pt2**를 하면, 실제로는 **pt1.plus(pt2)**을 수행한다. 연산자 오버로딩은 일종의 문법적 설탕이다.

plus 함수의 매개변수는 반드시 1개여야 하며, 매개변수의 타입과 함수 반환 타입은 마음대로 지정해도 된다. 여기서는 덧셈을 할 때마다 덧셈이 적용된 **Point** 인스턴스를 새로 생성하여 반환하는 것으로 했다.

10~13 ◆ **minus**라는 이름은 – 연산자를 오버로딩한다. 여기서는 두 좌표의 뺄셈이 적용된 **Point** 인스턴스를 새로 생성하여 반환하는 것으로 했다.

15~18 ◆ **times**라는 이름은 * 연산자를 오버로딩한다. 여기서는 정수 하나를 전달받아서 이 정수만큼 좌푯값을 곱한 **Point** 인스턴스를 새로 생성하여 반환하는 것으로 했다.

20~23 ◆ **div**라는 이름은 / 연산자를 오버로딩한다. 여기서는 정수 하나를 전달받아서 이 정수만큼 좌푯값을 나눈 **Point** 인스턴스를 새로 생성하여 반환하는 것으로 했다.

26~29 ◆ 단순히 인스턴스의 좌푯값을 출력하는 멤버 함수다.

소스 : ex_operator_overloading/Main.kt

```kotlin
 1: package ex_operator_overloading
 2:
 3: fun main(args: Array<String>)
 4: {
 5:     val pt1 = Point(3, 7)
 6:     val pt2 = Point(2, -6)
 7:
 8:     val pt3 = pt1 + pt2
 9:     val pt4 = pt3 * 6
10:     val pt5 = pt4 / 3
11:
12:     pt3.print( )
13:     pt4.print( )
14:     pt5.print( )
15: }
```

두 Point 인스턴스를 생성하고, 각각 (x = 3, y = 7), (x = 2, y = -6)으로 초기화하고 있다.   ◆ 5, 6

두 Point 인스턴스간의 덧셈을 수행하고 있다. **Point** 클래스의 **plus** 멤버 함수가 대신 호출된다.   ◆ 8

Point 인스턴스에 곱셈을 수행하고 있다. Point 클래스의 times 멤버 함수가 대신 호출된다.   ◆ 9

Point 인스턴스에 나눗셈을 수행하고 있다. **Point** 클래스의 **div** 멤버 함수가 대신 호출된다.   ◆ 10

각 Point 인스턴스의 값을 출력하고 있다.   ◆ 12~14

 결과 ▶▶▶▶▶▶▶▶▶▶▶▶▶▶▶▶▶▶▶▶▶▶▶▶▶▶▶▶▶▶▶▶▶

```
x: 5, y: 1
x: 30, y: 6
x: 10, y: 2
```

우리가 지금까지 배운 연산자들 중, 오버로딩이 가능한 연산자를 정리하면 다음과 같다.

단항 연산자*

표현식	함수 이름	컴파일 시 실제로 적용되는 형태	함수 반환 타입
+a	unaryPlus	a.unaryPlus()	자유
−a	unaryMinus	a.unaryMinus()	자유
!a	not	a.not()	자유

이항 연산자**

표현식	함수 이름	컴파일 시 실제로 적용되는 형태	매개변수 타입	함수 반환 타입
a + b	plus	a.plus(b)	자유	자유
a − b	minus	a.minus(b)	자유	자유
a * b	times	a.times(b)	자유	자유
a / b	div	a.div(b)	자유	자유
a % b	rem	a.rem(b)	자유	자유
a += b	plusAssign	a.plusAssign(b)	자유	Unit
a −= b	minusAssign	a.minusAssign(b)	자유	Unit
a *= b	timesAssign	a.timesAssign(b)	자유	Unit
a /= b	divAssign	a.divAssign(b)	자유	Unit
a %= b	remAssign	a.remAssign(b)	자유	Unit
a > b	compareTo	a.compareTo(b) > 0	자유	Int
a < b		a.compareTo(b) < 0		
a >= b		a.compareTo(b) >= 0		
a <= b		a.compareTo(b) <= 0		
a == b	equals	a?.equals(b) ? : (b === null)***	Any?****	Boolean
a != b	equals	!(a?.equals(b) ? : (b === null))	Any?	Boolean

---

* 피연산자가 하나인 연산자이다.

** 피연산자가 두 개인 연산자이다.

*** 특이한 연산자가 많이 보이는데, 이후 예제에서 다루도록 하겠다.

**** Any의 정체는 'Any 클래스' 예제에서, ?의 정체는 'Nullable 타입과 null' 예제에서 소개하겠다.

번호 붙은 접근 연산자 (Indexed Access Operator) [ ]

All

초급 060

학습 내용 : [ ] 연산자의 기능과, [ ] 연산자를 오버로딩하는 방법에 대해 배운다.

[ ] 연산자는 문자열을 다룰 때 이미 사용했었다. [ ] 연산자는 표현식[표현식] 형태로 적으며, 객체의 일부 값을 추출해낼 때 사용한다.

📁 **소스 : ex_indexed_access_operator/Person.kt**

```kotlin
 1: package ex_indexed_access_operator
 2:
 3: class Person(var name: String, var birthday: String)
 4: {
 5:     operator fun get(position: Int): String
 6:     {
 7:         return when (position) {
 8:             0 -> name
 9:             1 -> birthday
10:             else -> "알 수 없음"
11:         }
12:     }
13:
14:     operator fun set(position: Int, value: String)
15:     {
16:         when (position)
17:         {
18:             0 -> name = value
19:             1 -> birthday = value
20:         }
21:     }
22: }
```

[ ] 연산자를 오버로딩하는 멤버 함수 get을 선언하고 있다. position에 해당하는 위치의 프로퍼티 값을 반환하도록 했다.

◆ 5~11

14~21 ◆ [ ] 연산자를 오버로딩하는 멤버 함수 set을 선언하고 있다. position에 해당하는 위치의 프로퍼티 값을 value로 변경하도록 했다.

> **소스 : ex_indexed_access_operator/Main.kt**

```kotlin
 1:  package ex_indexed_access_operator
 2:
 3:  fun main(args: Array<String>)
 4:  {
 5:      val person = Person("Kotlin", "2016-02-15")
 6:      println(person[0])
 7:      println(person[1])
 8:      println(person[-1])
 9:
10:      person[0] = "Java"
11:      println(person.name)
12:  }
```

6~8 ◆ person[0]은 컴파일 시 person.get(0)으로 번역된다.

10 ◆ person[0] = "Java"은 컴파일 시 person.set(0, "Java")로 번역된다. 대입되는 표현식이 마지막 인수 가 된다고 생각하면 된다.

11 ◆ Java가 출력된다.

여러 개의 피연산자를 지원하는 [ ] 연산자

[ ] 연산자에는 여러 개의 피연산자를 지정할 수 있다. person[1, 2, 3] 이런 식으로 말이다. 이렇게 적으면 person.get(1, 2, 3)이 호출된다. person[1, 2] = "J"와 같이 적으면 person.set(1, 2, "J")가 호출된다.

```
Kotlin
2016-02-15
알 수 없음
```

All 호출 연산자(Invoke Operator) ( )

초급
061

학습 내용 : ( ) 연산자의 기능과, ( ) 연산자를 오버로딩하는 방법에 대해 배운다.

( )는 함수를 호출할 때 사용하는 연산자이다. 코틀린에서는 이런 연산자도 오버로딩 가능하다.

📁 소스 : ex_invoke_operator/Product.kt

```kotlin
 1:  package ex_invoke_operator
 2:
 3:  class Product(val id: Int, val name: String)
 4:  {
 5:      operator fun invoke(value: Int)
 6:      {
 7:          println(value)
 8:          println("id: $id\nname: $name")
 9:      }
10:  }
```

( ) 연산자를 오버로딩하는 멤버 함수 **invoke**를 선언하고 있다. 본 예제에서는 하나의 인수만 적었   ◆ 5~9
지만, 인수의 개수는 자유다. 인수를 아예 생략할 수도 있다.

📁 소스 : ex_invoke_operator/Main.kt

```kotlin
 1:  package ex_invoke_operator
 2:
 3:  fun main(args: Array<String>)
 4:  {
 5:      val product = Product(762443, "코틀린 200제")
 6:      product(108)
 7:  }
```

6 ◆ product(108)은 컴파일 시 product.invoke(108)로 번역된다. 만약, product(108, "Hi")와 같이 적었다면 product.invoke(108, "Hi")로 번역된다.

108
id: 762443
name: 코틀린 200제

[All] in 연산자

초급 062

학습 내용 : in 연산자의 기능과, in 연산자를 오버로딩하는 방법에 대해 배운다.

in 연산자는 어떤 값이 객체에 포함되어 있는지 여부를 조사하는 역할을 한다.

📁 **소스 : ex_in_operator/Main.kt**

```kotlin
1:  package ex_in_operator
2:
3:  fun main(args: Array<String>)
4:  {
5:      println('o' in "Kotlin")
6:      println("in" !in "Kotlin")
7:  }
```

'o' in "Kotlin"는 컴파일 시 "Kotlin".contains('o')로 번역된다. 문자 'o'는 "Kotlin" 문자열 안에 포함 ◆5
되어 있으므로 true가 출력된다.

느낌표에서 알 수 있듯, !in 연산자는 in의 반대이다. "in" !in "Kotlin"는 컴파일 시 !"Kotlin".con ◆6
tains("in")으로 번역된다. 문자열 "in"은 "Kotlin" 문자열 안에 포함되어 있으므로 false가 출력된다.

📍 **결과** ▸▸▸

```
true
false
```

String 클래스에는 Char 타입을 인수로 받는 contains와, String 타입을 인수로 받는 contains가 존
재한다. 그래서 in 연산자의 왼쪽 피연산자로 Char 타입과 String 타입의 표현식을 지정할 수 있다.

in 연산지는 operator fun contains(매개변수: 타입): Boolean 멤버 함수로 오버로딩 할 수 있다. 매
개변수의 타입은 자유롭게 지정할 수 있다(in 연산자는 when 문에서도 쓸 수 있다).

[All] 멤버 함수의 중위 표기법(Infix Notation)

학습 내용 : 함수를 연산자처럼 호출하는 방법에 대해 알아본다.

중위 표기법(Infix Notation)이란, 피연산자 연산자 피연산자의 순서로 표현식을 구성하는 방식을 뜻한다. 멤버 함수의 매개변수가 하나뿐이면 함수 호출을 중위 표기법으로 할 수 있다.

📁 **소스 : ex_infix_notation/Main.kt**

```kotlin
 1:  package ex_infix_notation
 2:
 3:  class Point(var x: Int = 0, var y: Int = 0)
 4:  {
 5:      // base를 원점으로 생각했을 때의 좌표를 반환한다.
 6:      infix fun from(base: Point): Point
 7:      {
 8:          return Point(x – base.x, y – base.y)
 9:      }
10:  }
11:
12:  fun main(args: Array<String>)
13:  {
14:      val pt = Point(3, 6) from Point(1, 1)
15:      println(pt.x)
16:      println(pt.y)
17:  }
```

6 ◆ 중위 표기법을 지원하려면 멤버 함수 선언문 앞에 infix를 붙여야 한다.

14 ◆ from 멤버 함수를 중위 표기법으로 호출하고 있다. Point(3, 6) from Point(1, 1)은 Point(3, 6).from (Point(1, 1))의 문법적 설탕이다. 점과 소괄호 한 쌍이 줄어들어 더 읽기 편해진 것을 볼 수 있다.

📍 **결과** ▶▶▶▶▶▶▶▶▶▶▶▶▶▶▶▶▶▶▶▶▶▶▶▶▶▶▶▶▶▶▶▶▶▶▶▶▶▶▶

```
2
5
```

All 상속(Inheritance)

초급
064

학습 내용 : 상속의 개념에 대해 알아본다.

상속(Inheritance)은 기존에 존재하는 클래스를 확장하여 새로운 클래스를 정의하는 기법이다. 백문이 불여일견, 예제 코드를 살펴보자.

📁 **소스 : ex_inheritance/Main.kt**

```kotlin
 1:  package ex_inheritance
 2:
 3:  open class Person(val name: String, val age: Int)
 4:
 5:  class Student(name: String, age: Int, val id: Int) : Person(name, age)
 6:
 7:  fun main(args: Array<String>)
 8:  {
 9:      val person = Person("홍길동", 35)
10:      val student = Student("김길동", 23, 20171217)
11:  }
```

name과 age 프로퍼티를 갖는 Person 클래스를 정의하고 있다. 이 Person 클래스를 상속하여 새로운 클래스 Student를 정의하려고 한다. 기본적으로 클래스는 상속이 막혀있다. 상속을 허용하려면, 클래스 정의부 앞에 open 키워드를 붙여주어야 한다. Person 클래스 앞에 open 키워드를 붙여주었다. ◆ 3

📝 **N O T E | Java 상속에 폐쇄적인 코틀린 |** -------------------------------
코틀린은 자바와는 달리, 클래스 선언이 기본적으로 final로 되어 있다.

id 프로퍼티를 갖는 Student 클래스를 정의하고 있다. 클래스 정의부 오른쪽에는 : Person(name, age)가 있는데, 이 부분이 바로 Person 클래스를 상속하는 코드이다. ◆ 5

: Person(name, age)는 형태에서 알 수 있듯이 Person 클래스의 생성자 호출을 의미한다. 상속을 할 때는 반드시 슈퍼클래스의 생성자를 호출해야 하기 때문에 Student의 생성자 매개변수에 name과 age를 추가하여 이를 Person 생성자에 전달하게 했다. 상속 문법을 정리하면 다음과 같다.

```
class 클래스 이름 : 슈퍼클래스 생성자(인수)
{ ... }
```

상속을 하면 슈퍼클래스의 프로퍼티와 멤버 함수가 서브클래스에 그대로 복사된다. Student 클래스에는 id 프로퍼티 밖에 없지만, Person 클래스를 상속했으므로 실제로는 name과 age 프로퍼티도 갖게 된다.

9 ◆ Person의 인스턴스를 생성하고 있다.

10 ◆ Student의 인스턴스를 생성하고 있다. 본 예제의 메모리 상태를 그림으로 나타내면 다음과 같다.

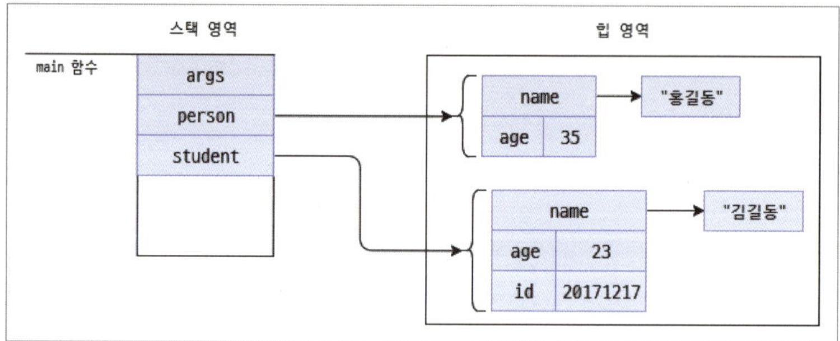

서브클래스의 상속

Student 클래스 선언 앞에 open을 붙이면 Student 클래스도 상속할 수 있다. 만약 어떤 클래스가 Student 클래스를 상속한다면, Student 클래스는 슈퍼클래스이자 서브클래스가 된다. 상속의 깊이에는 제한이 없다.

All 업캐스팅(Upcasting)

학습 내용 : 캐스팅과 업캐스팅의 개념에 대해 배운다.

캐스팅(Casting) 또는 형변환이란, 특정 타입을 다른 타입으로 변환하는 것을 뜻한다. 코틀린에서는*
서브클래스의 인스턴스를 슈퍼클래스 타입으로 가리킬 수 있다.

📁 **소스 : ex_upcasting/Main.kt**

```
 1:  package ex_upcasting
 2:
 3:  open class Person(val name: String, val age: Int)
 4:
 5:  class Student(name: String, age: Int, val id: Int) : Person(name, age)
 6:
 7:  fun main(args: Array<String>)
 8:  {
 9:      val person: Person = Student("John", 32, 20171218)
10:  }
```

Person, Student 클래스는 이전 예제에서 그대로 가져왔다.　　　　　　　　◆ 3, 5

Student의 인스턴스를 생성하고, Person 타입의 참조 변수로 가리키고 있다. Student 클래스는　◆ 9
Person 클래스의 모든 프로퍼티와 멤버함수를 포함하기 때문에 이런 일이 가능하다. 이때의 메모
리 상황을 그림으로 그려보면 다음과 같다.

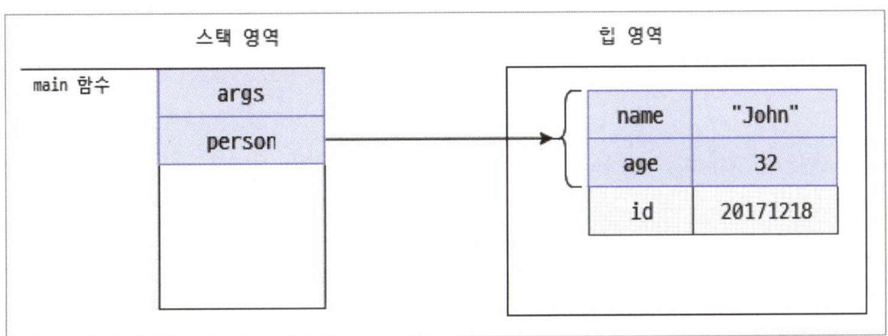

---

* 　그 외 대부분의 객체지향 언어에서도 같다.

이렇게 서브클래스의 인스턴스를 슈퍼클래스 타입으로 가리키는 것을 **업캐스팅**(Upcasting)이라고 부른다.

상속의 용도

이전 예제에서 배운 상속은 사실 클래스를 확장하기 위해서 보다는, 유사한 객체들을 하나의 타입으로 받을 수 있게 하기 위해 사용한다.* 단순히 클래스를 확장하는 게 목표라면, 상속보다는 이후에 소개할 확장 함수나 확장 프로퍼티를 이용하는 것이 더 낫다.

person 참조 변수는 Student의 인스턴스를 가리키고 있기는 하지만, 타입이 Person이기 때문에 name과 age 프로퍼티 밖에 접근하지 못한다. 따라서 다음의 코드는 오류를 일으킨다.

```
person.id
```

오류: Unresolved reference: id (알 수 없는 참조: id)

그렇다고 Person 타입으로 가리킨 Student의 인스턴스를 다시 원래 타입으로 가리킬 수는 없다. 따라서 다음의 코드도 오류를 일으킨다.

```
val person: Person = Student("John", 32, 20171218)
val student: Student = person
```

오류: Type mismatch: inferred type is Person but Student was expected(타입 불일치: 추론된 타입은 Person이나, Student가 와야 한다)

슈퍼클래스 타입은 항상 **슈퍼클래스 자체**나 **서브클래스의 인스턴스만** 가리킬 수 있다.

객체를 원래 타입으로 복원하지도 못하는데, 업캐스팅은 대체 어디에 사용할까? 프로그래밍을 처음 접하거나 객체지향에 입문한 독자들은 업캐스팅의 유용성에 대해 잘 알지 못할 것이다. 하지만 업캐스팅은 코틀린에서 없어서는 안 될 매우 중요한 기능이다. Person 타입의 매개변수를 갖는 함수를 하나 상상해보자. 이 함수에 Person의 인스턴스 자체만 전달할 수 있다면 함수의 기능은 크게 제한될 것이다. 그러나, Person 클래스를 상속하는 모든 클래스의 인스턴스를 전달할 수 있다면 그 용도는 무궁무진 해진다. 다음 예제부터 배울 오버라이딩, 다형성, **Any** 클래스를 공부하고 나면 그 유용성을 더욱 더 실감할 수 있을 것이다.

---

* 이처럼 한 객체가 여러가지 타입을 가질 수 있는 성질을 **다형성**(Polymorphism)이라고 한다.

All 오버라이딩(Overriding)

초급 066

학습 내용 : 슈퍼클래스의 멤버 함수를 서브클래스에서 덮어쓰기하는 방법에 대해 배운다.

슈퍼클래스의 멤버 함수와 시그니처가 동일한 멤버 함수를 서브클래스에서 선언하면, 슈퍼클래스 멤버 함수의 동작을 덮어쓰기할 수 있다. 이것을 오버라이딩(Overriding)이라고 부른다.

📁 **소스 : ex_overriding/Main.kt**

```kotlin
 1:   package ex_overriding
 2:
 3:   open class AAA
 4:   {
 5:       open fun func( ) = println("AAA")
 6:   }
 7:
 8:   class BBB : AAA( )
 9:   {
10:       override fun func( )
11:       {
12:           super.func( )
13:           println("BBB")
14:       }
15:   }
16:
17:   fun main(args: Array<String>)
18:   {
19:       AAA( ).func( )
20:       BBB( ).func( )
21:   }
```

func라는 멤버 함수를 가지고 있는 클래스 **AAA**를 선언하고 있다. 멤버 함수도 클래스와 마찬가지 ◆ 3~6
로 오버라이딩을 허용하려면 **open** 키워드를 맨 앞에 붙여주어야 한다.

8 ◆ AAA 클래스를 상속하는 BBB 클래스를 선언하고 있다.

10 ◆ 오버라이딩을 위해 AAA 클래스의 func 멤버 함수와 시그니처가 동일한 멤버 함수를 선언하고 있
다. 오버라이딩을 할 때는 함수 정의문 앞에 override 키워드를 반드시 붙여야 한다.

> **📝 N O T E | Java 이제는 필수가 된 override 키워드 |**
>
> 자바에서는 오버라이딩시 @Override 어노테이션을 붙이는 것이 옵션이었지만, 코틀린에서는 override 키워드를 반
> 드시 붙여야 한다. 자바에서는 슈퍼클래스 메서드의 시그니처나 이름이 바뀔 때 서브클래스의 함수를 같이 수정하는 것
> 을 깜빡하여 버그를 일으키는 경우가 많았다. 하지만, 코틀린에서는 override 키워드가 강제이므로 멤버 함수를 제대로
> 오버라이딩하지 않을 시 오류로 알려주기 때문에 훨씬 안전한 코드를 작성할 수 있게 되었다.

12 ◆ this가 클래스 자기 자신의 이름을 나타내는 대명사였다면, super는 슈퍼클래스의 이름을 나타내
는 대명사이다. super.func()를 하면 슈퍼클래스, 즉 AAA 클래스의 func 멤버 함수를 호출한 것
이 된다.

19 ◆ AAA의 인스턴스를 생성하자마자 멤버 함수 func()를 호출하고 있다. AAA가 출력된다.

20 ◆ BBB의 인스턴스를 생성하자마자 멤버 함수 func()를 호출하고 있다. BBB 클래스의 func 멤버 함
수는 AAA 클래스의 func 멤버 함수를 오버라이딩했으므로 AAA의 func가 호출되지 않고 BBB의
func가 호출된다. BBB의 func 안에는 super.func(), 즉 AAA의 func를 호출하는 코드가 들어있으
므로 "AAA"가 먼저 출력되고, 그 다음 "BBB"가 출력된다.

final 키워드

override 키워드는 그 자체로 open 키워드가 포함되어 있다. 즉, override된 멤버 함수는 서브클래스에서 몇 번이고 재 오버라이딩이 가능하다. 멤버 함수의 재 오버라이딩을 막으려면 아래 예시처럼 final 키워드를 붙여야 한다.

```kotlin
open class AAA
{
    open fun hello( ) = Unit
}


open class BBB : AAA( )
{
    // final을 붙여 더 이상 hello를 오버라이딩할 수 없게 만든다.
    final override fun hello( ) = super.hello( )
}


open class CCC : BBB( )
{
    // 에러
    override fun hello( )
    {
    }
}
```

All **프로퍼티를 오버라이딩하기**

학습 내용 : 프로퍼티도 오버라이딩이 가능함을 이해한다.

프로퍼티에도 함수의 일종인 Getter/Setter가 존재하므로, 이들도 오버라이딩이 가능하다.

📁 소스 : ex_overriding_property/Main.kt

```kotlin
 1: package ex_overriding_property
 2:
 3: open class AAA
 4: {
 5:     open var number = 10
 6:         get()
 7:         {
 8:             println("AAA number Getter 호출됨")
 9:             return field
10:         }
11:         set(value)
12:         {
13:             println("AAA number Setter 호출됨")
14:             field = value
15:         }
16: }
17:
18: class BBB : AAA()
19: {
20:     override var number: Int
21:         get()
22:         {
23:             println("BBB number Getter 호출됨")
24:             return super.number
25:         }
26:         set(value)
27:         {
28:             println("BBB number Setter 호출됨")
29:             super.number = value
```

```
30:         }
31: }
32:
33: fun main(args: Array<String>)
34: {
35:     val test = BBB( )
36:     test.number = 5
37:     test.number
38: }
```

프로퍼티를 오버라이딩하기 위해 **AAA** 클래스의 number 프로퍼티에 **open** 키워드를 붙였다. ◆ 5

number 프로퍼티의 Getter 동작을 커스터마이징하고 있다. ◆ 6~10

number 프로퍼티의 Setter 동작을 커스터마이징하고 있다. ◆ 11~15

AAA 클래스의 number 프로퍼티를 오버라이딩하고 있다. 프로퍼티를 오버라이딩할 때도 ◆ 20
override 키워드를 붙여야 한다.

super.number와 같이 하면 슈퍼클래스인 **AAA** 클래스의 number 프로퍼티의 Getter가 호출된다. ◆ 24

super.number = 표현식과 같이 하면 슈퍼클래스인 **AAA** 클래스의 number 프로퍼티의 Setter가 ◆ 29
호출된다.

BBB의 인스턴스를 생성하고 있다. ◆ 35

BBB 클래스에서 오버라이딩한 number 프로퍼티의 Setter가 호출된다. ◆ 36

```
BBB number Setter 호출됨
AAA number Setter 호출됨
```

BBB 클래스에서 오버라이딩한 number 프로퍼티의 Getter가 호출된다. ◆ 37

```
BBB number Getter 호출됨
AAA number Getter 호출됨
```

```
BBB number Setter 호출됨
AAA number Setter 호출됨
BBB number Getter 호출됨
AAA number Getter 호출됨
```

val 프로퍼티를 var로 오버라이딩하기

다음처럼 슈퍼클래스에서 val로 선언한 프로퍼티를 var로 오버라이딩할 수 있다.

```
open class AAA(open val number: Int = 0)

class BBB : AAA( )
{
   override var number: Int = 0
      get( ) = super.number
      set // 디폴트 Setter
}
```

[All] 다형성(Polymorphism)의 활용

초급

068

학습 내용 : 멤버 함수를 호출할 때, 참조 변수가 실제로 가리키고 있는 객체의 멤버 함수가 호출된다는 것을 배운다.

오버라이딩을 통해 다형성을 활용하는 방법을 알아보자.

📁 **소스 : ex_polymorphism/Main.kt**

```kotlin
 1: package ex_polymorphism
 2:
 3: open class AAA
 4: {
 5:     open fun hello( ) = println("AAA 입니다.")
 6: }
 7:
 8: class BBB : AAA( )
 9: {
10:     override fun hello( ) = println("BBB 입니다.")
11: }
12:
13: fun main(args: Array<String>)
14: {
15:     val one = AAA( )
16:     val two = BBB( )
17:     val three: AAA = two
18:
19:     one.hello( )
20:     two.hello( )
21:     three.hello( )
22: }
```

one, two 참조 변수에 각각 **AAA** 인스턴스와 **BBB** 인스턴스를 저장하고 있다.　　◆ 15, 16

three 참조 변수에는 two에 저장된 **BBB** 인스턴스를 저장하고 있다.　　◆ 17

여기까지의 메모리 상황을 그림으로 그리면 다음과 같다.

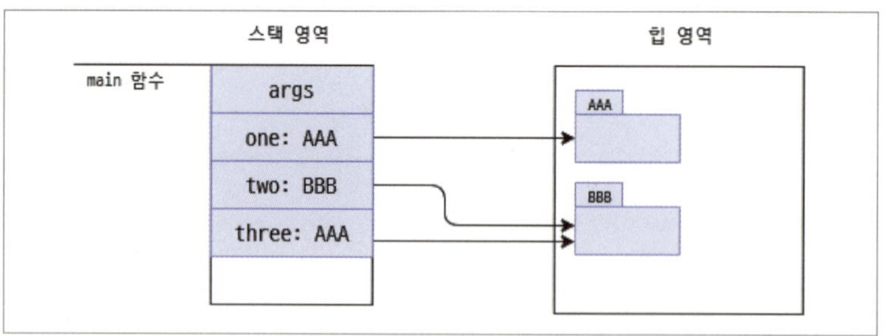

one은 AAA 인스턴스, two는 BBB 인스턴스, three는 AAA 타입이지만 BBB 인스턴스를 가리키고 있다.

19~21 ◆ 각 인스턴스의 hello 멤버 함수를 호출하고 있다. 어떤 값이 출력되는지 주목하자.

AAA 입니다.
BBB 입니다.
BBB 입니다.

19번 줄과 20번 줄은 예상대로의 결과가 나왔다. 그런데 21번 줄의 three의 타입은 **AAA**인데도, BBB 클래스의 hello 멤버 함수가 호출되었다. 여기서 볼 수 있듯이, 오버라이딩된 멤버 함수를 호출하면 참조 변수가 실제로 가리키고 있는 객체의 멤버 함수가 호출된다. 이처럼 멤버 함수를 호출하는 형태는 한 가지*이지만, 문맥에 따라 실제로 호출되는 함수가 다르다.

---

* 참조 변수.hello()의 형태이다.

[All] 클래스를 상속하는 객체

초급

069

학습 내용 : 클래스 없이 특정 클래스를 상속하는 객체를 만드는 법을 배운다.

📁 **소스 : ex_object_extends_class/Main.kt**

```kotlin
 1:  package ex_object_extends_class
 2:
 3:  open class Person(val name: String, val age: Int)
 4:  {
 5:      open fun print( )
 6:      {
 7:          println("이름: $name")
 8:          println("나이: $age")
 9:      }
10:  }
11:
12:  fun main(args: Array<String>)
13:  {
14:      val custom: Person = object : Person("Alan", 23)
15:      {
16:          override fun print( )
17:          {
18:              println("It's a object")
19:          }
20:      }
21:      custom.print( )
22:  }
```

클래스 없이 객체를 만들 때 쓰는 **object** 표현식으로도 상속을 할 수 있다. 상속 가능한 print 멤버 함수를 갖는 Person 클래스를 선언하고 있다. ◆ 3~10

Person 클래스를 상속하는 **object** 표현식이다. 객체를 만들면서 어떤 클래스를 상속하려면 클래스 간에 상속하듯이 object 뒤에 : 슈퍼클래스 이름(생성자 인수)를 붙여주면 된다. 클래스 없이 객체를 만들면서 상속을 했으므로 이때의 상속은 1회용이 된다. ◆ 14~20

custom 참조 변수가 실제로 가리키고 있는 객체의 **print** 멤버 함수가 호출된다. It's a object가 출력된다. ◆ 21

All Any 클래스

학습 내용 : 모든 클래스가 상속하는 Any 클래스에 대해 알아본다.

어떤 클래스가 아무 클래스도 상속하지 않으면 자동으로 **Any** 라는 클래스를 상속한다. 다른 클래스를 상속한다고 해도, 그 클래스 또한 **Any** 클래스를 자동으로 상속하므로 간접적으로 **Any** 클래스를 상속하게 된다. 즉, 모든 코틀린 클래스들은 **Any** 클래스를 상속한다는 것이 보장된다.

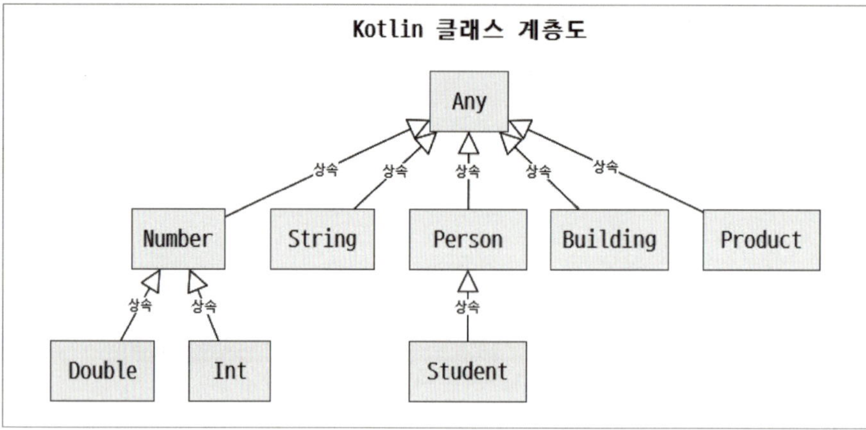

Any 클래스에는 세 가지 멤버 함수가 있다.

```
open class Any
{
    open operator fun equals(other: Any?): Boolean
    open fun hashCode( ): Int
    open fun toString( ): String
}
```

모든 클래스는 **Any** 클래스를 상속하므로, 코틀린의 모든 클래스는 반드시 위의 3가지 멤버 함수를 갖는다.

각 멤버 함수의 역할에 대해 알아보자.

```
open operator fun equals(other: Any?): Boolean
```

== 연산자를 오버로딩하는 멤버 함수이다.

```
open fun hashCode( ): Int
```

</> 객체 고유의 해시코드를 반환하는 멤버 함수이다.

```
open fun toString( ): String
```

객체의 내용을 String 타입으로 변환하는 멤버 함수이다.

멤버 함수 예제에서 사용했던 Building 클래스를 수정하여 Any 클래스의 toString 멤버 함수를 오버라이딩하도록 해보자.

📁 **소스 : ex_any_class/Building.kt**

```
 1:  package ex_any_class
 2:
 3:  class Building(   val name: String = "",    // 건물명
 4:          val date: String = "", // 건축일자
 5:          val area: Int = 0)      // 면적 (m²)
 6:  {
 7:      override fun toString( ) =
 8:          "이름: ${this.name}\n" +
 9:          "건축일자: ${this.date}\n" +
10:          "면적: ${this.area} m²"
11:  }
```

생성자와 프로퍼티를 한번에 쓰도록 수정했다. ◆ 3~5

기존 print 멤버 함수를 toString 멤버 함수로 수정했다. override 키워드를 붙여 Any 클래스의 ◆ 7~10
toString을 오버라이딩 하도록 했다.

```
 1:  package ex_any_class
 2:
 3:  fun main(args: Array<String>)
 4:  {
 5:      val building = Building("코틀린", area = 100)
 6:      printObject(building)
 7:  }
 8:
 9:  fun printObject(any: Any)
10:  {
11:      println(any.toString( ))
12:  }
```

5 ◆ Building의 인스턴스를 생성하고 있다.

6 ◆ Any 타입을 매개변수로 받는 printObject 함수에 building 객체를 인수로 전달했다.

11 ◆

> println(any.toString( ))

코드 상으로는 Any 타입의 toString 멤버 함수를 호출하고 있지만, 다형성 덕에 실제로는 building 객체의 toString( )이 호출된다.

println 함수는 전달한 인수가 String 타입이 아니면 내부적으로 println(any.toString( ))을 호출하기 때문에 println(any)만 써도 상관없다.

이름: 코틀린
건축일자:
면적: 100 ㎡

All 예외(Exception)

학습 내용 : 예외(Exception)가 무엇인지 알아본다.

예외란 프로그램 실행 중 예상치 못하게 발생한 상황을 뜻한다. 예외가 발생하면 프로그램은 기본적으로 오류 메시지와 함께 강제 종료된다. 예제 코드를 통해 구체적으로 예외가 무엇인지 알아보자.

📁 **소스 : ex_exception/Main.kt**

```kotlin
1:  package ex_exception
2:
3:  fun main(args: Array<String>)
4:  {
5:      val str = "abcd"
6:      val num = str.toInt( )
7:
8:      println(num)
9:  }
```

변수 str에 문자열 "abcd"를 대입하고 있다. ◆ 5

str에 들어있는 문자열을 Int 타입으로 변환하려고 하고 있다. str에는 숫자가 아닌 문자들이 저장되어 있으니 당연히 변환에 실패할 것이다. 이때 바로 예외가 발생한다. ◆ 6

 **결과** ▶▶▶▶▶▶▶▶▶▶▶▶▶▶▶▶▶▶▶▶▶▶▶▶▶▶▶▶▶▶

```
Exception in thread "main" java.lang.NumberFormatException: For input string: "abcd"
    at java.lang.NumberFormatException.forInputString(NumberFormatException.java:65)
    at java.lang.Integer.parseInt(Integer.java:580)
    at java.lang.Integer.parseInt(Integer.java:615)
    at ex_exception.MainKt.main(Main.kt:6)
```

예외가 발생하면 그 즉시 프로그램이 강제 종료되며, 그 아래에 있는 코드들은 실행되지 않는다. 따라서 8번 줄은 실행되지 못한다.

이전 예제에서 보았듯이, 예외를 처리하지 않으면 프로그램은 무조건 강제 종료된다. 그러나 프로그램이 이렇게 원치 않게 종료된다면 사용자로부터 좋은 평가를 받지 못할 것이다.

코틀린에서는 예외가 발생했을 때 이를 처리할 수 있는 기회를 제공한다. 예외를 처리하면 프로그램이 강제 종료되는 것을 막을 수 있다.

📁 **소스 : ex_exception_handling/Main.kt**

```kotlin
 1:  package ex_exception_handling
 2:
 3:  fun main(args: Array<String>)
 4:  {
 5:      try
 6:      {
 7:          val str = "abcd"
 8:          val num = str.toInt( )*
 9:
10:          println(num)
11:      }
12:      catch (e: NumberFormatException)
13:      {
14:          println("문자열을 숫자로 변경하지 못함")
15:      }
16:      finally
17:      {
18:          println("프로그램 종료")
19:      }
20:  }
```

---

* IDE에 **toInt( )**를 입력하면 색상이 조금 다르게 보이는데, 이것은 이후 '확장 함수' 예제에서 설명하겠다.

예외가 발생할 가능성이 있는 부분을 try 블록으로 감싸고 있다. ◆ 5~11

try 블록 바로 아래에, 예외가 발생했을 때 대신 실행할 코드를 catch 블록으로 지정한다. catch의 ◆ 12~15
소괄호 안에는 어떤 예외가 발생했을 때 이 catch 블록을 실행할지를 지정한다.

```
catch (e: NumberFormatException)
```

e는 예외 객체를 가리키는 참조 변수이고, NumberFormatException은 예외 타입이다. 잘못
된 문자열을 숫자로 변환할 때 NumberFormatException 타입의 예외가 발생하므로 catch에
NumberFormatException 타입의 참조 변수를 적어놓았다.
8번 줄에서 str.toInt()를 호출 중에 NumberFormatException 예외가 발생하므로 코드는 8번 줄 까
지만 실행되고, 바로 14번 줄로 점프한다. "문자열을 숫자로 변경하지 못함"이 출력된다.

finally 블록은 예외 발생 여부와 상관 없이 무조건 실행되는 블록이다. 즉, try 블록 안의 코드를 ◆ 16~19
무사히 마쳐도, 예외가 발생해 catch 블록으로 빠져도, finally 블록은 항상 실행된다. finally 블록
은 생략이 가능하다. "프로그램 종료"가 출력된다.

본 예제의 실행흐름을 표현하면 다음과 같다.

```
package ex_exception_handling

fun main(args: Array<String>)
{
    try
    {
        val str = "abcd"
        val num = str.toInt()

        println(num)
    }
    catch (e: NumberFormatException)
    {
        println("문자열을 숫자로 변경하지 못함")
    }
    finally
    {
        println("프로그램 종료")
    }
}
```

문자열을 숫자로 변경하지 못함
프로그램 종료

여러 종류의 예외 처리하기

여러 종류의 예외를 처리하려면 catch 블록을 여러 개 두면 된다.

```
try { … }
catch (e: NumberFormatException) { … }
catch (e: KotlinNullPointerException) { … }
…
```

그러면 발생한 예외에 맞는 catch 블록으로 실행 흐름이 점프한다.

---

* IDE에 toInt( )를 입력하면 색상이 조금 다르게 보이는데, 이것은 이후 '확장 함수' 예제에서 설명하겠다.

[All] 예외 던지기

초급
073

학습 목표 : 예외를 일으키는 방법에 대해 알아본다.

예외는 기본적으로 시스템에 의해 일어나지만, 우리가 고의로 예외를 발생시킬 수도 있다. 이렇게 예외를 발생시키는 것을 '예외를 던진다'라고 표현한다.

📁 **소스 : ex_throw_exception/Main.kt**

```kotlin
1:  package ex_throw_exception
2:
3:  fun main(args: Array<String>)
4:  {
5:      try
6:      {
7:          something( )
8:      }
9:      catch (e: Exception)
10:     {
11:         println(e.message)
12:     }
13: }
14:
15: fun something( )
16: {
17:     val num1 = 10
18:     val num2 = 0
19:     div(num1, num2)
20: }
21:
22: // a를 b로 나눈 몫을 반환하는 함수
23: fun div(a: Int, b: Int): Int
24: {
25:     if (b == 0)
26:         throw Exception("0으로 나눌 수 없습니다.")
27:     return a / b
28: }
```

7 ◆ something 함수를 호출하고 있다.

17~19 ◆ num1, num2 변수를 선언과 동시에 각각 10, 0으로 초기화한 뒤, div 함수로 전달했다.

25 ◆ b에는 0이 들어있으므로, 26번 줄이 실행된다.

26 ◆ 이것이 바로 예외를 던지는 코드이다. 예외를 던질 때는 다음과 같이 쓴다.

> throw Throwable 타입 표현식

여기서는 Throwable이 아닌 Exception의 인스턴스를 생성했는데, Exception이 Throwable 클래스를 상속하므로 문제 없다.* Exception 클래스의 생성자로 String 값을 전달하면 예외의 원인을 알려주는 메시지를 지정할 수 있다. 여기서는 "0으로 나눌 수 없습니다."를 지정했다.

예외가 던져지는 순간, 그 아래에 있는 코드들은 모두 무시되며, 함수를 호출했던 곳(19번 줄)으로 실행 흐름이 이동한다.

> **N O T E** | Java **코틀린의 throws 키워드?** |
>
> 코틀린에는 throws 키워드가 없다. 코틀린 함수는 자바처럼 메서드 선언에 예외 정보를 포함하지 않는다. 왜 그럴까? 알다시피 자바에서는 throws가 있는 함수를 호출할 때마다 매번 함수 호출을 try-catch 블록으로 감싸야만 한다. 하지만, 간결함을 중시하는 코틀린에서는 이런 지저분한 코드를 용납할 수 없었고, 결국 과감히 throws 키워드를 제거해버렸다. 코틀린에서의 예외 처리는 이제 필수가 아닌 옵션이다.

19 ◆ something 함수에는 예외를 처리하는 try-catch 블록이 없으므로 다시 something 함수를 호출했던 곳(7번 줄)로 실행 흐름이 이동한다.

7 ◆ main 함수에는 try-catch 블록이 있으므로, catch 블록으로 실행 흐름이 이동한다. 만약, main 함수에서도 예외를 처리하지 않으면, 프로그램이 강제 종료된다.

11 ◆ e 객체의 message 프로퍼티에는 아까 26번 줄에서 생성자로 전달했던 String 메시지가 들어있다. "0으로 나눌 수 없습니다."가 출력된다.

---

* 업캐스팅의 유용함을 확인할 수 있는 부분이다.

결과

0으로 나눌 수 없습니다.

실행 흐름의 변화에서 알 수 있듯이, 예외가 던져지면 자신을 호출했던 함수로 예외 처리의 책임을 전가시킨다. 그 함수에서도 예외 처리를 하지 않으면, 그 함수를 호출했던 함수로 또 예외 처리의 책임을 전가한다. 그러다 보면 언젠가는 main 함수까지 예외 처리의 책임이 도달하게 된다. main 함수는 예외 처리를 할 수 있는 최후의 보루이다. main 함수를 호출하는 함수는 시스템밖에 없기 때문이다. main 함수에서마저도 예외를 처리하지 않으면 프로그램은 강제 종료된다.

[All] Nothing 타입

학습 내용 : Nothing 타입의 개념과 쓰임새를 알아본다.

Nothing 타입은 실행 흐름이 도달할 수 없는 구역을 나타내기 위한 특수 타입이다.

📁 소스 : ex_nothing_type/Main.kt

```kotlin
 1:  package ex_nothing_type
 2:
 3:  fun throwing( ): Nothing = throw Exception( )
 4:
 5:  fun main(args: Array<String>)
 6:  {
 7:      println("start")
 8:      val i: Int = throwing( )
 9:      println(i)
10:  }
```

3 ◆ throw Exception( ) 표현식은 Nothing 타입을 갖는다.

큰따옴표의 쓰임

코틀린에서는 throw 표현식 문장도 표현식으로 취급한다.

8 ◆ Int 타입의 변수에 Nothing 타입의 표현식을 대입하고 있다. Nothing 타입은 어떠한 타입과도 호환되기 때문에 이런 코드가 가능하다. Int 타입에 Nothing 타입을 대입한다고 해도, **throwing** 함수가 호출되면 곧바로 예외가 던져져 프로그램이 강제 종료되므로 문제가 되지는 않는다.

```
start
Exception in thread "main" java.lang.Exception
    at ex_nothing_type.MainKt.throwing(Main.kt:3)
    at ex_nothing_type.MainKt.main(Main.kt:8)
```

Nothing 타입은 대체 어디에 활용할 수 있을까? 다음과 같은 상황을 가정해보자.

```
fun validate(num: Int)
{
    val result: Int =
            if (num >= 0) num
            else throw Exception("num이 음수입니다.")
}
```

throw Exception("num이 음수입니다.")는 Nothing 타입의 표현식이기 때문에 if–else 블록이 Int 타입의 표현식으로 인식된다.* 만약 throw Exception 부분이 표현식이 아니었다면, else 블록의 타입이 Unit이 되어버리므로 if–else를 표현식으로 쓸 수 없게 된다.** Nothing 타입은 throw를 표현식으로 쓸 수 있게 하기 위한 장치이다.

---

*   if 블록이 Int 타입, else 블록이 Nothing 타입이면, if-else는 Int 타입을 따라간다.

**   if 블록이 Int 타입, else 블록이 Unit 타입이므로 서로 호환이 되지 않아 if–else를 표현식으로 쓸 수 없다.

타입 이름 뒤에 ?를 붙이면 변수를 Nullable하게 만들 수 있다. Nullable이란, null 값을 지정할 수 있는 변수를 뜻한다. null은 참조 변수가 어떠한 객체도 가리키지 않고 있음을 나타내는 키워드이다.

📁 **소스 : ex_null/Main.kt**

```kotlin
 1:  package ex_null
 2:
 3:  // 업캐스팅 예제의 Person 클래스 재활용
 4:  import ex_upcasting.Person
 5:
 6:  fun main(args: Array<String>)
 7:  {
 8:      var person: Person? = Person("K", 30)
 9:      person = null
10:
11:      var num: Int? = null
12:      num = 10
13:  }
```

8 ◆ Person? 타입의 참조 변수에 Person의 인스턴스를 대입하고 있다. 현재 메모리 상황을 그림으로 표현하면 다음과 같다.

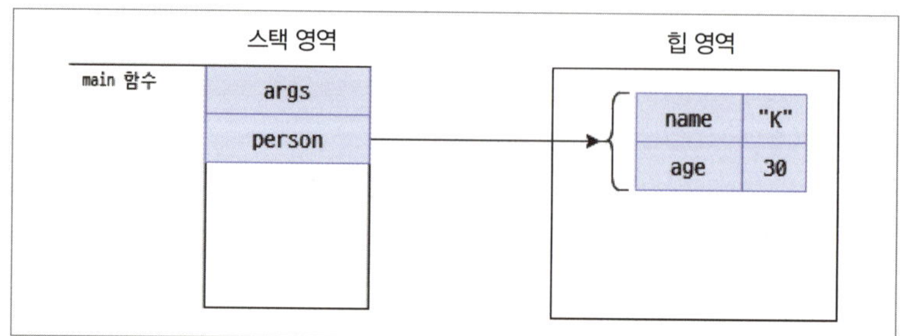

person 참조 변수에 null을 지정하고 있다. null은 Nothing? 타입의 표현식이며, Nothing은 어떠 ◆ 9
한 타입과도 호환되므로, null을 Person? 타입에 대입할 수 있다.

현재 메모리 상황을 그림으로 표현하면 다음과 같다. person 참조 변수와 Person의 인스턴스가 연
결이 끊어진 것을 볼 수 있다.

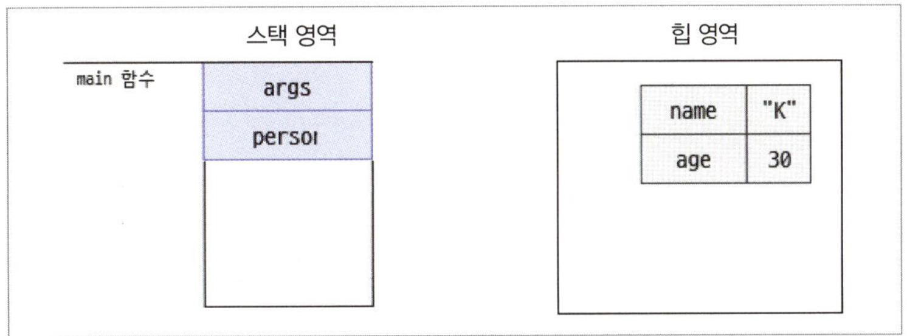

Byte, Short, Int, Long, Float, Double, Char, Boolean 타입 뒤에 ?를 붙이면 그 변수는 **참조 변** ◆ 11
수가 된다. 즉, 실제 데이터가 스택 영역이 아닌 힙 영역에 생성된다.

현재 메모리 상황을 그림으로 표현하면 다음과 같다.

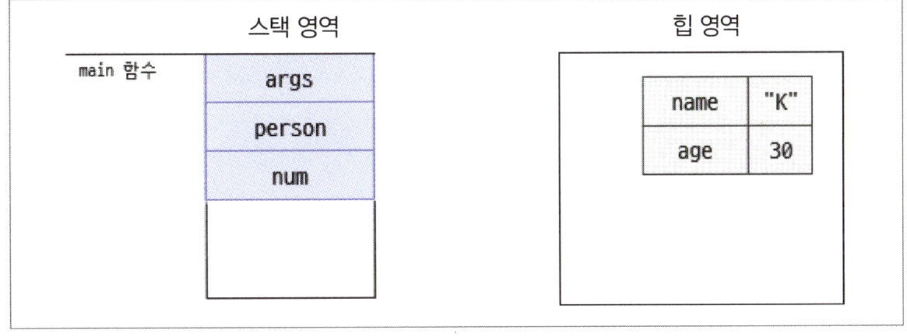

num에 10을 저장하고 있다. 방금 전에 말했듯이, num은 Nullable 타입이므로, 스택이 아닌 힙에 ◆ 12
실제 데이터가 저장된다. 현재 메모리 상황을 그림으로 표현하면 다음과 같다.

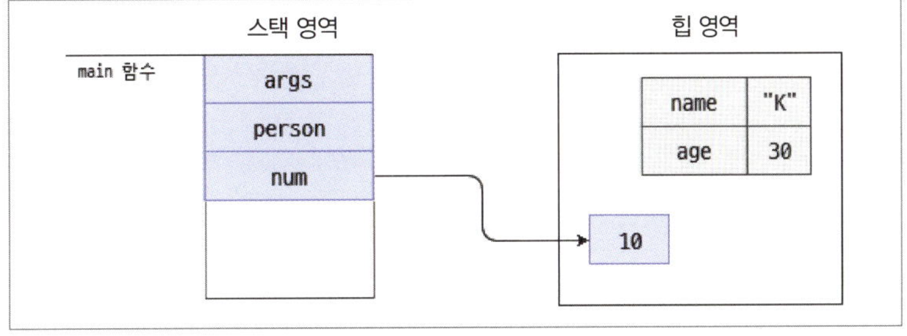

if-else 표현식의 한쪽 블록에 null을 지정하면 어떤 타입으로 인식될까?

```
if (true) "Test" else null
```

"Test"는 String, null은 Nothing? 타입이다. if-else 표현식의 타입은 이 둘이 합쳐진 String?이 된다.

All 안전한 호출 연산자(Safe Call Operator) ?.

학습 내용 : Nullable한 참조 변수의 프로퍼티나 멤버 함수에 접근하는 방법을 배운다.

Nullable한 참조 변수의 프로퍼티와 멤버 함수에 접근하려면 . 대신 ?. 연산자를 반드시 사용해야 한다. ?.은 null 값에 안전한 연산자이다. 아래와 같은 코드가 있을 때, 참조 변수가 null이면 참조 변수?.프로퍼티 표현식이 null 값을 갖게 된다.

참조 변수?.프로퍼티

멤버 함수의 경우, 다음과 같이 하면 참조 변수가 null일 때 멤버 함수를 호출하지 않으며, 참조 변수?.멤버 함수() 표현식은 null이 된다.

참조 변수?.멤버 함수()

📁 **소스 : ex_safe_call_operator/Main.kt**

```kotlin
 1: package ex_safe_call_operator
 2:
 3: // 멤버 함수 예제의 Building 클래스 재활용
 4: import ex_member_function.Building
 5:
 6: fun main(args: Array<String>)
 7: {
 8:     var obj: Building? = null
 9:     obj?.print()
10:     obj?.name = "건물"
11:
12:     obj = Building()
13:     obj?.name = "서울월드컵경기장"
14:     obj?.date = "2001년 11월 10일"
15:     obj?.area = 21_6712
16:     obj?.print()
17: }
```

8 ◆ Building? 타입의 참조 변수에 null을 지정하고 있다.

9 ◆ obj에는 null이 지정되어 있으므로, print( ) 호출은 무시되며, obj?.print( ) 표현식의 값은 null, 타입은 Unit?이 된다.

10 ◆ obj에는 null이 지정되어 있으므로, 프로퍼티에 값을 집어넣는 동작 또한 무시된다. 사실, '프로퍼티와 Getter/Setter' 예제에서 봤듯이 프로퍼티에 값을 저장하는 동작도 일종의 함수 호출이기 때문에 9번 줄과 똑같은 원리가 적용된다.

12 ◆ obj가 갓 생성된 Building의 인스턴스를 가리키게 하고 있다.

13~16 ◆ 이제 obj에는 더 이상 null이 지정되어 있지 않으므로, 프로퍼티에 값이 정상적으로 저장되며, 멤버 함수도 잘 호출된다.

이름: 서울월드컵경기장
건축일자: 2001년 11월 10일
면적: 216712 m²

All Not-null 단정 연산자(Not-null Assertion Operator) !!

초급
077

학습 내용 : Nullable 타입을 Not-null 타입으로 변환하는 방법을 배운다.

!! 연산자는 Nullable 타입을 Not-null 타입으로 강제로 캐스팅한다.

📁 **소스 : ex_notnull_assertion_operator/Main.kt**

```kotlin
 1:  package ex_notnull_assertion_operator
 2:
 3:  // 멤버 함수 예제의 Building 클래스 재활용
 4:  import ex_member_function.Building
 5:
 6:  fun main(args: Array<String>)
 7:  {
 8:      var obj: Building? = Building( )
 9:      obj!!.name = "서울시청"
10:      println(obj!!.name)
11:
12:      obj = null
13:      obj!!.print( )
14:  }
```

obj 참조 변수가 갓 생성한 Building의 인스턴스를 가리키게 하고 있다. ◆ 8

obj는 Building? 타입, obj!!는 Building 타입이다. obj가 null이 아니기 때문에, obj!!는 무사히 ◆ 9
Building 타입으로 캐스팅된다. 만약 obj가 null이었으면 **KotlinNullPointerException** 예외가 발생
한다. 예외 없이 표현식의 결과를 null로 돌려주는 ?. 연산자와는 대조적이다.

obj는 null이 아니기 때문에 "서울시청"이 출력된다. ◆ 10

obj에 고의로 null을 지정하고 있다. ◆ 12

obj은 null이기 때문에 obj!!.print( )는 **KotlinNullPointerException** 예외를 발생시킨다. ◆ 13

 **결과**

서울시청
Exception in thread "main" kotlin.KotlinNullPointerException
    at ex_notnull_assertion_operator.MainKt.main(Main.kt:13)

All 엘비스 연산자(Elvis Operator) ?:

초급
078

학습 내용 : 특정 값이 **null**일 때 다른 값으로 대체하는 연산자에 대해 알아본다.

엘비스 연산자(Elvis Operator)는 왼쪽의 피연산자가 **null**이 아니면 그 값을 그대로 쓰고, **null**이면 우측의 피연산자로 대체하는 매우 유용한 연산자이다.

📁 **소스 : ex_elvis_operator/Main.kt**

```kotlin
 1:  package ex_elvis_operator
 2:
 3:  fun main(args: Array<String>)
 4:  {
 5:      val number: Int? = null
 6:      println(number ?: 0)
 7:
 8:      val number2: Int? = 15
 9:      println(number2 ?: 0)
10:  }
```

Int? 타입의 참조 변수 number에 null을 지정하고 있다. ◆ 5

number에 null이 지정되어 있으므로, number ?: 0의 값은 오른쪽의 피연산자 0이 된다. ◆ 6

Int? 타입의 참조 변수 number2에 15를 저장하고 있다.* ◆ 8

number에 null이 지정되어 있지 않으므로, number2 ?: 0의 값은 왼쪽의 피연산자 number2가 된다. 15가 출력된다. ◆ 9

Java 자바에서, 다음 코드는 코틀린에서 return str ?: "Hello"로 간단히 쓸 수 있다.

```java
String str;
...
return (str != null) ? str : "Hello";
```

---

* 실제로는 힙에 15가 생성되고, number2에는 그 15에 대한 참조값이 저장된다는 걸 잊지 말자!

079

All 스마트 캐스팅

특정 조건을 만족하는 경우, 컴파일러는 변수의 타입을 다른 타입으로 자동 캐스팅한다. 이를 스마트 캐스팅(Smart Casting)이라고 부른다. 예제를 통해 스마트 캐스팅이 언제 일어나는지 알아보자.

📁 **소스 : ex_smart_casts/Main.kt**

```kotlin
 1:  package ex_smart_casts
 2:
 3:  fun main(args: Array<String>)
 4:  {
 5:      val number: Int? = null
 6:      val number2 = 1225
 7:
 8:      checkNull(number)
 9:      checkNull(number2)
10:  }
11:
12:  fun checkNull(any: Any?)
13:  {
14:      if (any == null)
15:      {
16:          println("null이 들어왔습니다.")
17:          return
18:      }
19:
20:      println(any.toString( ))
21:  }
```

5, 6 ◆ number에는 null을, number2에는 1225를 지정했다.

8, 9 ◆ checkNull 함수에 number와 number2를 전달하고 있다.

any가 null인지 검사한다. null이라면 null이 들어왔습니다.를 출력하고 return으로 함수를 마친다.　　◆ 14~18

any가 null이면 17번 줄에 의해 함수가 종료되므로, 20번 줄까지 실행 흐름이 왔다는 것은 any　　◆ 20
가 null이 아니라는 걸 의미한다. 이렇게 특정 변수에 null 값이 들어있지 않다는 것을 완벽히 추론
해낼 수 있을 때, 그 변수는 자동으로 Not-null 타입이 된다. 그래서 any?.toString()이 아닌 any.
toString()으로 호출이 가능하다.

결과

null이 들어왔습니다.
1225

All　is 연산자

학습 내용 : 참조 변수가 어떤 클래스의 인스턴스를 가리키고 있는지 확인하는 방법을 배운다.

is 연산자로 참조 변수가 실제로 가리키고 있는 객체의 타입을 알아낼 수 있다.

📁 **소스 : ex_is_operator/Main.kt**

```kotlin
 1:  package ex_is_operator
 2:
 3:  // 상속 예제의 Person, Student 클래스 재활용
 4:  import ex_inheritance.Person
 5:  import ex_inheritance.Student
 6:
 7:  class Professor(name: String, age: Int) : Person(name, age)
 8:
 9:  fun main(args: Array<String>)
10:  {
11:      val person: Person = Student("Mark Zuckerberg", 33, 20171225)
12:      print("${person is Person} ")
13:      print("${person is Student} ")
14:      print("${person is Professor} ")
15:
16:      val person2: Person = Professor("Kim", 48)
17:      print("${person2 is Person} ")
18:      print("${person2 is Student} ")
19:      print("${person2 !is Professor} ")
20:  }
```

7 ◆ Person 클래스를 상속하는 Professor 클래스를 선언하고 있다.

11 ◆ person 참조 변수에 Student의 인스턴스를 지정하고 있다.

12 ◆ is 연산자는 왼쪽 피연산자(참조 변수)가 실제로 가리키고 있는 객체를 오른쪽 피연산자(타입)으로 가리킬 수 있는지 여부를 조사한다. person이 실제로 가리키고 있는 객체는 Student 타입이고, Person 타입으로 가리킬 수 있으므로 true가 출력된다.

Student의 인스턴스는 당연히 Student 타입으로 가리킬 수 있으므로 true가 출력된다. ◆ 13

Student의 인스턴스는 Professor 타입으로 가리킬 수 없으므로 false가 출력된다. ◆ 14

person2 참조 변수에 Professor의 인스턴스를 지정하고 있다. ◆ 16

person2 참조 변수가 실제로 가리키고 있는 객체는 Professor 타입이다. Professor의 인스턴스는 ◆ 17
Person 타입으로 가리킬 수 있으므로 true가 출력된다.

Professor의 인스턴스는 Student 타입으로 가리킬 수 없으므로 false가 출력된다. ◆ 18

!is는 is의 반대이다. Professor의 인스턴스는 Professor 타입으로 가리킬 수 있으므로 false가 출 ◆ 19
력된다.

Java 자바의 is 연산자

코틀린의 is 연산자는 자바의 instanceof에 해당한다.

  **결과** ▶▶▶▶▶▶▶▶▶▶▶▶▶▶▶▶▶▶▶▶▶▶▶▶▶▶▶▶▶▶▶▶▶▶▶▶▶▶▶

true true false true false false

is 연산자를 when에 사용하기

is 연산자는 when에서 다음과 같이 사용할 수 있다.

```
val person: Person
...
when (person)
{
  is Person  -> { }
  is Student -> { }
  is Professor -> { }
}
```

All as 연산자와 다운캐스팅

학습 내용 : 다운캐스팅(Downcasting)의 개념과, 코틀린에서 다운캐스팅을 하는 방법을 배운다.

다운캐스팅(Downcasting)은 업캐스팅과는 반대로 슈퍼클래스 타입을 서브클래스 타입으로 받는 것을 뜻한다. 이번 예제에서는 다운캐스팅을 위한 **as** 연산자를 알아보자.

📁 소스 : ex_downcasting/Main.kt

```kotlin
 1:  package ex_downcasting
 2:
 3:  // 업캐스팅 예제의 Person, Student 클래스 재활용
 4:  import ex_upcasting.Person
 5:  import ex_upcasting.Student
 6:
 7:  fun main(args: Array<String>)
 8:  {
 9:      val person: Person = Student("John", 32, 20171218)
10:      val person2: Person = Person("Jack", 29)
11:
12:      var person3: Student = person as Student
13:      person3 = person2 as Student
14:  }
```

9 ◆ Person 타입의 person 참조 변수에 갓 생성한 Student의 인스턴스를 지정하고 있다.

10 ◆ Person 타입의 person2 참조 변수에 갓 생성한 Person의 인스턴스를 지정하고 있다.

12 ◆ as 연산자는 왼쪽 피연산자(참조 변수)의 타입을 오른쪽 피연산자(타입)으로 캐스팅한다. person 참조 변수가 가리키고 있는 객체는 Student 타입이므로 무사히 캐스팅이 된다. person as Student 표현식의 타입은 Student이다.

13 ◆ person2 참조 변수를 Student 타입으로 캐스팅하고 있다. person2 참조 변수는 Person의 인스턴스를 가리키고 있으므로, ClassCastException 예외가 발생하며 캐스팅에 실패한다.

> Exception in thread "main" java.lang.ClassCastException: ex_upcasting.Person cannot be cast to ex_upcasting.Student
>   at ex_downcasting.MainKt.main(Main.kt:13)

캐스팅에 실패했을 때 예외가 발생하는 것을 막고 싶으면 as? 연산자를 대신 사용해야 한다. as? 연산자는 캐스팅에 실패하면 null을 돌려준다. 예를 들어 person2 as? Student 표현식의 타입은 Student?이고, 캐스팅에 실패하면 null을, 성공하면 Student 타입으로 변환된 객체를 반환한다.

082

All 접근 지정자(Access Modifier)

학습 내용 : 함수, 전역변수, 클래스, 프로퍼티, 멤버 함수 등에 접근 권한을 지정하는 법을 알아본다.

코틀린에서 선언 가능한 요소(함수, 전역 변수, 클래스, 프로퍼티, 멤버 함수 등) 중, 일부 요소에는 접근* 권한이라는 것을 지정할 수 있다. 이를 **접근 지정자**(Access Modifier) 또는 **가시성 지정자**(Visibility Modifier)라고 한다.** 접근 지정자는 총 4개가 있다.

이름	의미
public	모든 곳에서 접근 가능. 접근 지정자를 생략하면 기본적으로 public이 된다. 즉, 지금까지 계속 public을 써왔던 셈이다.
internal	같은 모듈 안에서 접근 가능. 여기서 모듈은 IntelliJ 프로젝트의 모듈을 가리킨다. 모듈은 코틀린 문법서의 범주를 넘어가는 개념이므로 본 책에서는 설명하지 않겠다.
protected	클래스 내부와, 서브클래스 안에서만 접근 가능하다.
private	프로퍼티와 멤버 함수일 경우, 해당 클래스 안에서만 접근 가능하고, 그 외의 경우, 같은 파일 내에서만 접근 가능하다.

📁 **소스 : ex_access_modifier/Main.kt**

```kotlin
 1:  package ex_access_modifier
 2:
 3:
 4:  class Rectangle(private val width: Int,
 5:        private val height: Int)
 6:  {
 7:     val area: Int
 8:        get( ) = width * height
 9:  }
10:
11:  fun main(args: Array<String>)
12:  {
13:     val rect = Rectangle(5, 7)
14:  //   println(rect.width) // 에러
```

---

*   접근이라는 것은, 변수의 경우 변수에 값을 저장하거나 변수에 저장된 값을 읽는 행위, 함수의 경우 함수 호출을 뜻한다.

** 본 책에서는 접근 지정자라는 용어를 사용하겠다.

```
15:        println(rect.area)
16:    }
```

Rectangle 클래스의 width, height 프로퍼티를 private로 선언하였다. 이제 width와 height 프 ◆ 4~5
로퍼티는 오직 Rectangle 클래스 내부에서만 접근 가능하다.

rect 객체의 width 프로퍼티에 접근하고 있다. width는 private이기 때문에 주석을 해제하면 다음 ◆ 14
과 같은 오류가 발생한다.

```
println(rect.width)
```

오류: Cannot access 'width': it is private in 'Rectangle' ('width'에 접근할 수 없다. 'Rectangle'에서 private
이다)

area 프로퍼티는 public이기 때문에 접근해도 문제 없다. ◆ 15

35

본 예제에서는 보여주지 않았지만, 다음과 같은 곳에 접근 지정자를 붙일 수 있다.

```
접근 지정자 class 식별자 접근 지정자 constructor(...)
{
    접근 지정자 val 또는 var 식별자 ...
        접근 지정자 get( ) = ...
        접근 지정자 set(value) = ...

    접근 지정자 constructor(...) : this(...) ...

    접근 지정자 fun 식별자( ) ...
}

// 전역 변수에만 접근 지정자 지정 가능
접근 지정자 val 또는 var 식별자 ...

접근 지정자 fun 식별자(...) ...
```

각 케이스 별로 private 접근 지정자의 효과를 살펴보자.

📁 **소스 : ex_access_modifier_private/Test.kt**

```kotlin
 1:  package ex_access_modifier_private
 2:
 3:  private var num = 10 // Test.kt 파일 내에서만 접근 가능
 4:
 5:  private fun print( ) // Test.kt 파일 내에서만 접근 가능
 6:      = println(num)
 7:
 8:  public fun hello(value: Int) // 어디에서나 접근 가능
 9:  {
10:      num = value
11:      print( )
12:  }
13:
14:  public class Person(age: Int) // 어디에서나 접근 가능
15:  {
16:      // 디폴트 Setter를 private으로 지정. Setter는 Person 클래스 내부에서만 접근 가능
17:      public var age = age
18:          private set
19:
20:      // Getter를 public으로 지정. Getter는 어디에서나 접근 가능
21:      public val isYoung public get( ) = age < 30
22:  }
```

3~22 ◆ 접근 지정자 테스트를 위한 전역 변수, 함수, 클래스를 선언하고 있다.

📁 **소스 : ex_access_modifier_private/Main.kt**

```kotlin
 1:  package ex_access_modifier_private
 2:
 3:  fun main(args: Array<String>)
 4:  {
 5:  //   num = 5 // 에러
 6:      hello(15)
 7:
 8:      val person = Person(10)
 9:      println(person.age)
10:  //   person.age = 20 // 에러
11:
12:      println(person.isYoung)
13:  }
```

num은 private이기 때문에 **Test.kt** 파일 외부에서 접근하면 오류를 일으킨다. ◆ 5

hello 함수는 public이기 때문에 **Main.kt** 파일에서 접근이 가능하다. hello 함수를 통해 간접적으로 num 전역 변수의 값을 수정하고 있다. 15가 출력된다. ◆ 6

person 객체의 age 프로퍼티에 접근하고 있다. age 프로퍼티는 public이기 때문에 접근이 가능하다. 10이 출력된다. ◆ 9

person 객체의 age 프로퍼티에 접근하고 있다. age 프로퍼티는 public이나, Setter는 private이기 때문에 외부에서 값을 지정할 수 없다. ◆ 10

person 객체의 isYoung 프로퍼티에 접근하고 있다. isYoung 프로퍼티는 public이므로 접근이 가능하다. true가 출력된다. ◆ 12

결과 ▶▶▶

```
15
10
true
```

본 예제의 public 접근 지정자는 모두 생략 가능하다.

[All] # 접근 지정자: protected

학습 내용 : protected 접근 지정자에 대해 자세히 알아본다.

protected 접근 지정자는 클래스 내부에서 사용된다.

📁 **소스 : ex_access_modifier_protected/Main.kt**

```kotlin
 1:  package ex_access_modifier_protected
 2:
 3:  open class AAA(protected val number: Int)
 4:
 5:  class BBB(number: Int) : AAA(number)
 6:  {
 7:      fun printNumber( )
 8:      {
 9:          // AAA 클래스의 number 프로퍼티에 접근 가능
10:          println(number)
11:      }
12:  }
13:
14:  fun main(args: Array<String>)
15:  {
16:      val test = BBB(36)
17:  //   println(test.number) 에러
18:      test.printNumber( )
19:  }
```

3 ◆
> **open** class **AAA**(protected val number: Int)

AAA 클래스를 상속이 가능하게 선언하고 있다.

```
open class AAA(protected val number: Int)
```

number 프로퍼티에 protected를 지정했다.

AAA 클래스를 상속하는 BBB 클래스를 선언하고 있다.　◆ 5

number 프로퍼티는 protected로 지정되어 있기 때문에, 서브클래스인 BBB 안에서는 접근이 가능　◆ 10
하다.

number 프로퍼티는 protected로 지정되어 있기 때문에 AAA, BBB 클래스 외부에서 접근이 불가　◆ 17
능하다. protected는 서브클래스에서도 접근 가능하다는 점만 빼면 private과 동일하다.

printNumber 멤버 함수는 public이므로 호출이 가능하다.　◆ 18

결과

36

All **접근 지정자 오버라이딩**

학습 내용 : 오버라이딩을 하면서 접근 지정자를 변경할 수 있음을 이해한다.

오버라이딩을 통해 protected인 프로퍼티나 멤버 함수의 접근 지정자를 public으로 변경할 수 있다.

소스 : ex_access_modifier_overriding/Main.kt

```kotlin
1:  package ex_access_modifier_overriding
2:
3:  open class AAA(protected open val number: Int)
4:  {
5:      protected open fun hello( )
6:      {
7:          println("hello")
8:      }
9:  }
10:
11: class BBB(number: Int) : AAA(number)
12: {
13:     public override val number: Int
14:         get( ) = super.number
15:
16:     public override fun hello( ) = super.hello( )
17: }
18:
19: fun main(args: Array<String>)
20: {
21:     val b = BBB(26)
22:     val a: AAA = b
23:
24: //  println(a.number) // 에러
25: //  a.hello( ) // 에러
26:     println(b.number)
27:     b.hello( )
28: }
```

protected 프로퍼티 number를 갖는 AAA 클래스를 선언하고 있다. 오버라이딩이 가능하게끔   ◆ 3
number 프로퍼티에는 open 키워드를 붙여주었다.

protected 멤버 함수 hello를 선언하고 있다. 오버라이딩이 가능하게끔 open 키워드를 붙여주었다.   ◆ 5

number 프로퍼티를 오버라이딩하면서 접근 지정자를 public으로 바꾸고 있다.   ◆ 13

hello 멤버 함수를 오버라이딩하면서 접근 지정자를 public으로 바꾸고 있다.   ◆ 16

동일한 BBB의 인스턴스를 AAA 타입과 BBB 타입으로 가리키고 있다.   ◆ 21~22

a는 AAA 타입이므로 protected인 number 프로퍼티에 접근하면 오류를 일으킨다.   ◆ 24

a는 AAA 타입이므로 protected인 hello 멤버 함수에 접근하면 오류를 일으킨다.   ◆ 25

b는 BBB 타입이므로 public으로 오버라이딩된 number 프로퍼티에 접근할 수 있다. 26이 출력   ◆ 26
된다.

b는 BBB 타입이므로 public으로 오버라이딩된 hello 멤버 함수에 접근할 수 있다. hello가 출력   ◆ 27
된다.

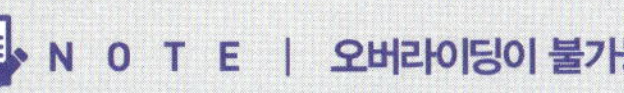

```
26
hello
```

> **📝 N O T E | 오버라이딩이 불가능한 private 접근 지정자 |**
>
> private인 프로퍼티와 멤버 함수는 서브클래스에서 접근이 불가능하기 때문에 오버라이딩할 수 없다. 사실, private인
> 프로퍼티와 멤버 함수에는 open 키워드 자체를 지정할 수 없다.

All **확장 함수(Extension Function)**

학습 내용 : 클래스 밖에서 멤버 함수를 선언하는 방법에 대해 알아본다.

String은 코틀린에 내장된 클래스이기 때문에 우리가 마음대로 멤버 함수를 추가할 수 없다. 그렇다고 String 클래스를 상속하자니, open 키워드가 붙어있지 않아 불가능하다. **확장 함수**(Extension Function)라는 문법을 이용하면, 상속 없이 클래스 외부에서 멤버 함수를 추가할 수 있다.

📁 **소스 : ex_extension_function/Main.kt**

```kotlin
 1:  package ex_extension_function
 2:
 3:  // 문자열이 숫자로만 이루어져있는지 판단하는 확장 함수
 4:  fun String.isNumber( ): Boolean
 5:  {
 6:      var i = 0
 7:      while (i < this.length)
 8:      {
 9:          // 숫자가 아닌 문자가 하나라도 들어있으면 false 반환
10:          if (!('0' <= this[i] && this[i] <= '9'))
11:              return false
12:          i += 1
13:      }
14:      // 모든 조건을 통과하면 true 반환
15:      return true
16:  }
17:
18:  fun main(args: Array<String>)
19:  {
20:      println("1234567890".isNumber( ))
21:      println("500 원".isNumber( ))
22:  }
```

확장 함수를 선언하는 것은 간단하다. 함수 이름 앞에 '함수를 주입할 클래스.'를 붙여주면 된다. 여기 ◆ 4
서 함수를 주입할 클래스를 리시버(Receiver) 타입이라고 부른다.

this를 사용하면 리시버 타입의 프로퍼티나 멤버 함수에 접근할 수 있다. 단, private이거나 ◆ 7
protected인 멤버에는 접근할 수 없다. length는 문자열의 길이, 즉 문자열에 포함된 문자의 개수
를 갖고 있는 String 클래스의 프로퍼티이다.

숫자는 유니코드에 '0', '1', '2', … '9' 순으로 정의되어 있다. <= 연산자를 이용하여 문자열의 i 번째 ◆ 10
문자가 숫자 문자 범위 안에 있는지 검사했다.

isNumber 확장 함수는 마치 String의 멤버 함수인 것처럼 호출할 수 있다. 확장 함수는 멤버 함수 ◆ 20, 21
와의 구분을 위해 색상이 강조된다.

결과

```
true
false
```

알고 갑시다!

멤버 함수와 동일한 확장 함수

만약, 클래스에 이미 존재하는 멤버 함수와 동일한 시그니처의 확장 함수가 있으면 어떻게 될까? 오류는 나지 않지만, 확장
함수가 가려진다. 즉, 함수 호출시 멤버 함수만 항상 호출된다.

All 확장 프로퍼티(Extension Property)

학습 내용 : 클래스 밖에서 프로퍼티를 선언하는 방법에 대해 알아본다.

코틀린에는 확장 프로퍼티라는 것도 존재한다.

📁 소스 : ex_extension_property/Main.kt

```kotlin
 1:  package ex_extension_property
 2:
 3:  // 문자열이 큰지 판단하는 확장 프로퍼티
 4:  val String.isLarge: Boolean
 5:      get() = this.length >= 10
 6:
 7:  fun main(args: Array<String>)
 8:  {
 9:      println("1234567890".isLarge)
10:      println("500 원".isLarge)
11:  }
```

4 ◆ 확장 프로퍼티도 확장 함수처럼 프로퍼티 이름 앞에 리시버 타입을 적는다.

5 ◆ 문자열의 길이가 10 이상이면 큰 것으로 간주했다.

9~10 ◆ isLarge는 프로퍼티이기 때문에 소괄호를 쓰지 않는다.

 결과 ▶▶▶▶▶▶▶▶▶▶▶▶▶▶▶▶▶▶▶▶▶▶▶▶▶▶▶▶▶▶▶▶▶▶▶▶▶▶▶

```
true
false
```

 **N O T E** | **확장 프로퍼티의 Field?** |

확장 프로퍼티에는 Field가 존재하지 않는다. 따라서 field 식별자는 사용할 수 없다.

PART 3

PART 중급

코틀린 고급 문법 살펴보기

초보자를 위한

KOTLIN 200제

All 객체 선언(Object Declaration)

프로그램을 작성하다 보면 프로그램 전체에서 공유할 수 있는 하나뿐인 객체가 필요할 때가 있다. 다음의 예제처럼 하면 그러한 객체를 쉽게 만들 수 있다.

📁 소스 : ex_object_declaration/Main.kt

```kotlin
 1:  package ex_object_declaration
 2:
 3:  object Person
 4:  {
 5:      var name: String = ""
 6:      var age: Int = 0
 7:      fun print( )
 8:      {
 9:          println(name)
10:          println(age)
11:      }
12:  }
13:
14:  fun main(args: Array<String>)
15:  {
16:      // 식별자 Person으로 객체에 바로 접근 가능
17:      Person.name = "Singleton"
18:      Person.age = 45
19:      Person.print( )
20:  }
```

3~12 ◆ 클래스를 선언하듯이 객체를 선언하고 있다. 이렇게 하면 **Person**이라는 식별자로 객체에 바로 접근할 수 있다.

Person 식별자로 프로퍼티와 멤버 함수에 바로 접근하고 있다.

```
Singleton
45
```

Person은 타입 이름이기도 하기 때문에 다음 코드도 가능하다.

```
val person: Person = Person
```

앞의 Person은 타입으로서의 Person이고, 뒤의 Person은 표현식으로서의 Person이다.
선언된 객체에는 open 키워드를 붙일 수 없다.

Java 싱글톤 패턴을 대체하는 object 키워드

object 키워드 덕에 자바에서 작성해야만 했던 싱글톤 패턴 코드를 더 이상 쓰지 않아도 되게 되었다. 그저 일반 클래스를
선언하듯이, 프로그램 전체에서 단 하나만 존재하는 객체를 편하게 만들 수 있다.

[All] 동반자 객체(Companion Object)

학습 내용 : 클래스에 객체를 내장하는 방법을 알아본다.

동반자 객체(Companion Object)는, 클래스 안에 포함되는 이름 없는 객체이다. 어떤 클래스의 모든 인스턴스가 공유하는 객체를 만들고 싶을 때 사용한다.

📁 **소스 : ex_companion_object/Main.kt**

```kotlin
 1: package ex_companion_object
 2:
 3: class Person private constructor( )
 4: {
 5:     companion object
 6:     {
 7:         fun create( ): Person
 8:         {
 9:             countCreated += 1
10:             return Person( )
11:         }
12:
13:         var countCreated = 0
14:             private set
15:     }
16: }
17:
18: fun main(args: Array<String>)
19: {
20:     val a = Person.create( )
21:     val b = Person.create( )
22:     println(Person.countCreated)
23: }
```

3 ◆ 7번 줄의 create 멤버 함수를 통해서만 Person 객체를 생성할 수 있도록 하기 위해 생성자의 접근 지정자를 private으로 지정했다.

이 부분이 동반자 객체를 정의하는 부분이다. 동반자 객체를 정의할 때는 이름 없이 companion object라고만 적는다.　　　　　　　　　　　　　　　　　　　　　　　　　　◆ 5

Person의 인스턴스를 생성하는 멤버 함수이다. 인스턴스를 반환하면서 지금까지 생성한 인스턴스의 개수를 세고 있다.　　　　　　　　　　　　　　　　　　　　　　　◆ 7~11

생성된 Person의 인스턴스를 집계하기 위한 프로퍼티이다. 외부에서 함부로 값을 조작하는 것을 방지하기 위해 Setter의 접근 지정자를 private으로 설정했다.　　　　　　◆ 13~14

동반자 객체는 자신이 속한 클래스의 이름으로 접근할 수 있다. 즉, Person이라는 식별자는 Person 클래스의 동반자 객체로 인식된다. 참고로 동반자 객체는 클래스당 한 개만 존재한다.　◆ 20~22

동반자 객체에 접근하는 또 다른 방법

어떤 클래스 안에 동반자 객체를 정의해놓으면 Companion이라는 식별자가 자동으로 생긴다. 따라서 Person.create( ) 는 Person.Companion.create( )로도 호출할 수 있다.

동반자 객체의 create 멤버 함수로 Person의 인스턴스를 생성하고, 지금까지 생성된 인스턴스의 수를 출력하고 있다. 2가 출력된다.

결과

2

Java static을 대체하는 동반자 객체

코틀린에는 static 키워드가 더 이상 존재하지 않는다. 따라서 static의 효과를 얻고 싶으면 동반자 객체를 사용해야 한다.

학습 내용 : 함수 호출문이 함수 속에 들어있는 문장으로 대체되는 inline 함수에 대해 알아본다.

지난 예제에서 함수를 호출하면 함수 속으로 실행 흐름이 점프하고, 함수가 끝나면 함수를 호출했던 지점으로 다시 점프한다고 했었다. 이때 발생하는 실행 흐름의 이동은 프로그램의 성능을 미세하게 저해한다.

inline 함수를 사용하면, 실행 흐름을 점프하지 않고 함수 호출문을 함수의 몸체로 대체하기 때문에 성능을 조금이나마 개선할 수 있다.

📁 **소스 : ex_inline_function/Main.kt**

```
 1: package ex_inline_function
 2:
 3: inline fun hello( )
 4: {
 5:     println("Hello")
 6:     println("Kotlin")
 7: }
 8:
 9: fun main(args: Array<String>)
10: {
11:     hello( )
12:     hello( )
13:     hello( )
14: }
```

3 ◆ 함수 앞에 inline 키워드를 붙이면 그 함수는 inline 함수가 된다.

11~13 ◆ inline 함수를 호출하고 있다. 이 함수 호출문들은 컴파일 되는 순간 다음처럼 코드가 대체된다.

```kotlin
fun main(args: Array<String>)
{
    println("Hello")
    println("Kotlin")
    println("Hello")
    println("Kotlin")
    println("Hello")
    println("Kotlin")
}
```

함수 호출문이 함수 속의 문장으로 대체됐다.

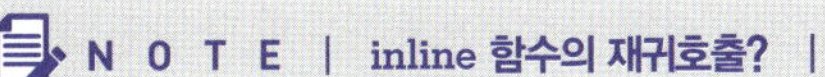

결과

```
Hello
Kotlin
Hello
Kotlin
Hello
Kotlin
```

inline 함수가 프로그램의 성능을 개선시켜준다는 말에 이 참에 모든 함수를 inline으로 바꿔볼까 하는 독자들도 있을 것이라 생각한다. 하지만 그러지 않는 편이 좋다. inline 함수는 함수 속의 문장을 재활용하지 않기 때문에, 문장이 많은 함수를 inline으로 바꾸면 프로그램의 크기가 기하급수적으로 늘어난다. 이렇게 되면 inline을 안 쓰느니만 못하게 된다. 문장이 적고 빈번히 호출되는 함수만 inline으로 만들 것을 권장한다.

> **N O T E | inline 함수의 재귀호출? |**
>
> inline 함수는 재귀호출이 불가능하다. 함수 몸체 코드가 무한대로 늘어날 수 있기 때문이다.

| All | **const** |

학습 내용 : 변수에 접근하는 코드를 변수에 저장된 값으로 대체시키는 const에 대해 알아본다.

inline 함수와 비슷하게, val 변수 앞에 const 키워드를 붙이면 변수에 접근하는 코드를 변수에 저장된 값으로 대체시킨다.

📁 **소스 : ex_const/Main.kt**

```kotlin
 1:  package ex_const
 2:
 3:  const val hello = "Hello" + " World!"
 4:
 5:  object Foo
 6:  {
 7:      const val bar = "bar"
 8:  }
 9:
10:  fun main(args: Array<String>)
11:  {
12:      println(hello)
13:      println(Foo.bar)
14:      println(hello)
15:      println(Foo.bar)
16:  }
```

3 ◆ 전역 변수 hello에 const 키워드를 붙였다. const 키워드는 전역 변수, 오브젝트의 프로퍼티* 등에 붙일 수 있다. 프로그램 어디서나 바로 접근할 수 있는 변수에 붙일 수 있다고 생각하면 된다. const가 붙은 변수에는 리터럴로 이루어진 표현식만 저장이 가능하다.

7 ◆ 오브젝트의 bar 프로퍼티에 const 키워드를 붙였다. 여기에도 마찬가지로 리터럴로 이루어진 표현식을 저장했다.

---

*   단, 커스텀 Getter를 쓰면 안 된다.

이 문장들은 실제로 컴파일 되면 다음과 같이 대체된다.

◆ 12~15

```
println("Hello World!")
println("bar")
println("Hello World!")
println("bar")
```

보다시피 변수에 접근하는 코드가 아예 변수에 저장된 값으로 대체되었다.

결과 ▶▶▶▶▶▶▶▶▶▶▶▶▶▶▶▶▶▶▶▶▶▶▶▶▶▶▶▶▶▶▶▶▶▶▶▶

```
Hello World!
bar
Hello World!
bar
```

const 키워드의 활용

const 키워드는 어디에 활용할 수 있을까? 아직 소개하지는 않았지만, 코틀린 문법 중에는 리터럴만 와야 하는 자리가 몇 군데 있다. const 키워드가 붙은 변수는 리터럴로 대체되므로, 이런 곳에 사용하면 좋다.

학습 내용 : 프로퍼티의 초기화를 유예하는 방법에 대해 알아본다.

클래스의 프로퍼티는 선언과 동시에 초기화하거나 init 블록 안에서 반드시 초기화해주어야 한다. 그러나 이런 강제성은 너무 불편하다. 프로퍼티의 타입이 String이나 Int라면 ""이나 0 등으로 초기화하면 되지만, 만약 사용자 정의 클래스라면 어떻게 초기화할 것인가?

📁 **소스 : ex_lateinit/Main.kt**

```kotlin
1:  package ex_lateinit
2:
3:  // 점을 표현하는 클래스
4:  class Point(val x: Int, val y: Int)
5:
6:  // 사각형을 표현하는 클래스
7:  class Rect
8:  {
9:      lateinit var pt: Point
10:     lateinit var pt2: Point
11:
12:     val width: Int get( ) = pt2.x - pt.x
13:     val height: Int get( ) = pt2.y - pt.y
14:     val area get( ) = width * height
15: }
16:
17: fun main(args: Array<String>) {
18:     val rect = Rect( )
19:     rect.pt = Point(3, 3)
20:     rect.pt2 = Point(6, 5)
21:
22:     println("너비: ${rect.width}")
23:     println("높이: ${rect.height}")
24:     println("넓이: ${rect.area}")
25: }
```

pt와 **pt2** 앞에 lateinit 키워드를 붙였다. lateinit 키워드가 붙은 프로퍼티는 클래스 안에서 바로 ◆ 9~10
초기화하지 않아도 된다. lateinit은 var 프로퍼티에만 붙일 수 있다.

사각형의 너비, 높이, 넓이를 갖고 있는 프로퍼티를 선언하고 있다. 실시간으로 너비, 높이, 넓이 값 ◆ 12~14
을 계산하기 위해 Getter를 커스터마이징했다.

rect 객체의 **pt, pt2** 프로퍼티에 Point 객체를 지정하고 있다. ◆ 19~20

rect 객체의 너비, 높이, 넓이를 출력하고 있다. 만약, **pt**와 **pt2** 프로퍼티에 값을 지정하지 않은 채 ◆ 22~24
프로퍼티에 접근하면 UninitializedPropertyAccessException 예외가 발생한다.

결과

너비: 3
높이: 2
넓이: 6

알고 갑시다!

1.2 lateinit 프로퍼티가 초기화되었는지 여부를 확인하는 방법

특정 lateinit 프로퍼티가 초기화되었는지 알려면 다음과 같이 한다.

```
if (rect::pt.isInitialized)
{
}
```

::에 대해서는 '함수 참조' 꼭지에서 설명하겠다.

All Nullable 리시버

학습 내용 : 확장 함수를 응용하여 Nullable 타입으로도 멤버 함수를 호출할 수 있도록 해본다.

확장 함수를 응용하면, 참조 변수에 **null**이 지정되어 있어도 함수 호출이 가능하게 할 수 있다.

📁 소스 : **ex_nullable_receiver/Main.kt**

```kotlin
 1:  package ex_nullable_receiver
 2:
 3:  fun String?.isNumber( )
 4:  {
 5:      if (this == null)
 6:          println("문자열이 null입니다.")
 7:  }
 8:
 9:  fun main(args: Array<String>)
10:  {
11:      val empty: String? = null
12:      empty.isNumber( )
13:  }
```

3 ◆ 리시버 타입에 **?**가 붙어 있는 것을 볼 수 있다. 이것이 바로 Nullable 리시버이다.

11 ◆ empty는 String? 타입이고, null이 지정되어 있다.

12 ◆ isNumber 확장 함수의 리시버 타입이 Nullable이기 때문에, 표현식의 값이 null이어도 isNumebr 확장 함수를 호출할 수 있다.

 결과 ▶▶

문자열이 **null**입니다.

동반자 객체의 확장 함수

094

중급

All

학습 내용 : Companion 식별자를 이용하여 동반자 객체에도 확장 함수를 달 수 있음을 이해한다.

확장 함수를 다음과 같이 선언하면 동반자 객체에도 확장 함수를 달 수 있다.

```
fun 클래스 이름.Companion.함수 이름( )
{
}
```

동반자 객체는 클래스 이름만으로 접근할 수 있지만, 확장 함수를 선언할 때 그렇게 하면 동반자 객체가 아닌 클래스 자체에 멤버 함수가 추가되므로 Companion 식별자를 반드시 적어줘야 한다.

📁 **소스 : ex_extension_function_companion_object/Main.kt**

```
1:    package ex_extension_function_companion_object
2:
3:    class Person { companion object }
4:
5:    fun Person.Companion.create( ) = Person( )
6:
7:    fun main(args: Array<String>) = Person.create( )
```

동반자 객체에 확장 함수를 주입하기 위해 빈 동반자 객체를 정의했다. 동반자 객체도 내용이 비어 있으면 중괄호를 생략할 수 있다. ◆ 3

동반자 객체에 create 함수를 주입하고 있다. ◆ 5

Person 클래스의 동반자 객체에 주입된 create 함수를 호출하고 있다. ◆ 7

 All 확장 함수의 리시버 타입이 상속 관계에 있을 때

학습 내용 : 확장 함수의 리시버 타입이 상속 관계에 있을 때, 실제로 어떤 타입의 확장 함수가 호출되는지 알아본다.

소스 : ex_extension_function_inherit_relation/Main.kt

```kotlin
 1:  package ex_extension_function_inherit_relation
 2:
 3:  open class AAA; class BBB : AAA( )
 4:
 5:  fun AAA.hello( ) = println("AAA")
 6:  fun BBB.hello( ) = println("BBB")
 7:
 8:  fun main(args: Array<String>) {
 9:      val test: AAA = BBB( )
10:      test.hello( )
11:  }
```

AAA 클래스와 BBB 클래스는 상속 관계이다.

5 ◆ AAA 클래스에 확장 함수 hello를 주입하고 있다.

6 ◆ BBB 클래스에 확장 함수 hello를 주입하고 있다.

9 ◆ 타입은 AAA이나, 실제로는 BBB 객체를 가리키는 test 참조 변수를 선언하고 있다.

10 ◆ 여기서 AAA.hello( )가 호출될까, BBB.hello( )가 호출될까? 정답은 AAA.hello( )이다. 확장 함수는 멤버 함수와는 다르게 참조 변수가 실제로 가리키는 객체의 타입을 따르지 않고, 참조 변수의 타입을 그대로 따른다. 멤버 함수와 확장 함수의 동작이 같을 것이라 생각한 독자는 주의하기 바란다.

 결과 ▶▶

```
AAA
```

All 추상 클래스(Abstract Class)

중급 096

학습 내용 : 몸체가 비어있는 멤버 함수를 갖는 추상 클래스에 대해 알아본다.

상속을 사용하다 보면 단순히 여러 타입을 하나의 타입으로 묶는 용도로 쓸 때가 많다. 가령, 다음과 같은 코드가 있다고 가정해보자.

```kotlin
// 학생, 교수, 직원 클래스를 하나의 타입으로 묶어주는 클래스
open class Person
{
    open fun getSalary( ) = 0
}


// 학생 클래스. tuition는 한 학기 등록금
class Student(private val tuition: Int) : Person( )
{
    // 학생은 등록금을 납부하므로 salary를 음수 처리
    override fun getSalary( ) = –tuition
}


// 교수 클래스. classCount는 진행하는 수업의 수
class Professor(private val classCount: Int) : Person( )
{
    override fun getSalary( ) = classCount * 120
}


// 학교 직원 클래스. initial은 초봉(반기), years는 경력(년)
class Employee(private val initial: Int, private val years: Int) : Person( )
{
    override fun getSalary( ) = initial * (1.0 + years / 10.0).toInt( )
}
```

여기서 Person은 단순히 Student, Professor, Employee 클래스를 Person 타입으로 묶기 위한 클래스이며, 각 서브클래스에 getSalary라는 멤버 함수를 전파시키고 있다. Person처럼 여러 클래스를 한 타입으로 묶어주고, 공통되는 멤버를 진파하는 용도로 쓰는 클래스는 추상 클래스로 선언히는 것이 좋다.

```kotlin
 1:  package ex_abstract_class
 2:
 3:  // 단순히 학생, 교수, 직원 클래스를 하나의 타입으로 묶어주는 클래스
 4:  abstract class Person
 5:  {
 6:      abstract fun getSalary( ): Int
 7:  }
 8:
 9:  // 학생 클래스. tuition는 한 학기 등록금
10:  class Student(private val tuition: Int) : Person( )
11:  {
12:      // 학생은 등록금을 납부하므로 salary를 음수 처리
13:      override fun getSalary( ) = -tuition
14:  }
15:
16:  // 교수 클래스. classCount는 진행하는 수업의 수
17:  class Professor(private val classCount: Int) : Person( )
18:  {
19:      override fun getSalary( ) = classCount * 200
20:  }
21:
22:  // 학교 직원 클래스. initial은 초봉(반기), years는 경력(년)
23:  class Employee(private val initial: Int, private val years: Int) : Person( )
24:  {
25:      override fun getSalary( ) = initial * (1.0 + years / 10.0).toInt( )
26:  }
27:
28:  // 구성원으로부터 학교의 재정을 구한다.
29:  fun getFinance(vararg persons: Person): Int
30:  {
31:      var i = 0
32:      var finance = 0
33:      while (i < persons.size)
34:      {
35:          finance -= persons[i].getSalary( )
36:          i += 1
37:      }
38:      return finance
```

```
39:  }
40:
41:  fun main(args: Array<String>)
42:  {
43:      val finance = getFinance(Student(330), Student(330), Professor(1), Professor(2),
44:          Employee(1300, 2))
45:      println("학교 재정: $finance 만원")
46:  }
```

클래스를 추상 클래스로 만드려면, 클래스 선언 맨 앞에 abstract 키워드를 붙인다. 추상 클래스는 ◆ 4
일부 멤버의 내용이 비어있는 불완전한 클래스이기 때문에 객체를 생성할 수 없다.
abstract 키워드는 그 자체로 open을 포함하고 있기 때문에 open 키워드는 따로 적지 않아도 된다.

추상 클래스는 추상 멤버 함수를 가질 수 있다. 추상 멤버 함수란, 내용이 없는 멤버 함수를 뜻한다. ◆ 6
멤버 함수 맨 앞에 abstract 키워드를 붙이면 멤버 함수를 추상 멤버 함수로 만들 수 있다.

추상 프로퍼티

추상 클래스는 추상 프로퍼티도 가질 수 있다. 추상 프로퍼티를 만드려면, 추상 멤버 함수처럼 프로퍼티 선언문 맨 앞에
abstract 키워드를 붙이면 된다.

Person 클래스의 getSalary 멤버 함수는 그저 서브클래스로 전파시키기 위해 선언한 것이므로, 함
수 내용이 군이 필요하지 않다. 그래서 추상 멤버 함수로 만들었다.

추상 클래스를 상속하는 일반 클래스는 반드시 모든 추상 멤버 함수를 오버라이딩해야 한다. ◆ 13, 19, 25

추상 클래스 오버라이딩 미루기

추상 클래스를 상속하는 서브클래스에도 abstract를 붙이면 추상 멤버 함수를 반드시 오버라이딩하지 않아도 된다. 단, 이
클래스를 다시 일반 클래스로 상속할 때는 오버라이딩을 반드시 해야 한다.

29~39 ◆ Student, Professor, Employee 타입이 상속 관계에 의해 Person 타입으로 묶여있으므로 여러 타입의 객체를 매개변수로 받을 수 있다.

43 ◆ Student, Professor, Employee 타입의 객체를 getFinance 함수로 넘겨 값을 계산하고 있다. getFinance 함수의 persons 매개변수 타입이 Person 이기는 하지만, 실제 가리키고 있는 객체의 멤버 함수가 호출되므로 각 객체의 getSalary 멤버 함수가 정상적으로 호출된다.

44 ◆ 학교 재정: −1240 만원이 출력된다.

이번 예제는 출력 값이 중요하지 않다. 추상 클래스의 필요성을 이해하면 된다.

결과

학교 재정: −1240 만원

All 인터페이스(Interface)

중급
097

학습 내용 : 어떤 클래스에 특정 멤버 함수나 프로퍼티가 존재한다는 것을 보장하기 위한 개념인
인터페이스에 대해 알아본다.

인터페이스는 클래스에 어떤 멤버 함수와 프로퍼티가 반드시 존재한다는 것을 보장하기 위한 장치
이다.

📁 **소스 : ex_interface/Main.kt**

```kotlin
 1: package ex_interface
 2:
 3: interface Printable
 4: {
 5:     fun print( ): Unit
 6: }
 7:
 8: class AAA : Printable
 9: {
10:     override fun print( )
11:     {
12:         println("Hello")
13:     }
14: }
15:
16: fun print(anything: Printable)
17: {
18:     anything.print( )
19: }
20:
21: fun main(args: Array<String>)
22: {
23:     print(AAA( ))
24: }
```

3 ◆ 인터페이스를 선언하고 있다. class 키워드 대신 interface 키워드를 사용하면 인터페이스를 선언할 수 있다. 인터페이스는 멤버 함수, 추상 멤버 함수, 추상 프로퍼티를 가질 수 있다. 일반 프로퍼티와 생성자는 가질 수 없다.

> 📝 **N O T E |** Java **일반 멤버 함수를 가질 수 있는 코틀린 인터페이스 |** --------------
>
> 코틀린의 인터페이스는 Java 8의 인터페이스처럼 멤버 함수가 기본 구현을 가질 수 있다.

5 ◆ Printable 인터페이스 안에 print 멤버 함수가 들어있다. 인터페이스의 멤버 함수는 내용이 비어있으면 자동으로 abstract가 붙는다.

8 ◆ AAA 클래스가 Printable 인터페이스를 구현*하고 있다. 인터페이스에는 생성자가 존재하지 않기 때문에 상속할 때 이름 옆에 ()를 쓰지 않는다. 또한 인터페이스는, 한 번에 하나씩만 상속할 수 있는 클래스와 다르게 여러 개를 구현할 수 있다.

10~13 ◆ Printable 인터페이스 안에는 추상 멤버 함수가 들어있으므로, 이들을 반드시 모두 오버라이딩해야 한다. Printable 인터페이스의 추상 멤버 함수 print를 오버라이딩하고 있다.

16 ◆ Printable 타입의 인수를 받는 print 함수를 선언하고 있다.

18 ◆ 매개변수 타입이 Printable이므로 그 매개변수가 가리키는 객체에 print 함수가 들어있다는 것을 항상 보장할 수 있다.

23 ◆ print 함수에 AAA 객체를 전달하고 있다. AAA 클래스는 Printable 인터페이스를 구현하므로, AAA 객체를 Printable 타입으로 가리킬 수 있다.

---

* 인터페이스는 '상속'이 아닌 **구현**(Implementation)이라는 표현을 쓴다.

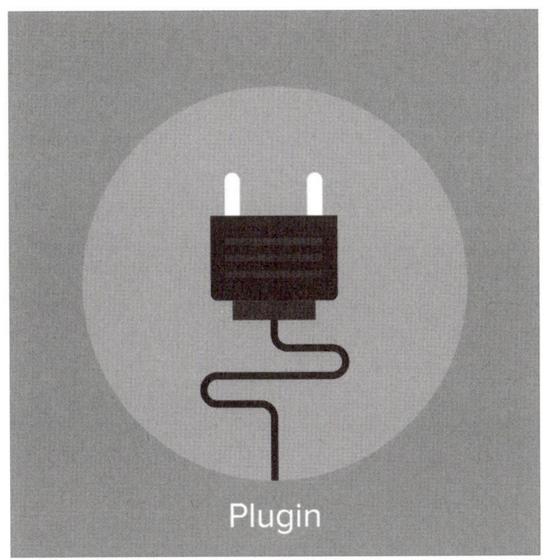

인터페이스는 어디에 쓰는 것이 좋을까? 일단 인터페이스는 기존의 클래스를 확장한다는 것보다는, 어떤 클래스에 플러그인을 추가한다는 개념에 가깝다. 예를 들어, AAA 클래스가 Printable 인터페이스를 구현한다는 것은, **AAA**에 출력 기능을 갖는 Printable 플러그인을 탑재시키는 것이라고 보면 된다.

활용 챕터에서 소개하겠지만, 코틀린에는 여러 내장 인터페이스가 있다. **AAA** 클래스에 코틀린 내장 인터페이스인 **Comparable**을 구현하도록 하면 **AAA** 클래스는 출력 기능과, 비교 기능을 갖게 된다. 더 많은 인터페이스를 구현하도록 하면 그만큼 **AAA** 클래스에 탑재되는 플러그인이 늘어난다.

All 다이아몬드 문제(The Diamond Problem)

학습 내용 : 인터페이스를 여러 개 상속할 때 발생할 수 있는 문제를 이해한다.

다음과 같은 상황을 가정해보자.

```kotlin
interface Parent { fun follow( ): Unit }

interface Mother : Parent
{
    override fun follow( ) = println("follow his mother")
}

interface Father : Parent
{
    override fun follow( ) = println("follow his father")
}

class Child : Mother, Father
{
    override fun follow( )
    {
        println("A child decided to ")
        super.follow( )
    }
}
```

위 상속 · 구현* 관계를 그림으로 표현하면 다음과 같다.

---

*   인터페이스 간에는 '구현'이 아닌 상속이라는 용어를 쓴다.

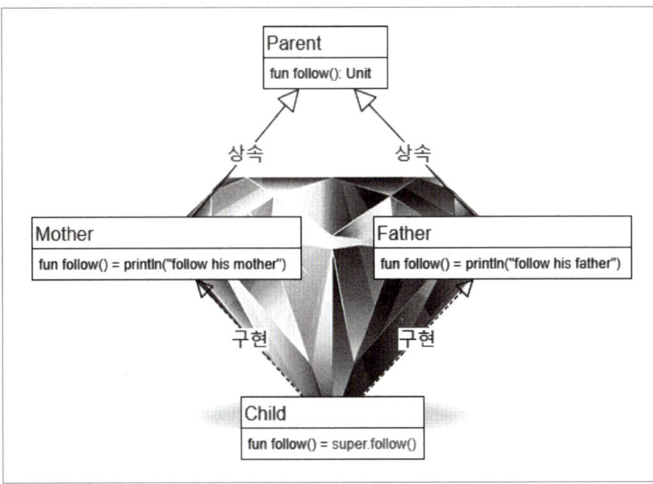

상속 관계 그림이 다이아몬드를 닮아서 다이아몬드 문제(The Diamond Problem)라는 이름이 붙었다. 이 코드에 과연 어떤 문제가 있는지 살펴보자.

일단 follow 추상 멤버 함수를 갖는 Parent 인터페이스가 있고, Mother, Father 인터페이스에서 follow를 오버라이딩하고 있다. Child 클래스는 Mother, Father 인터페이스를 모두 구현하고 있는데, super.hello()를 하면 Mother의 follow가 호출될지 Father의 follow가 호출될지 애매하다.

코틀린은 이런 상황을 위해 원하는 인터페이스의 super를 호출할 수 있는 기능을 제공한다.

📁 **소스 : ex_the_diamond_problem/Main.kt**

```kotlin
 1:  package ex_the_diamond_problem
 2:
 3:  interface Parent { fun follow( ): Unit }
 4:
 5:  interface Mother : Parent
 6:  {
 7:      override fun follow( ) = println("follow his mother")
 8:  }
 9:
10:  interface Father : Parent
11:  {
12:      override fun follow( ) = println("follow his father")
13:  }
```

```
14:
15:  class Child : Mother, Father
16:  {
17:      override fun follow( )
18:      {
19:          println("A child decided to ")
20:          super<Mother>.follow( )
21:      }
22:  }
23:
24:  fun main(args: Array<String>)
25:  {
26:      Child( ).follow( )
27:  }
```

20 ◆ < >로 호출할 super 멤버 함수를 지정하고 있다.

26 ◆ Child의 인스턴스를 생성하고 곧바로 follow 멤버 함수를 호출하고 있다.

결과

```
A child decided to
follow his mother
```

All 중첩 클래스(Nested Class)

중급

099

학습 내용 : 클래스 안에 클래스를 선언하는 방법을 알아본다.

클래스 안에는 또 다른 클래스를 선언할 수 있다.

📁 **소스 : ex_nested_class/Main.kt**

```kotlin
 1:  package ex_nested_class
 2:
 3:  class Outer // 바깥 클래스
 4:  {
 5:      class Nested // 중첩 클래스
 6:      {
 7:          fun hello( ) = println("중첩된 클래스")
 8:      }
 9:  }
10:
11:  fun main(args: Array<String>)
12:  {
13:      val instance: Outer.Nested = Outer.Nested( )
14:      instance.hello( )
15:  }
```

Outer 클래스를 선언하고 있다. ◆ 3~9

Outer 클래스 안에 Nested 클래스를 선언하고 있다. ◆ 5~8

중첩 클래스는 타입 이름이 바깥 클래스.중첩 클래스로 만들어진다. 생성자 이름도 마찬가지이다. ◆ 13

중첩된 클래스가 출력된다. ◆ 14

  **결과** ▶▶▶▶▶▶▶▶▶▶▶▶▶▶▶▶▶▶▶▶▶▶▶▶▶▶▶▶▶▶▶▶▶▶▶▶▶

중첩된 클래스

Nested 클래스는 Nested라는 식별자만 Outer 클래스에 속해있을 뿐, 실제로는 완전히 분리된 장소에 있다. 따라서 Nested 클래스의 멤버 함수는 Outer 클래스의 프로퍼티나 멤버 함수에 접근할 수 없다.

다음 코드는 오류를 일으킨다.

```kotlin
class Outer
{
   private val property: Int = 16

   class Nested
   {
      fun hello( ) = println(property)
   }
}
```

오류: Unresolved reference: property (알 수 없는 참조: property)

Outer의 인스턴스와 Outer.Nested의 인스턴스를 그림으로 나타내면 다음과 같다.

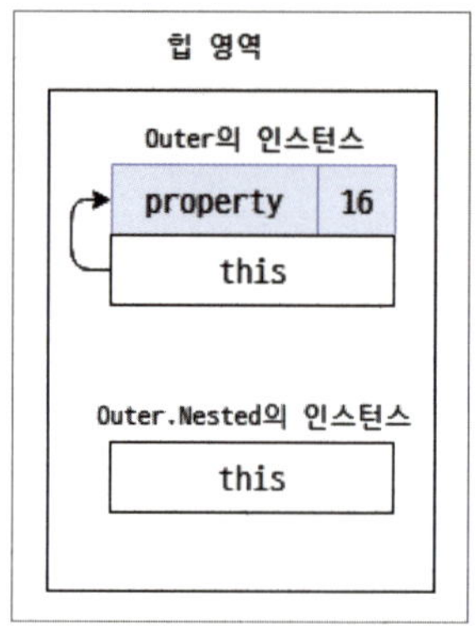

Outer의 인스턴스와 Outer.Nested의 인스턴스는 서로 어떠한 프로퍼티나 멤버 함수도 공유하지 않는다. 완전히 별개의 클래스이다.

All 내부 클래스(Inner Class)

중급 100

학습 내용 : 인스턴스에 소속되는 클래스에 대해 알아본다.

중첩 클래스(Nested Class)가 단순히 식별자만 바깥 클래스에 속해있는 것이었다면, 내부 클래스 (Inner Class)는 인스턴스가 바깥 클래스의 인스턴스에 완전히 소속된다. 글로만 이해하려면 어려운 개념이니, 예제와 그림을 통해 좀 더 자세히 알아보자.

📁 **소스 : ex_inner_class/Main.kt**

```kotlin
 1: package ex_inner_class
 2:
 3: class Outer(private val value: Int)
 4: {
 5:     fun print( )
 6:     {
 7:         println(this.value)
 8:     }
 9:
10:     inner class Inner(private val innerValue: Int)
11:     {
12:         fun print( )
13:         {
14:             this@Outer.print( )
15:             println(this.innerValue + this@Outer.value)
16:         }
17:     }
18: }
19:
20: fun main(args: Array<String>)
21: {
22:     val instance: Outer = Outer(610)
23:     val innerInstance: Outer.Inner = instance.Inner(40)
24:     innerInstance.print( )
25: }
```

value 프로퍼티와 print 멤버 함수를 갖는 Outer 클래스를 선언하고 있다.

innerValue 프로퍼티와 print 멤버 함수를 갖는 Inner 내부 클래스를 선언하고 있다. 내부 클래스를 선언할 때는 선언문 앞에 inner 키워드를 붙인다.

Outer의 인스턴스를 생성하고 있다. 현재 메모리 상황을 표현하면 다음과 같다.

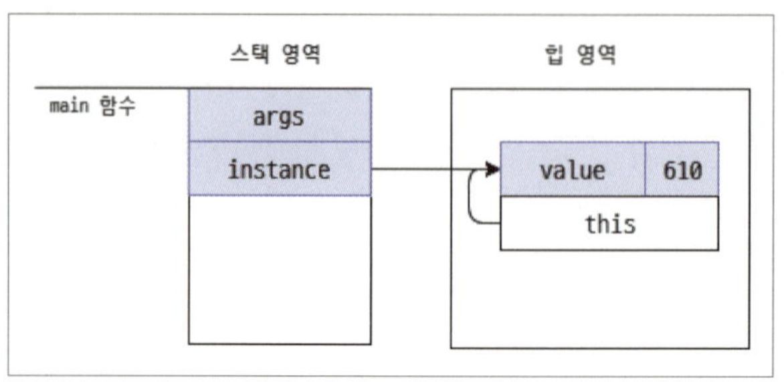

Outer.Inner의 인스턴스를 생성하고 있다. 특이하게도 내부 클래스의 인스턴스를 생성하려면 클래스 이름.생성자()가 아닌, 참조 변수.생성자()를 해야 한다. 내부 클래스는 바깥 클래스의 인스턴스로부터만 생성할 수 있기 때문이다. Outer.Inner의 인스턴스가 만들어진 뒤 메모리 상황을 표현하면 다음과 같다.

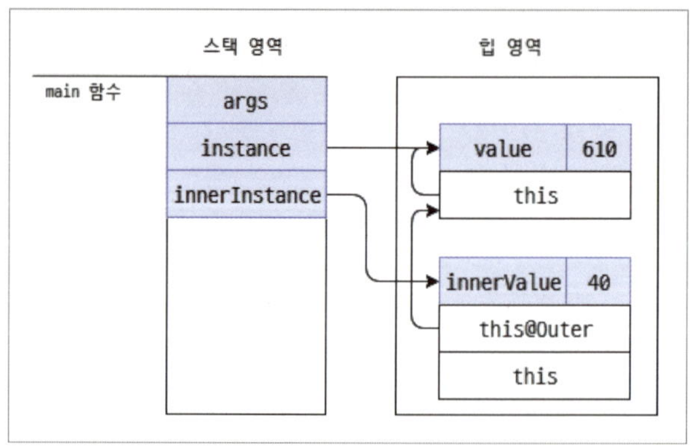

내부 클래스의 인스턴스는, 자신이 속해있는 바깥 클래스의 인스턴스를 가리키는 참조 변수를 내부적으로 가지고 있다. 그림에 보이는 this@Outer의 정체가 바로 그것이다. 내부 클래스는 this@Outer 키워드를 이용하여 자신이 속한 바깥 클래스의 인스턴스에 접근할 수 있다. 이런 특성 때문에, 내부 클래스의 인스턴스는 반드시 바깥 클래스의 인스턴스.생성자()꼴로 생성해야 한다.

innerInstance가 가리키는 객체의 print 멤버 함수를 호출하고 있다. Outer.Inner의 print가 호출 ◆ 24
된다.

this@Outer가 가리키는 print 멤버 함수를 호출하고 있다. Outer의 print가 호출된다. 610이 출력 ◆ 14
된다.

this가 가리키는 innerValue와 this@Outer가 가리키는 value의 합을 출력하고 있다. 650이 출력 ◆ 15
된다.

결과

```
610
650
```

All 데이터 클래스(Data Class)

학습 내용 : 데이터에 특화된 클래스를 선언하는 방법을 배운다.

클래스에는 크게 데이터 자체의 역할만 하는 클래스와, 데이터를 다루는 역할을 하는 클래스가 있다. 사원 데이터 자체만 속성으로 갖고 있는 **Employee** 클래스와, **Employee**의 인스턴스들을 관리하는 **EmployeeManager** 클래스 같은 식으로 말이다.

코틀린은 데이터에 특화된 클래스를 선언할 수 있는 문법을 제공한다.

📁 **소스 : ex_data_class/Main.kt**

```kotlin
 1:  package ex_data_class
 2:
 3:  data class Employee(   val name: String,
 4:              val age: Int,
 5:              val salary: Int)
 6:
 7:  fun main(args: Array<String>)
 8:  {
 9:      val first = Employee("John", 30, 3000)
10:      val second = Employee("Page", 24, 5300)
11:      val third = first.copy( )
12:
13:      println(first.toString( ))
14:      println(third.toString( ))
15:      println(first == second)
16:      println(first == third)
17:  }
```

3 ◆ 데이터 클래스를 선언하기 위해서는 클래스 선언문 앞에 **data** 키워드를 붙인다.

클래스를 데이터 클래스로 선언하면, 다음과 같은 이점이 생긴다.

- **Any** 클래스에 들어있는 equals*, hashCode**, toString 멤버 함수가 자동으로 오버라이딩된다.
- equals 멤버 함수는 각 프로퍼티의 값이 서로 모두 같으면 true, 하나라도 다르면 false를 반환하게 오버라이딩된다.
- toString 멤버 함수는 "Employee(name=…, age=…, salary=…)" 형태로 문자열을 반환하도록 오버라이딩된다.
- 객체를 복사하는 copy 함수가 자동으로 선언된다.

Employee의 인스턴스를 생성하고 있다. ◆ 9~10

data 키워드 덕에 자동으로 선언된 copy 멤버 함수를 호출하고 있다. copy 멤버 함수는 각 프로퍼티의 값을 그대로 복사한 새 인스턴스를 반환한다. **third** 참조 변수에 **first**가 가리키는 인스턴스와 동일한 값을 갖는 인스턴스가 저장된다. ◆ 11

> **📝 N O T E | copy 멤버 함수를 똑같이 만들면? |**
>
> copy와 똑같은 멤버 함수를 데이터 클래스에서 선언하면 충돌 오류가 발생한다. 단, equals, hashCode, toString 멤버 함수는 선언해도 괜찮다. 이들을 직접 선언하면 직접 선언한 멤버 함수로 오버라이딩된다.

참고로, copy 멤버 함수는 모든 매개변수가 디폴트 인수를 갖고 있기 때문에, first.copy(name = "Jang") 형식으로 원하는 프로퍼티만 다른 값으로 지정한 채 복사할 수 있다.

data 키워드 덕에 자동으로 오버라이딩된 toString 멤버 함수를 호출하고 있다. ◆ 13~14
Employee(name=John, age=30, salary=3000)
Employee(name=John, age=30, salary=3000)가 출력된다.

data 키워드 덕에 자동으로 오버라이딩된 equals 멤버 함수를 호출하고 있다. **first**와 **second**는 서로 프로퍼티의 값이 다르므로 false가 출력된다. ◆ 15

first와 **third**는 프로퍼티의 값이 서로 모두 같으므로 true가 출력된다. ◆ 16

---

* == 연산자를 오버로딩하는 함수이다. 즉, 데이터 클래스로 선언하면 == 연산자가 자동으로 지원된다.

** Ⓙ 객체 고유의 해시 값을 반환하는 함수. HashMap, HashSet, HashTable 클래스 등에서 객체를 식별하기 위해 사용한다.

Employee(name=John, age=30, salary=3000)
Employee(name=John, age=30, salary=3000)
false
true

데이터 클래스는 여러 가지 편의 기능을 제공하지만, 그만큼 제약사항이 많다. 클래스를 데이터 클래스로 선언하기 위해서는 다음의 규칙들을 지켜야 한다.

- 적어도 하나의 프로퍼티를 가져야 한다.

- 생성자 매개변수에는 반드시 var이나 val을 같이 써야 한다. 즉, 프로퍼티에 대응하지 않는 생성자 매개변수를 가질 수 없다.

- abstract, open, sealed*, inner 키워드를 붙일 수 없다.

- 인터페이스만 구현할 수 있다. 단, 코틀린 1.1 버전부터는 sealed 클래스도 상속 가능하다.

- component1, component2, … 와 같은 이름으로 멤버 함수를 선언할 수 없다. 컴파일러가 내부적으로 사용하는 이름이기 때문이다.

---

* sealed 키워드는 이후 예제에서 다루도록 하겠다.

All 객체 분해하기

학습 내용 : 객체를 여러 개의 변수로 쪼개는 방법을 알아본다.

데이터 클래스의 인스턴스에 한해, 객체를 여러 개의 변수로 쪼개는 것이 가능하다.

소스 : ex_destructuring_object/Main.kt

```kotlin
1:  package ex_destructuring_object
2:
3:  data class Employee(val name: String, val age: Int, val salary: Int)
4:
5:  fun main(args: Array<String>)
6:  {
7:      val (name, _, salary) = Employee("John", 30, 3300)
8:      println(name); println(salary)
9:  }
```

이전 예제의 **Employee** 클래스와 동일하다. ◆ 3

Employee는 데이터 클래스이므로, **Employee** 타입의 표현식을 여러 변수로 쪼갤 수 있다. name, ◆ 7
_, salary 변수가 선언과 동시에 **Employee**의 프로퍼티 순서대로 초기화된다. 어떤 객체에서 필요
한 부분만 변수로 추출할 때 이 문법을 사용하면 좋다.

1.1 사용되지 않는 변수의 이름은 언더스코어(_)를 지정하여 무시할 수 있다.

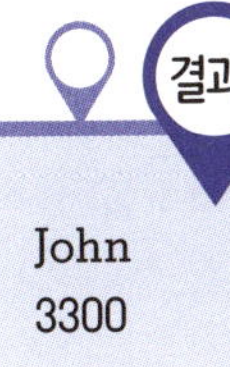

결과 ▶▶▶▶▶▶▶▶▶▶▶▶▶▶▶▶▶▶▶▶▶▶▶▶▶▶▶▶▶▶▶▶▶▶▶▶▶▶▶

```
John
3300
```

All 함수 리터럴(Function Literal)과 람다식(Lambda Expression)

학습 내용 : 선언 없이 함수를 즉석으로 만들어 내는 방법을 배운다.

우리는 지금까지 **fun** 키워드를 이용하여 함수를 선언해왔다. 하지만, 코틀린은 함수를 만드는 더 간단한 방법을 제공한다.

📁 **소스 : ex_lambda_expression/Main.kt**

```kotlin
 1:  package ex_lambda_expression
 2:
 3:  fun main(args: Array<String>)
 4:  {
 5:      val instantFunc: (Int) -> Unit
 6:      instantFunc = { number: Int ->
 7:          println("Hello $number")
 8:      }
 9:
10:      instantFunc(33)
11:      instantFunc.invoke(33)
12:  }
```

5 ◆ 변수의 타입이 특이하다. (Int) -> Unit은 매개변수가 Int 타입이고 반환 타입이 Unit인 **함수를 저장할 수 있는 타입**이다. 이처럼 함수를 저장할 수 있는 타입을 함수 타입(Function Type)이라고 한다.

6~8 ◆ 이 부분이 바로 함수 리터럴(Function Literal)이다. 함수 리터럴이란 말 그대로 함수를 나타내는 리터럴이라는 뜻이다.

6번 줄의 **number: Int** 부분은 함수 리터럴의 매개변수를 나타낸다. -> 를 경계로, 매개변수와 함수의 내용이 분리된다. 만약 매개변수가 없는 함수 리터럴을 만들고 싶다면, **number: Int ->** 부분 없이 함수의 내용만 나오면 된다.

함수 리터럴에는 **return**을 적지 않는다. 함수 리터럴의 반환 값은 함수 내용의 맨 마지막 표현식이 된다. 즉, 다음과 같이 적으면 마지막 표현식이 $a + 10$이므로, 반환 값이 $a + 10$이 된다.

```
{ α: Int ->
  println(α)
  α + 10
}
```

6~8번 줄의 함수 리터럴은 최종적으로 (Int) –> Unit 타입을 갖는다. instantFunc 참조 변수에 (Int) –> Unit 타입의 함수가 저장된다.*

instantFunc 참조 변수가 가리키는 함수를 호출하고 있다. 함수를 담고 있는 변수는 마치 함수인 것처럼 호출할 수 있다. Hello 33이 출력된다. ◆ 10

함수 타입의 변수는 invoke 멤버 함수를 통해서도 호출할 수 있다. 일반적으로는 ()로 바로 호출하면 되지만, 변수가 Nullable일 때는 invoke를 통해서 호출하는 편이 instantFunc?.invoke(33)과 같이 쓸 수 있으므로 Null 처리를 하기 편해진다. Hello 33이 출력된다. ◆ 11

결과

```
Hello 33
Hello 33
```

코틀린에서는 함수 리터럴을 두 가지 형태로 만들 수 있다. 이번에 배운 { **매개변수 –> 반환 값** } 형태가 그 중 하나이며, 이를 람다식(Lambda Expression)이라고 부른다.

---

* 함수 타입은 참조 타입이기 때문에 객체와 마찬가지로 스택 영역에 함수가 바로 저장되는 것이 아니라, 함수의 위치를 가리키는 형태로 저장된다.

All 익명 함수(Anonymous Function)

함수 리터럴을 작성하는 또 다른 방법인 익명 함수에 대해 알아보자.

📁 **소스 : ex_anonymous_function/Main.kt**

```kotlin
 1: package ex_anonymous_function
 2:
 3: fun main(args: Array<String>) {
 4:     val instantFunc: (Int) -> Unit = fun(number: Int): Unit
 5:     {
 6:         println("Hello $number")
 7:     }
 8:     instantFunc(33)
 9:     instantFunc.invoke(33)
10: }
```

4~7 ◆ 이전 예제의 람다식으로 된 함수 리터럴을 익명 함수(Anonymous Function)의 형태로 바꾸어보았다. 익명 함수는 함수의 이름이 없다는 점만 빼면 일반 함수와 형태가 거의 동일하다.* 익명 함수는 람다식보다 복잡하지만, return으로 반환 값을 직접 지정해줄 수 있기 때문에 마지막 표현식이 자동으로 반환 값이 되어버리는 람다식보다 버그를 일으킬 확률이 적다.

4~7번 줄의 익명 함수의 타입은 (Int)~>Unit으로, 이전 예제와 동일하다.

📍 **결과** ▶▶▶▶▶▶▶▶▶▶▶▶▶▶▶▶▶▶▶▶▶▶▶▶▶▶▶▶▶▶▶▶▶▶▶▶▶▶▶

```
Hello 33
Hello 33
```

---

* 익명 함수에는 inline 같은 키워드를 붙일 수 없다. 이것이 일반 함수와의 차이점이다.

All it 식별자

중급
105

학습 내용 : 매개변수가 하나인 함수 리터럴의 매개변수를 생략할 수 있음을 이해한다.

람다식의 매개변수가 하나일 때는 매개변수 선언을 생략할 수 있다.

📁 **소스 : ex_it_identifier/Main.kt**

```kotlin
 1:  package ex_it_identifier
 2:
 3:  fun main(args: Array<String>)
 4:  {
 5:      val instantFunc: (Int) -> Unit = {
 6:          println("Hello $it")
 7:      }
 8:
 9:      instantFunc(33)
10:  }
```

(Int) -> Unit 타입에 맞는 함수 리터럴을 작성하려면 Int 타입의 매개변수를 적어주어야 하지만 생략하였다. ◆ 5

매개변수를 생략하면 it 이라는 특별한 식별자가 만들어진다. 여기서 it이 우리가 생략한 Int 타입의 매개변수를 대체한다. ◆ 6

Hello 33이 출력된다. ◆ 9

결과 ▷▷▷▷▷▷▷▷▷▷▷▷▷▷▷▷▷▷▷▷▷▷▷▷▷▷▷▷▷▷

Hello 33

함수 참조(Function Reference)

학습 내용 : 이미 선언된 함수를 함수 타입의 표현식으로 만드는 법을 알아본다.

함수 타입의 변수는 이미 선언되어 있는 함수나 객체의 멤버 함수를 가리킬 수도 있다.

📁 소스 : **ex_function_reference/Main.kt**

```kotlin
 1: package ex_function_reference
 2:
 3: fun plus(a: Int, b: Int) = println("plus 호출됨 ${a + b}")
 4:
 5: object Object
 6: {
 7:     fun minus(a: Int, b: Int) = println("Object의 minus 호출됨 ${a - b}")
 8: }
 9:
10: class Class
11: {
12:     fun average(a: Int, b: Int) = println("Class average 호출됨 ${(a + b) / 2}")
13: }
14:
15: fun main(args: Array<String>)
16: {
17:     var instantFunc: (Int, Int) -> Unit
18:     instantFunc = ::plus
19:     instantFunc(60, 27)
20:
21:     instantFunc = Object::minus
22:     instantFunc(36, 12)
23:
24:     instantFunc = Class( )::average
25:     instantFunc(25, 15)
26: }
```

매개변수 타입이 (Int, Int) 이고, 반환 타입이 Unit인 함수를 선언하고 있다. ◆ 3

매개변수 타입이 (Int, Int) 이고, 반환 타입이 Unit인 객체의 멤버 함수를 선언하고 있다. ◆ 7

매개변수 타입이 (Int, Int) 이고, 반환 타입이 Unit인 클래스의 멤버 함수를 선언하고 있다. ◆ 12

(Int, Int) -> Unit 함수 타입의 참조 변수 instantFunc를 선언하고 있다. ◆ 17

함수 plus의 참조값을 instantFunc 참조 변수에 저장하고 있다. 함수 이름 앞에 ::를 붙이면, 표현식의 값은 그 함수의 참조값이 되며, 타입은 그 함수의 시그니처에 맞는 함수 타입이 된다.* ◆ 18
여기서는 plus 함수 앞에 ::를 붙였으므로, ::plus는 (Int, Int) -> Unit 타입의 표현식이 된다.

instantFunc 참조 변수가 가리키는 함수를 호출하고 있다. plus 호출됨 87이 출력된다. ◆ 19

객체의 멤버 함수를 instantFunc 참조 변수에 대입하고 있다. 객체의 멤버 함수를 함수 타입의 표현식으로 바꾸려면 참조 변수::멤버 함수의 꼴로 적는다. ◆ 21

instantFunc 참조 변수가 가리키는 함수를 호출하고 있다. Object의 minus 호출됨 24이 출력된다. ◆ 22

클래스의 인스턴스의 멤버 함수를 instantFunc 참조 변수에 대입하고 있다. 객체의 멤버 함수만 함수 타입으로 만들 수 있기 때문에, 인스턴스를 생성한 뒤, ::을 사용했다. ◆ 24

instantFunc 참조 변수가 가리키는 함수를 호출하고 있다. Class average 호출됨 20이 출력된다. ◆ 25

```
plus 호출됨 87
Object의 minus 호출됨 24
Class average 호출됨 20
```

---

* 단, 코틀린 1.1 버전까지는 ::plus가 아닌 this::plus 형태로 적어야 한다.

고차 함수(Higher-order Function)

학습 내용 : 함수를 처리하는 함수에 대해 알아본다.

여러 페이지에 걸쳐 함수 리터럴을 소개했지만, 아직 구체적인 용도를 설명하지 않았다. 함수 리터럴은 보통 고차 함수를 위해 사용된다. 고차 함수(Higher-order Function)란, 인수로 함수를 받거나, 함수를 반환하는 함수를 뜻한다. 고차 함수는 다음의 코드와 같은 상황에 유용하게 사용할 수 있다.

```
println("=== 작업 시작 ===")
val a = 10
val b = 5
println("$a + $b = ${a + b}")
println("=== 작업 끝 ===")

println("=== 작업 시작 ===")
println("some")
println("tasks")
println("=== 작업 끝 ===")
```

어떤 작업을 시작하고 끝낼 때마다 "=== 작업 시작 ===", "=== 작업 끝 ==="을 출력하려고 한다. 그런데 매번 println 을 호출하자니 코드가 중복되어 보기에 좋지 않다. 고차 함수를 이용하여 이 코드 조각을 멋지게 고쳐보자.

📁 **소스 : ex_higher_order_function/Main.kt**

```
 1:  package ex_higher_order_function
 2:
 3:  fun decorate(task: ( ) -> Unit) {
 4:      println("=== 작업 시작 ===")
 5:      task( )
 6:      println("=== 작업 끝 ===")
 7:  }
 8:
 9:  fun main(args: Array<String>) {
10:      decorate({
```

```
11:          val a = 10; val b = 5
12:          println("$a + $b = ${a + b}")
13:      })
14:      decorate({
15:          println("some"); println("tasks")
16:      })
17: }
```

( )-> Unit 타입의 함수를 인수로 받는 고차 함수 decorate를 선언하고 있다.   ◆ 3

작업을 시작하기 전과 끝낸 후에 수행할 동작이다.   ◆ 4, 6

task 매개변수가 가리키는 함수를 호출하고 있다.   ◆ 5

decorate 함수에 함수 리터럴을 인수로 전달하고 있다.   ◆ 10~13,
                                                              14~16

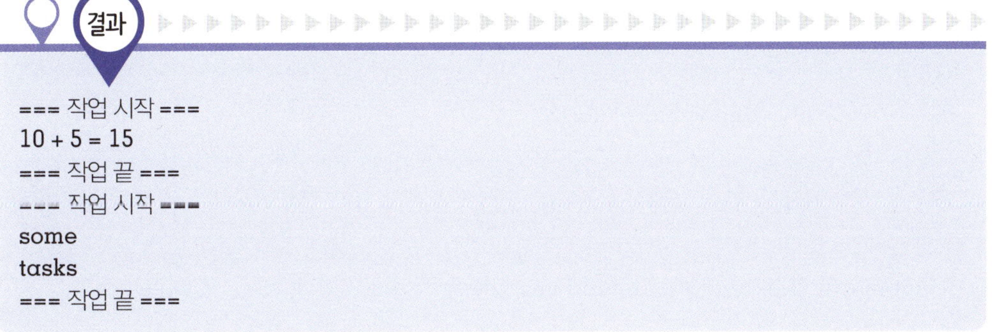

결과

```
=== 작업 시작 ===
10 + 5 = 15
=== 작업 끝 ===
=== 작업 시작 ===
some
tasks
=== 작업 끝 ===
```

어떤 함수를 호출하기 전/후에 수행해야 할 고정적인 작업이 있다면 고차 함수를 활용하자.

간단히 고차 함수 호출하기

만약, 고차 함수의 마지막 매개변수 타입이 함수 타입이라면, 함수 호출시 소괄호를 생략할 수 있다.
즉, decorator({ … })은 decorator { … }로 써도 된다.

만약, 고차 함수의 매개변수가 여러 개이고, 함수 타입의 매개변수가 맨 마지막에 온다면, 일반 인수들만 소괄호로 감싸고, 함수 리터럴은 바깥으로 뺄 수 있다. 다음과 같이 말이다.
decorator(인수 1, 인수 2, …) { … }

All 클로저(Closure)

학습 내용 : 선언될 당시의 상황을 기억하는 함수인 클로저에 대해 알아본다.

입문 파트에서 변수의 스코프 개념에 대해 설명했었다. 지역 변수는 항상 자신이 소속된 블록이 끝나면 소멸한다. 그러나, 클로저라는 것을 이용하여 지역 변수가 소멸하지 않는 것처럼 보이도록 할 수 있다.

소스 : ex_closure/Main.kt

```kotlin
1:  package ex_closure
2:
3:  fun returnFunc(num: Int): ( ) -> Unit = { println(num) }
4:  fun main(args: Array<String>)
5:  {
6:      val f: ( ) -> Unit = returnFunc(30)
7:      f( )
8:  }
```

3 ◆ ( )-> Unit 타입의 함수를 반환하는 returnFunc 함수를 선언하고 있다.

6 ◆ returnFunc 함수가 반환한 함수를 f 참조 변수에 저장하고 있다.

7 ◆ f가 가리키는 함수를 호출하고 있다. 30이 출력된다.

여기서 한 가지 이상한 점을 눈치채지 못했는가? f를 호출하면 println(num)이 수행될 것이다. 하지만 f가 호출되는 시점에는 num 매개변수가 이미 사라지고 없다. returnFunc 함수가 끝나는 순간 num 매개변수는 소멸하기 때문이다. 그런데 어떻게 이런 코드가 가능한 것일까?

그것은 바로 함수 리터럴이 자신이 만들어질 때의 상황을 기억하고 있기 때문이다. 5~7 번 줄의 함수 리터럴이 만들어지는 순간, 함수 리터럴은 자기 주변의 상황을 함께 저장한다. 즉, 함수가 만들어질 때 num 매개변수의 값을 복사해 갖고 있다. 이렇게 함수가 만들어질 때 주변 상황을 기억하는 함수를 클로저(Closure)라고 부른다.

[All] 리시버가 붙은 함수 리터럴

중급
109

학습 내용 : 리시버가 적용된 함수 리터럴을 만드는 방법을 알아본다.

함수 리터럴에 리시버를 적용하여 확장 함수처럼 만들 수 있다.

📁 소스 : ex_function_literal_with_receiver/Main.kt

```kotlin
 1:  package ex_function_literal_with_receiver
 2:
 3:  fun main(args: Array<String>)
 4:  {
 5:      // Int 리시버를 [left, right] 범위 이내로 가공하여 반환하는 확장 함수
 6:      val makeSure: Int.(left: Int, right: Int) -> Int
 7:
 8:      makeSure = { left: Int, right: Int ->
 9:          if (this < left) left
10:          else if (this > right) right
11:          else this
12:      }
13:
14:      println(15.makeSure(20, 40))
15:      println(18.makeSure(0, 50))
16:      println(25.makeSure(0, 19))
17:  }
```

Int.(left: Int, right: Int) -> Int은 리시버 타입이 Int고, 매개변수의 타입이 (Int, Int)이며, 반환 타입이 ◆ 6
Int인 함수 타입이다.

리시버가 적용된 함수 리터럴을 만들고 있다. 람다식으로 함수 리터럴을 작성할 때는 기존과 동일 ◆ 8~12
하게 적으면 된다.
익명 함수 형태로 함수 리터럴을 작성하고 싶다면 fun Int.(left: Int, right: Int): Int { … }로 적으면 된
다. 리시버가 붙은 함수 리터럴에는 리시버를 나타내는 this 키워드를 사용할 수 있다.

 리시버가 적용된 함수 타입의 변수는 리시버.변수(인수)의 형태로 호출할 수 있다.

15, 18, 25가 각각 범위에 맞게 가공되어 출력된다.

```
20
18
19
```

일반 함수 타입과 호환되는 리시버가 붙은 함수 타입

Int.(Int, Int) -> Int 타입은 (Int, Int, Int) -> Int 타입에 대입할 수 있다.

```
val makeSure: Int.(left: Int, right: Int) -> Int
…
val makeSure2: (Int, Int, Int) -> Int = makeSure
makeSure2(15, 20, 40) == 15.makeSure(20, 40)
```

일반 함수 타입으로 호출할 때는 리시버를 첫 번째 인수로 전달하면 된다.

[All] 제네릭(Generic)

중급
110

학습 내용 : 타입을 함수의 인수로 받는 방법을 알아본다.

제네릭(Generic)이라는 문법을 이용하면, 인수를 전달하듯이 함수에 타입을 전달할 수 있다.

📁 **소스 : ex_generic/Main.kt**

```
1:  package ex_generic
2:
3:  fun <T> toFunction(value: T): ( ) -> T = { value }
4:
5:  fun main(args: Array<String>)
6:  {
7:      val func: ( ) -> Int = toFunction<Int>(1107)
8:      println(func( ))
9:  }
```

fun 키워드와 함수 이름 사이의 <식별사> 부분을 타입 매개변수라고 부른다. 여기서는 식별사를 T로 ◆3
했으므로, T 라는 이름의 타입 매개변수가 만들어진다. 이제 T를 하나의 타입처럼 사용할 수 있다.
T 타입의 인수를 받아서 그 값을 그대로 돌려주는 **함수를 반환하는 함수** toFunction을 선언했다.

제네릭이 적용된 함수를 호출하려면 함수 이름 옆에 <타입 이름>을 적는다. 여기서 타입 이름 부분을 ◆7
타입 인수라고 부른다. 타입 인수를 지정하면, toFunction 함수에서 T로 적힌 부분이 모두 해당 타
입으로 치환된다. 예를 들어, toFunction<Int>와 같이 적으면 toFunction 안의 T 타입이 모두 Int
로 바뀐다. 여기서는 toFunction의 인수 1107로부터 Int 타입을 추론해낼 수 있으므로 <Int> 부분
을 생략할 수 있다. 따라서 toFunction(1107)로만 적어도 무방하다.

func가 가리키는 함수를 호출하고, 그 반환 값을 출력하고 있다. ◆8

결과 ▶▷▶▷▶▷▶▷▶▷▶▷▶▷▶▷▶▷▶▷▶▷▶▷▶▷▶▷▶▷

1107

All 여러 타입을 인수로 받기

학습 내용 : 타입 매개변수를 여러 개 선언하는 방법을 알아본다.

타입 인수를 여러 개 받으려면 fun 키워드와 함수 이름 사이를 <타입 1, 타입 2, … > 형식으로 적는다.

📁 소스 : ex_generic_several_types/Main.kt

```
 1:  package ex_generic_several_types
 2:
 3:  fun <T, R> T.map(mapper: (T) -> R): R
 4:  {
 5:      return mapper(this)
 6:  }
 7:
 8:  fun main(args: Array<String>)
 9:  {
10:      val square: Int =
11:          11.map {
12:              it * it
13:          }
14:      println(square)
15:  }
```

3 ◆ 타입 매개변수 T와 R을 선언하여, 두 개의 타입 인수를 받을 수 있게 했다. mapper 매개변수에는 T 타입을 R 타입으로 변환하는 함수를 받도록 했다.

T.map에서 볼 수 있듯이, 확장 함수의 리시버에도 타입 매개변수를 적용할 수 있다. 사실상 타입이 쓰일 수 있는 대부분의 자리에 타입 매개변수를 쓸 수 있다고 보면 된다.*

5 ◆ 매개변수로 받은 **mapper** 함수에 리시버(**this**)를 넣어 호출한 뒤, 반환 값을 그대로 반환하고 있다.

---

* 다음 예제에서 설명하겠지만, 타입 매개변수를 항상 일반 타입처럼 쓸 수 있는 것은 아니다.

11에 map 확장 함수를 호출한 뒤, 제곱을 반환하는 함수를 mapper 매개변수로 전달했다. 원래는 11.map<Int, Int> { ... }로 써주어야 하지만, 함수 리터럴로부터 타입 추론이 가능하기 때문에 타입 인수를 생략했다. 함수 리터럴의 매개변수 11과 반환 값 it * it이 Int 타입이므로, T와 R에 각각 Int 타입이 들어간다.

map 확장 함수의 반환 값을 square 변수에 저장했다.

◆ 10~13

121이 출력된다.

◆ 14

결과

121

학습 내용 : 구체화된 타입 매개변수가 무엇이고, 어디에 사용하는지 알아본다.

타입 매개변수는 대부분의 상황에서 일반 타입처럼 쓸 수 있지만, 특정 상황에서는 그렇지 못하다. 다음 코드는 오류를 일으킨다.

```kotlin
fun <T> check( )
{
    val number = 0
    if (number is T)
        println("T는 Int 타입 입니다.")
}
```

타입 매개변수는 is 연산자의 피연산자로 사용할 수 없다. 타입 매개변수를 is 연산자의 피연산자로 사용하고 싶으면 다음과 같이 해야 한다.

📁 **소스 : ex_reified_type_parameter/Main.kt**

```kotlin
 1:  package ex_reified_type_parameter
 2:
 3:  inline fun <reified T> check( )
 4:  {
 5:      val number = 0
 6:      if (number is T)
 7:          println("T는 Int 타입 입니다.")
 8:  }
 9:
10:  fun main(args: Array<String>)
11:  {
12:      check<Int>( )
13:  }
```

타입 매개변수 앞에 reified을 붙여주면 해당 타입 매개변수를 in 연산자에 사용할 수 있다. 타입 매개변수에 reified를 붙이려면 함수를 반드시 inline으로 선언해야 한다.  3

check 함수를 호출하고 있다. ◆ 12

결과 ▶▶▶▶▶▶▶▶▶▶▶▶▶▶▶▶▶▶▶▶▶▶▶▶▶▶▶▶▶▶▶▶▶▶▶▶▶

T는 Int 타입 입니다.

중급
113 | All 클래스와 인터페이스에서 제네릭 사용하기

학습 내용 : 클래스와 인터페이스에서 타입을 인수로 받는 방법을 알아본다.

클래스와 인터페이스에도 제네릭을 적용할 수 있다.

📁 **소스 : ex_generic_to_class_and_interface/Pair.kt**

```kotlin
1: package ex_generic_to_class_and_interface
2:
3: class Pair<A, B>(val first: A, val second: B)
4: {
5:     override fun toString( ) = "$first\n$second"
6: }
```

3 ◆ 클래스나 인터페이스에서 타입을 인수로 받으려면 선언시 이름 옆에 <식별자>를 붙인다.
Pair 클래스에 타입 매개변수 A와 B를 선언했다. 이제 Pair 클래스에 두 개의 타입을 지정할 수 있다.
A와 B 타입의 프로퍼티를 선언하고 있다. 이처럼 클래스의 타입 매개변수는 클래스 내부 전체에서
사용이 가능하다.

5 ◆ 모든 타입은 Any 클래스를 상속하므로, 어떤 타입이 오더라도 toString 멤버 함수를 가지고 있다는
것이 보장된다. 그래서 "$first\n$second"와 같은 표현식이 가능하다.

📁 **소스 : ex_generic_to_class_and_interface/Main.kt**

```kotlin
1: package ex_generic_to_class_and_interface
2:
3: fun main(args: Array<String>)
4: {
5:     val pair: Pair<Int, Double>
6:     pair = Pair<Int, Double>(15, 9.12)
7:     println(pair.toString( ))
8: }
```

제네릭이 적용된 클래스와 인터페이스에는 이름 옆에 〈타입 인수〉를 붙여야 한다. 예제에서는 Int ◆ 5
와 Double을 타입 인수로 지정했다.

Pair<Int, Double> 부분은 하나의 고유한 타입으로 취급된다. 따라서 Pair<Int, Int>와 Pair<Int, Double>은 서로 다른 타입이다.

생성자를 호출할 때도 생성자 이름 옆에 〈타입 인수〉를 붙인다. 생성자의 인수 15, 9.12로부터 Int ◆ 6
와 Double 타입을 추론할 수 있으므로 <Int, Double> 부분은 생략이 가능하다.

```
15
9.12
```

114 All 제네릭이 적용된 클래스/ 인터페이스 상속·구현하기

학습 내용 : 제네릭이 적용된 클래스나 인터페이스를 상속 · 구현하는 방법을 알아본다.

제네릭이 적용된 클래스나 인터페이스는 상속할 때 타입 인수를 전달해 주어야 한다.

소스 : ex_inherit_from_generic/Plusable.kt

```kotlin
1: package ex_inherit_from_generic
2:
3: interface Plusable<T>
4: {
5:     operator fun plus(other: T): T
6: }
```

3~6 ◆ T 타입과 덧셈을 가능하게 하는 인터페이스를 선언하고 있다.

소스 : ex_inherit_from_generic/Rectangle.kt

```kotlin
1: package ex_inherit_from_generic
1:
2: class Rectangle(val width: Int, val height: Int) : Plusable<Rectangle>
3: {
4:     override fun plus(other: Rectangle) =
5:             Rectangle(width + other.width, height + other.height)
6:
7:     override fun toString( ) = "width: $width, height: $height"
8: }
```

3 ◆ Plusable에는 제네릭이 적용되어 있으므로, 타입 인수를 전달해야 한다. 여기서는 Rectangle 타입을 전달했다.

5~6 ◆ Rectangle의 width와 height끼리 더한 결과를 반환하도록 plus를 오버라이딩했다. Plusable

인터페이스를 구현하면서 타입 인수를 Rectangle로 전달했으므로 매개변수와 반환 타입을 Rectangle으로 했다.

소스 : ex_inherit_from_generic/Main.kt

```kotlin
1:  package ex_inherit_from_generic
1:
2:  fun main(args: Array<String>)
3:  {
4:      val rect = Rectangle(10, 5)
5:      val rect2 = Rectangle(3, 8)
6:
7:      println(rect + rect2)
8:  }
```

Rectangle의 인스턴스를 두 개 생성하고 있다.   ◆ 5~6

width: 13, height: 13이 출력된다.   ◆ 8

결과

```
width: 13, height: 13
```

All 특정 타입을 상속·구현하는 타입만 인수로 받기

학습 내용 : 타입 매개변수로 특정 타입을 상속·구현하는 타입만 받는 방법을 알아본다.

제네릭을 사용하다 보면 특정 타입에만 선언되어 있는 프로퍼티나 멤버 함수에 접근하기 위해 특정 타입만 인수로 받아야 할 때가 있다. 타입 인수를 특정 타입으로 제한하는 방법을 알아보자.

📁 **소스 : ex_generic_specific_type/Classes.kt**

```kotlin
1: package ex_generic_specific_type
2:
3: interface ValueContainer
4: {
5:     fun getValue( ): Int
6: }
```

3~6 ◆ getValue라는 멤버 함수를 갖는 인터페이스를 선언하고 있다.

📁 **소스 : ex_generic_specific_type/Classes.kt**

```kotlin
1: package ex_generic_specific_type
2:
3: class AAA : ValueContainer
4: {
5:     override fun getValue( ): Int = 1102
6: }
7:
8: class BBB : ValueContainer
9: {
10:     override fun getValue( ): Int = 127
11: }
```

3~11 ◆ ValueContainer 인터페이스를 구현하는 클래스들을 선언하고 있다.

소스 : ex_generic_specific_type/Main.kt

```kotlin
 1: package ex_generic_specific_type
 2:
 3: fun <T : ValueContainer> T.printValue()
 4: {
 5:     println(this.getValue())
 6: }
 7:
 8: fun main(args: Array<String>)
 9: {
10:     AAA().printValue()
11:     BBB().printValue()
12: }
```

특정 타입을 구현하는 타입만 인수로 받으려면, 상속을 할 때처럼 타입 매개변수 뒤에 : 타입 이름을 적어준다. : 타입 1, 타입 2, …와 같이 적으면 여러 개를 지정할 수도 있다. ◆ 3

T 타입은 ValueContainer 인터페이스를 구현하므로 getValue 멤버 함수를 호출할 수 있다. ◆ 5

결과 ▶▶▶▶▶▶▶▶▶▶▶▶▶▶▶▶▶▶▶▶▶▶▶▶▶▶▶▶▶▶▶▶

```
1102
127
```

All in/out 키워드

학습 내용 : 타입 매개변수에 붙일 수 있는 **in/out** 키워드와, 이들의 효과에 대해 알아본다.

다음과 같은 코드가 가능할지 생각해보자.

```
class AAA<T>
…
val a = AAA<Int>( )
val b: AAA<Any> = a
```

a는 **AAA<Int>** 타입이고, b는 **AAA<Any>** 타입이다. Int는 Any 타입을 상속하니 업캐스팅을 이용하여 **AAA<Any>** 타입에 **AAA<Int>** 타입의 값을 넣을 수 있지 않을까?

답은 '아니오'이다. Int 타입이 Any의 서브 타입이라고 해서 **AAA<Int>**가 **AAA<Any>**의 서브 타입인 것은 아니기 때문이다. 이번 예제에서는 **AAA<Int>** 타입의 값을 **AAA<Any>** 타입으로 받을 수 있게 하는 방법을 알아볼 것이다.

📁 **소스 : ex_kotlin_in_out/Main.kt**

```
 1:  package ex_kotlin_in_out
 2:
 3:  class AAA<out T>
 4:
 5:  class BBB<in T>
 6:
 7:  fun main(args: Array<String>)
 8:  {
 9:      val aaaSub = AAA<Int>( )
10:      val aaaSuper: AAA<Any> = aaaSub
11:
12:      val bbbSuper = BBB<Any>( )
13:      val bbbSub: BBB<Int> = bbbSuper
14:
15:      val star: AAA<*> = aaaSub
16:  }
```

AAA 클래스의 타입 매개변수 앞에 out 키워드를 붙였다. 이렇게 하면 AAA<서브 타입>을 AAA<슈퍼 타입>에 대입할 수 있게 된다.

◆ 3, 9~10

Java 자바의 out 키워드

out T는 자바의 ? extends T와 같다.

BBB 클래스의 타입 매개변수 앞에 in 키워드를 붙였다. 이렇게 하면 BBB<슈퍼 타입>을 BBB<서브 타입>에 대입할 수 있게 된다.

◆ 5, 12~13

Java 자바의 in 키워드

in T는 자바의 ? super T와 같다.

타입 인수로 *를 지정하면, 타입 인수가 무엇이든 상관없이 AAA 타입을 대입할 수 있다. 즉, AAA<Any>든, AAA<Int>든, AAA<String>이든 상관없이 star 변수에 대입 가능하다.

◆ 15

학습 내용 : 범위를 반환하는 연산자에 대해 알아본다.

.. 연산자는 범위를 표현하는 연산자이다.

📁 **소스 : ex_range/Main.kt**

```kotlin
1:  package ex_range
2:  fun main(args: Array<String>)
3:  {
4:      val oneToTen: IntRange = 1..10
5:      println(5 in oneToTen)
6:
7:      val upperAtoZ: CharRange = 'A'..'Z'
8:      if ('C' in upperAtoZ)
9:          println("대문자입니다.")
10:
11:     if ('p' in 'a'..'z')
12:         println("소문자입니다.")
13: }
```

4 ◆ .. 연산자는 operator fun rangeTo(매개변수: 자유 타입): 자유 타입으로 오버로딩할 수 있다. Int 클래스에는 다음과 같이 rangeTo가 선언되어 있다.

```kotlin
operator fun rangeTo(other: Int): IntRange
```

즉, 1..10은 1.rangeTo(10)으로 컴파일되며, IntRange 타입의 값이 반환된다.
IntRange는 특정한 정수 구간을 표현하는 클래스이다. 1..10은 1~10의 구간을 표현한다.

5 ◆ IntRange 클래스는 contains 연산자 멤버 함수를 갖고 있기 때문에 in 연산자를 사용할 수 있다.
표현식 5 in 1..10은, 정수 5가 1~10 범위에 속해있는지 여부를 Boolean 타입으로 반환한다.
true가 출력된다.

Char 타입에는 다음과 같이 rangeTo가 선언되어 있다.

```
operator fun rangeTo(other: Char): CharRange
```

◆ 7

즉, 'A'..'Z'는 'A'.rangeTo('Z')으로 컴파일되며, CharRange 타입의 값이 반환된다. CharRange의 인스턴스는 특정한 문자 구간을 표현한다.

CharRange 클래스도 contains 연산자 멤버 함수를 갖고 있기 때문에 in 연산자를 사용할 수 있다. 표현식 'C' in 'A'..'Z'는, 문자 'C' 가 'A'~'Z'의 범위에 속해있는지 여부를 Boolean 타입으로 반환한다. 'C'의 유니코드는 67, 'A'의 유니코드는 65, 'Z'의 유니코드는 90이므로, 'C'는 'A'~'Z'에 속해있다고 할 수 있다. 대문자입니다.가 출력된다.

◆ 8~9

'p'가 'a'~'z' 범위에 속하는지 여부를 출력하고 있다. 소문자입니다.가 출력된다.

◆ 11~12

```
true
대문자입니다.
소문자입니다.
```

어떤 값이 특정 범위에 들어있는지 조사할 때 .. 연산자를 쓰면 좋다.

```
if (0 <= num && num <= 100)
```

예를 들어, 위와 같이 쓰기 보다는, 아래와같이 쓰는 것이 코드도 짧고, 읽기도 쉽다.

```
if (num in 0..100)
```

if (num in 0..100)은, '만약, num이 0~100에 있다면'으로 해석할 수 있어 훨씬 자연어에 가깝기 때문이다.

[All] 반복자(Iterator)

학습 내용 : 반복자의 개념과 역할에 대해 알아본다.

반복자(Iterator)란, 특정 구간 속에 있는 원소를 하나씩 반복적으로 꺼내기 위한 인터페이스를 뜻한다. 코틀린에는 Iterator라는 인터페이스가 기본적으로 선언되어 있으며, 다음과 같이 생겼다.

```kotlin
interface Iterator<out T>
{
    operator fun next( ): T
    operator fun hasNext( ): Boolean
}
```
*

예제를 통해 next와 **hasNext** 멤버 함수를 언제 사용하는지 알아보자.

📁 **소스 : ex_iterator/Main.kt**

```kotlin
 1:   package ex_iterator
 2:
 3:   fun main(args: Array<String>)
 4:   {
 5:       val range: IntRange = 1..3
 6:       val iter: Iterator<Int> = range.iterator( )
 7:
 8:       println(iter.hasNext( ))
 9:       println(iter.next( ))
10:
11:       println(iter.hasNext( ))
12:       println(iter.next( ))
13:
14:       println(iter.hasNext( ))
15:       println(iter.next( ))
16:
17:       println(iter.hasNext( ))
18:   }
```

---

*   operator 키워드가 붙어있기는 하지만, 실제로 어떤 연산자를 오버로딩하는 것은 아니다.

IntRange 클래스에는 operator** fun iterator( ): IntIterator 연산자 멤버 함수가 선언되어 있다. ◆ 6
IntIterator 는 Iterator<Int>를 구현하는 클래스이기 때문에 Iterator<Int> 타입으로 받을 수 있다.

iter는 1..3 구간 중 첫 원소인 1의 바로 이전을 가리키고 있다. 여기서, 특정 원소를 가리키는 ◆ 8
Iterator 내부의 변수를 커서(Cursor)라고 부른다. iter.hasNext( )는 다음 원소가 있으면 true, 없으
면 false를 반환한다. iter는 다음 원소로 1을 가리킬 예정이므로 true가 출력된다.

iter.next( )는 커서를 다음 원소 1로 이동하고, 1을 반환한다. 1이 출력된다. ◆ 9

true ◆ 11~12
2가 출력되고, 커서가 다음 원소 2를 가리킨다.

true ◆ 14~15
3이 출력되고, 커서가 다음 원소 3을 가리킨다.

더 이상 다음 원소가 없으므로 false가 출력된다. ◆ 17

참고로 hasNext가 false를 반환했는데도 next를 호출하면 NoSuchElementException 예외가 발
생한다.

```
true
1
true
2
true
3
false
```

** 이 역시 operator 키워드가 붙어있지만, 연산자를 오버로딩하지는 않는다.

[All] 흐름 제어—반복문 for

학습 내용 : 특정 구간의 데이터를 하나씩 꺼내 필요한 처리를 할 수 있게 해주는 for 문에 대해 알아본다.

for도 while과 같이 코드를 반복하는 반복문의 일종이다. 그러나 for은 특수한 상황에만 쓰이고, 알아야 할 사전 지식도 많기 때문에 불가피하게 중급 파트에서 소개하게 되었다.

for은 다음의 형태로 쓴다.

```
for (변수 이름: 타입 in 표현식)
{ ... }
```
*

> **N O T E** | [Java] **코틀린의 for 문** |
>
> 코틀린의 for은 for-each 스타일만 지원한다. C 스타일의 전통적인 for은 지원하지 않는다.

for 문의 소괄호 안에 선언된 변수는 스코프가 for 문 안으로 한정되며, in 우측 표현식 속의 데이터를 하나씩 받는데 사용한다.

in 우측의 표현식에는 다음과 같은 연산자 멤버 함수를 갖는 객체만 지정할 수 있다.

```
operator fun iterator( ): Iterator<자유 타입>
```

만약 for (변수 이름: Double in 표현식) 형태로 사용하려 한다면, 표현식이 operator fun iterator( ): Iterator<Double> 형태의 연산자 멤버 함수를 갖고 있어야 한다. 즉, for 문 속의 변수 타입과 Iterator의 타입 인수가 같아야 한다.

---

*   변수 이름 뒤의 타입은 생략할 수 있다.

 **N O T E | for 문의 in 연산자는 다른 in 연산자와 다르다. |**

for 문 속 in 연산자는 비록 in이라는 키워드로 되어있지만 일반적인 in 연산자와 다르게 봐야 한다. contains 연산자 멤버 함수가 있어야 지원되는 일반적인 in 연산자와 달리, for 문 속의 in 연산자는 iterator 연산자 멤버 함수만 있으면 지원되기 때문이다. 제네릭의 in과 마찬가지로 동음 이의 키워드로 생각하면 된다.

📁 **소스 : ex_for/Main.kt**

```kotlin
1:  package ex_for
2:
3:  fun main(args: Array<String>)
4:  {
5:      for (i: Int in 1..10)
6:          print("$i ")
7:      println( )
8:
9:      for (i: Int in 1..10)
10:     {
11:         if (i > 5)
12:             break
13:
14:         print("$i ")
15:     }
16: }
```

IntRange 클래스에는 Iterator<Int> 타입을 반환하는 iterator 연산자 멤버 함수가 선언되어 있으 므로 for문의 in 연산자에 적용 가능하다. Iterator의 타입 인수가 Int이므로, Int 타입과 호환되는 타입의 변수만 for 문의 소괄호 속에 선언할 수 있다. ◆ 5

6번 줄은 총 10번 실행되며, for 문 속 변수 i에는 1부터 10까지의 값이 매 반복마다 순서대로 입력 된다. while 문에 익숙한 독자들은 5~6번 줄의 for 문이 다음과 같이 번역된다고 생각하면 이해하 기 쉬울 것이다.

```kotlin
// iter는 1..10 구간 속의 특정 원소를 가리키고 있다.
val iter: Iterator<Int> = (1..10).iterator( )
while (iter.hasNext( ))
{
```

```kotlin
    val i = iter.next( ) // 매 반복마다 i에는 1, 2, 3, …, 10의 값이 들어간다.
    print(i)
}
```

6 ◆ 1 2 3 4 5 6 7 8 9 10 이 출력된다.

7 ◆ println 함수에 아무 인수도 전달하지 않으면 줄 바꿈만 수행한다.

12 ◆ for 문도 반복문의 일종이므로 break와 continue를 사용할 수 있다. 1 2 3 4 5 까지만 출력되고 for
문이 중단된다.

여담이지만, for 문은 영어 문장처럼 해석할 수 있다.

```kotlin
for (i in 1..10) // 1부터 10 사이에 있는 i에 대해
```

</> IntRange 사용시 이루어지는 for 문의 최적화

코틀린 컴파일러는 IntRange가 적용된 for 문을 다음과 같은 꼴로 최적화해준다.

```kotlin
// 원래 코드
for (i: Int in 1..10)
    print("$i ")
```

```kotlin
// 컴파일된 코드 (정확한 코드는 아니지만 대략 이런 코드로 번역된다)
for(i = 1; i <= 10; ++i)
    println("$i ");
```

따라서, 빈번한 객체 생성으로 인한 성능 저하는 크게 걱정하지 않아도 된다.

All 배열(Array)

중급
120

배열은 타입이 같은 변수를 여러 개 만들 때 사용하며, 다음과 같이 선언되어 있다.

```kotlin
class Array<T>
{
  val size: Int
  operator fun get(index: Int): T
  operator fun set(index: Int, value: T): Unit
  operator fun iterator( ): Iterator<T>
}
```

size 프로퍼티는 배열의 원소 개수를 나타낸다.

get/set 연산자 멤버 함수는 배열을 [] 연산자로 접근할 수 있게 해준다.

iterator 연산자 멤버 함수는 배열을 for 분에 쓸 수 있게 해준다.

📁 **소스 : ex_array/Main.kt**

```kotlin
1:  package ex_array
2:
3:  fun main(args: Array<String>)
4:  {
5:      val integers: Array<Int> = arrayOf(10, 20, 30, 40)
6:
7:      println(integers.size)
8:      println(integers[1])
9:
10:     for (i in integers)
11:         print("$i ")
12: }
```

5 ◆ 배열은 **arrayOf** 함수를 통해 만들 수 있다. **arrayOf**은 가변 인수를 받을 수 있도록 되어 있으며,
제네릭이 적용되어 있다. 여기서는 인수가 모두 **Int** 타입이므로 타입 인수를 생략했다.
arrayOf 함수가 호출되면 힙 영역에 10, 20, 30, 40이 생성된다.

7 ◆ integers 배열의 원소 개수 4가 출력된다.

8 ◆ 배열의 1번째* 원소를 출력하고 있다. 20이 출력된다.

10~11 ◆ for 문을 통해 배열의 각 원소를 순회하며 출력하고 있다. 10 20 30 40이 출력된다.

---

* 0번째가 시작점이다.

[All] 배열을 가변 인수로 활용하기

중급

121

배열 속에 들어있는 원소들은 가변 인수로 활용할 수 있다.

📁 **소스 : ex_array_to_vararg/Main.kt**

```kotlin
 1:  package ex_array_to_vararg
 2:
 3:  fun printAll(vararg tokens: String)
 4:  {
 5:      for (token in tokens)
 6:          print("$token ")
 7:  }
 8:
 9:  fun main(args: Array<String>)
10:  {
11:      val numbers: Array<String> = arrayOf("What's", "your", "name?")
12:      printAll(*numbers)
13:  }
```

가변 인수를 모두 출력하는 함수이다.

◆ 3~7

배열 앞에 *을 찍으면 배열 속의 내용을 가변 인수로 활용할 수 있다.

◆ 12

📍 **결과** ▶▶▶▶▶▶▶▶▶▶▶▶▶▶▶▶▶▶▶▶▶▶▶▶▶▶▶▶▶▶▶▶▶▶▶▶

What's your name?

열거 클래스(Enum Class)

그림판 프로그램을 만든다고 가정해보자. 그림판에는 선택 모드, 펜 모드, 도형 모드, 지우개 모드 등 여러 가지 모드가 있다. 현재 선택된 모드를 저장하려면 어떻게 해야 할까? 선택 모드 = 0, 펜 모드 = 1, 도형 모드 = 2, 지우개 모드 = 3 이런 식으로 나름의 규칙을 정한 뒤, Int 타입 변수에 저장하는 방법이 있을 것이다. 그러나, 이 방법은 각 숫자의 의미를 항상 기억하고 있어야 하고, 실수나 오타로 지정된 범위 바깥의 값(4, 5 등)을 지정하여 버그를 일으킬 수 있다. 따라서, Int 타입 변수 보다는 이번에 배울 열거 클래스를 사용하는 것이 좋다.

📁 **소스 : ex_enum_class/Main.kt**

```kotlin
1:  package ex_enum_class
2:
3:  enum class Mode
4:  {
5:      SELECTION, PEN, SHAPE, ERASER
6:  }
7:
8:  fun main(args: Array<String>)
9:  {
10:     // 현재 선택된 모드
11:     val mode: Mode = Mode.PEN
12:
13:     when (mode)
14:     {
15:         Mode.SELECTION -> println("선택 모드")
16:         Mode.PEN -> println("펜 모드")
17:         Mode.SHAPE -> println("도형 모드")
18:         Mode.ERASER -> println("지우개 모드")
19:     }
20: }
```

열거 클래스를 선언하려면 클래스 선언문 앞에 **enum** 키워드를 붙인다. ◆ 3

열거 클래스에 포함시킬 식별자를 쉼표를 이용해 나열한다. 식별자는 모두 대문자로 하는 것이 ◆ 5
좋다.

 **NEW TERM** | **열거 상수** |

열거 클래스에 들어가는 식별자를 열거 상수(Enum Constant)라고 한다.

Mode 타입의 변수는 열거 클래스.열거 상수 형태로 초기화할 수 있다. **Mode.PEN** 표현식의 타입은 ◆ 11
Mode이다.

mode에 저장된 열거 상수에 따라 분기 처리를 하고 있다. **mode**에는 **Mode.PEN**이 저장되어 있으 ◆ 13~19
므로 펜 모드가 출력된다.

결과 ▷▷▷▷▷▷▷▷▷▷▷▷▷▷▷▷▷▷▷▷▷▷▷▷▷▷▷▷▷▷▷▷▷▷▷▷

펜 모드

All 열거 클래스에 프로퍼티와 멤버 함수 선언하기

학습 내용 : 열거 클래스도 일반 클래스처럼 프로퍼티와 멤버 함수를 포함할 수 있다는 것을 배운다.

열거 클래스도 클래스의 일종이기 때문에 프로퍼티와 멤버 함수를 가질 수 있다.

📁 소스 : ex_enum_class_members/Main.kt

```kotlin
 1:  package ex_enum_class_members
 2:
 3:  enum class Mode(val number: Int)
 4:  {
 5:      SELECTION(0),
 6:      PEN(1),
 7:      SHAPE(2),
 8:      ERASER(3);
 9:
10:      fun printNumber()
11:      {
12:          println("모드: $number")
13:      }
14:  }
15:
16:  fun main(args: Array<String>)
17:  {
18:      // 현재 선택된 모드
19:      val mode: Mode = Mode.ERASER
20:
21:      println(mode.number)
22:      mode.printNumber()
23:  }
```

3 ◆ 일반 클래스처럼 생성자 매개변수에서 프로퍼티를 선언하고 있다.

5~8 ◆ 열거 클래스에 생성자가 있으면, 열거 상수 각각에 (인수)를 적어 생성자를 호출해야 한다. 열거 상수 각각이 열거 클래스의 인스턴스라고 생각하면 된다.

마지막 열거 상수에는 끝에 세미콜론 ;을 반드시 붙여야 한다.

◆ 8

열거 클래스에 멤버 함수를 선언하고 있다. 열거 클래스의 프로퍼티나 멤버 함수는 반드시 열거 상수 나열문보다 뒤에 와야 한다.

◆ 10~13

열거 클래스의 ERASER 상수의 프로퍼티와 멤버 함수에 접근하고 있다.

◆ 21~22

결과 ▶▶▶▶▶▶▶▶▶▶▶▶▶▶▶▶▶▶▶▶▶▶▶▶▶▶▶▶▶▶▶▶▶▶▶

3
모드: 3

중급

124

All **열거 클래스 활용하기**

학습 내용 : 열거 클래스에 기본적으로 정의되는 멤버 함수와 프로퍼티에 대해 배운다.

모든 열거 클래스는 자동으로 Enum이라는 클래스를 상속한다. Enum 클래스에는 다음과 같은 멤버가 있다.

```kotlin
val name: String
val ordinal: Int
```

또한, 열거 클래스에는 다음과 같은 멤버 함수가 기본적으로 포함되어 있다.

```kotlin
fun valueOf(value: String): 열거 클래스
fun values( ): Array<열거 클래스>
```

📁 **소스 : ex_enum_class_practice/Main.kt**

```kotlin
1:  package ex_enum_class_practice
2:
3:  enum class Mode
4:  {
5:      SELECTION, PEN, SHAPE, ERASER
6:  }
7:
8:  fun main(args: Array<String>)
9:  {
10:     val shapeMode: Mode = Mode.SHAPE
11:     println(shapeMode.name)
12:     println(shapeMode.ordinal)
13:
14:     val modes: Array<Mode> = Mode.values( )
15:     for (mode: Mode in modes)
16:         println(mode)
17:
18:     println(Mode.valueOf("PEN").ordinal)
19:  }
```

'열거 클래스' 예제의 코드를 그대로 가져왔다. ◆ 3~6

Mode.SHAPE 열거 상수를 shapeMode 변수에 대입하고 있다. ◆ 10

각 열거 상수에 존재하는 name 프로퍼티는 열거 상수의 이름을 의미하고, ordinal은 열거 상수의 ◆ 11~12
순서를 의미한다. 열거 상수의 순서는 0부터 시작하기 때문에 세 번째에 있지만 2가 출력되었다.

```
SHAPE
2
```

열거 클래스의 values 멤버 함수는 열거 클래스에 들어있는 모든 열거 상수들을 배열로 반환한다. ◆ 14

for 문을 이용하여 모든 열거 상수의 값을 출력하고 있다. ◆ 15~16

```
SELECTION
PEN
SHAPE
ERASER
```

열거 클래스의 valueOf 멤버 함수는 String 타입의 열거 상수의 이름으로부터 열거 상수를 찾아 ◆ 18
반환한다. "PEN"에 해당하는 열거 상수의 순서를 출력하고 있다. 1이 출력된다.

```
SHAPE
2
SELECTION
PEN
SHAPE
ERASER
1
```

sealed 클래스

sealed 클래스는 자신의 중첩 클래스에만 상속을 허용하는 클래스이다.

📁 소스 : ex_sealed_class/Sealed.kt

```
1:  package ex_sealed_class
2:
3:  sealed class Outer
4:  {
5:      class One : Outer( )
6:      class Two : Outer( )
7:      class Three : Outer( )
8:  }
```

3 ◆ sealed 클래스를 선언하고 있다. Outer 클래스는 자신의 중첩 또는 내부 클래스에서만 상속이 가능하다. Outer 클래스 자체로는 **인스턴스를 만들 수 없다**.

📁 소스 : ex_sealed_class/Others.kt

```
1:  package ex_sealed_class
2:
3:  // class Four : Outer( )
```

Outer 클래스는 자신의 중첩 클래스에서만 상속이 가능하기 때문에 3번 줄의 주석을 해제하면 오류가 발생한다.

📁 **소스 : ex_sealed_class/Main.kt**

```kotlin
 1:  package ex_sealed_class
 2:
 3:  fun main(args: Array<String>)
 4:  {
 5:      val instance: Outer = Outer.Three( )
 6:
 7:      val text: String = when (instance)
 8:      {
 9:          is Outer.One -> "첫 번째"
10:          is Outer.Two -> "두 번째"
11:          is Outer.Three -> "세 번째"
12:      }
13:
14:      println(text)
15:  }
```

instance 변수의 실제 타입을 판별하여 대응되는 String 리터럴로 반환하는 when 표현식이다.　◆ 7~12
sealed 클래스는 서브클래스가 sealed 클래스 안에 모두 존재하므로, 모든 서브 타입을 체크했다
면 when의 else 블록을 생략해도 표현식을 구성할 수 있다.

세 번째가 출력된다.　◆ 14

📍 **결과** ▶▶▶▶▶▶▶▶▶▶▶▶▶▶▶▶▶▶▶▶▶▶▶▶▶▶▶▶▶▶▶▶▶▶▶▶

세 번째

1.1 1.1 버전 이후에는 sealed 클래스와 같은 파일에 속해 있기만해도 sealed 클래스를 상속할 수
있다.

[All] 위임된 프로퍼티(Delegated Property)

학습 내용 : 프로퍼티의 Getter/Setter 구현을 다른 객체에 맡기는 방법을 알아본다.

프로그램을 작성하다 보면 **Int** 타입의 프로퍼티에 음수가 저장되는 것을 방지하는 **Setter**를 정의할 때가 자주있다.

> var age: Int set(value) **if (value >= 0) field = value**
> var salary: Int set(value) **if (value >= 0) field = value**

그러나 이렇게 모든 프로퍼티의 Setter를 일일이 정의하는 것은 너무 번거롭다.

코틀린에서는 이런 상황을 위해 프로퍼티의 Getter/Setter 구현을 다른 객체에 맡길 수 있는 문법을 제공한다.

📁 **소스 : ex_delegated_property/Sample.kt**

```
1: package ex_delegated_property
2:
3: class Sample
4: {
5:     var number: Int by OnlyPositive( )
6: }
```

5 ◆ 프로퍼티 선언문 뒤에 **by** 객체를 적으면 해당 객체가 프로퍼티의 Getter/Setter를 대리하게 된다.

📁 **소스 : ex_delegated_property/SquareDelegator.kt**

```
1: package ex_delegated_property
2:
3: import kotlin.reflect.KProperty
4:
5: class OnlyPositive
```

```
 6: {
 7:     private var realValue: Int = 0
 8:
 9:     operator fun getValue(thisRef: Any?, property: KProperty<*>): Int
10:     {
11:         return realValue
12:     }
13:
14:     operator fun setValue(thisRef: Any?, property: KProperty<*>, value: Int)
15:     {
16:         realValue = if (value > 0) value else 0
17:     }
18: }
```

프로퍼티를 대리하는 객체는 operator fun getValue(thisRef: Any?, property: KProperty⟨*⟩): T와 operator fun setValue(thisRef: Any?, property: KProperty⟨*⟩, value: T) 멤버 함수를 갖고 있어야 한다. 여기서 **T**는 대리할 프로퍼티의 타입이다. ◆ 9~12, 14~17

Sample 클래스의 number 프로퍼티의 Getter는 OnlyPositive의 getValue로 대체되고, Setter는 OnlyPositive의 setValue로 대체된다.

📁 **소스 : ex_delegated_property/Main.kt**

```
 1: package ex_delegated_property
 2:
 3: fun main(args: Array<String>)
 4: {
 5:     val sample = Sample( )
 6:
 7:     sample.number = -50
 8:     println(sample.number)
 9:
10:     sample.number = 100
11:     println(sample.number)
12: }
```

aaa.number = -10가 실행되는 순간, OnlyPositive의 setValue가 호출된다. ◆ 7
OnlyPositive의 realValue에 0이 저장된다.

8 ◆ sample.number이 실행되는 순간, OnlyPositive의 getValue가 호출된다. 0이 출력된다.

10 ◆ OnlyPositive의 realValue에 100이 저장된다.

11 ◆ 100이 출력된다.

All 클래스 위임(Class Delegation)

중급 127

학습 내용 : 인터페이스의 구현을 다른 클래스에 맡기는 방법을 알아본다.

코틀린에서는 인터페이스의 구현을 다른 클래스에 맡길 수 있는 문법도 제공한다.

📁 소스 : ex_class_delegation/Plusable.kt

```
1:  package ex_class_delegation
2:
3:  interface Plusable
4:  {
5:      operator fun plus(other: Int): Int
6:  }
```

Int 타입과 덧셈을 가능하게 하는 인터페이스를 선언하고 있다.

◆ 3~6

📁 소스 : ex_class_delegation/ClassDelegator.kt

```
1:  package ex_class_delegation
2:
3:  class ClassDelegator : Plusable
4:  {
5:      override fun plus(other: Int): Int
6:      {
7:          println("기본 구현")
8:          return other
9:      }
10: }
```

Plusable 인터페이스를 구현하는 클래스를 선언하고 있다.

◆ 3~10

```
1:  package ex_class_delegation
2:
3:  class Sample : Plusable by ClassDelegator( )
```

3 ◆ 인터페이스를 구현하면서 뒤에 **by** 객체를 지정하면 인터페이스의 구현을 해당 객체로 위임한다. 이 때 객체는 대리할 인터페이스를 구현하고 있어야 한다.

앞으로 Sample의 plus 연산자 멤버 함수를 호출하면 ClassDelegator의 plus가 호출된다.


```
1:  package ex_class_delegation
2:
3:  fun main(args: Array<String>)
4:  {
5:      println(Sample( ) + 10)
6:  }
```

5 ◆ Sample( ) + 10을 수행하면 ClassDelegator의 plus가 호출된다.

결과

기본 구현
10

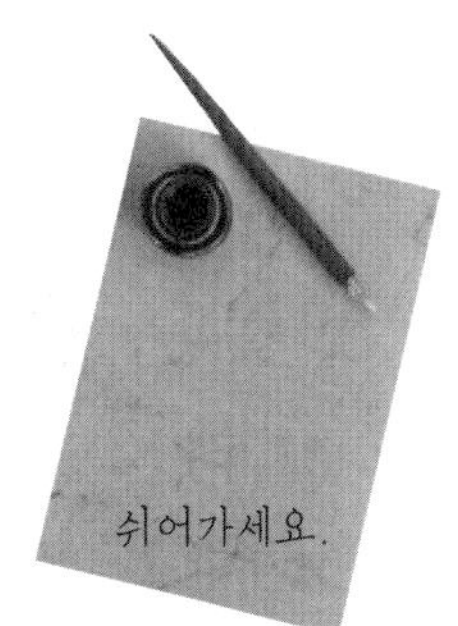

쉬어가세요.

4 PART 활용

코틀린 표준 라이브러리 살펴보기

초보자를 위한

KOTLIN 200제

All Pair 클래스: 두 변수를 하나로 묶기

학습 내용 : 두 개의 변수를 하나로 묶어주는 Pair 클래스를 알아본다. 또, 이를 응용하여 함수가 두 개의 값을 반환하도록 해본다.

Pair 클래스를 이용하면 두 변수를 하나로 묶을 수 있다.

```kotlin
data class Pair<out A, out B>(
    val first: A,
    val second: B) : Serializable
```

Pair 클래스는 제네릭을 이용하여 두 가지 타입의 값을 보관한다.

📁 **소스 : ex_pair/Main.kt**

```kotlin
 1:  package ex_pair
 2:
 3:  // 두 수의 몫과 나머지를 반환한다.
 4:  fun divide(a: Int, b: Int): Pair<Int, Int> = Pair(a / b, a % b)
 5:
 6:  fun main(args: Array<String>) {
 7:      val (q, r) = divide(10, 3)
 8:      println("몫: $q")
 9:      println("나머지: $r")
10:  }
```

4 ◆ divide 함수의 반환 타입이 Pair<Int, Int> 임에 주목하자 a와 b의 몫과 나머지를 Pair 객체로 묶어서 반환하고 있다.

7 ◆ Pair 클래스는 데이터 클래스이므로 이렇게 여러 변수로 분해할 수 있다.

 **결과** ▶

몫: 3
나머지: 1

Pair 클래스는 코틀린 표준 라이브러리 곳곳에서 활용되므로 잘 기억해두자.

All to 확장 함수: 두 값을 간단히 Pair로 묶기

학습 내용 : to 확장 함수를 이용하여 Pair 객체를 간단히 생성하는 방법을 알아본다.

to는 모든 타입에 적용되는 확장 함수이다.

```
infix fun <A, B> A.to(that: B): Pair<A, B> = Pair(this, that)
```

to 확장 함수는 리시버 타입에 제네릭을 적용했기 때문에 모든 타입에 이용 가능하다. 내부적으로 Pair 생성자를 호출하여 Pair 객체를 생성한 뒤 반환한다.

📁 소스 : ex_to/Main.kt

```
1:  package ex_to
2:
3:  fun main(args: Array<String>)
4:  {
5:      val test: Pair<Int, Double> = 10 to 3.14
6:  }
```

to 확장 함수는 infix로 선언되어 있기 때문에 연산자를 쓰듯 사용할 수 있다.

◆ 5

All Triple 클래스: 세 변수를 하나로 묶기

Triple 클래스를 이용하면 세 변수를 하나의 변수로 묶을 수 있다.

```kotlin
data class Triple<out A, out B, out C>(
    val first: A,
    val second: B,
    val third: C) : Serializable
```

Triple 클래스는 제네릭을 이용하여 세 가지 타입의 값을 보관한다.

📁 소스 : ex_triple/Main.kt

```kotlin
 1:  package ex_triple
 2:  // 원의 지름, 원주, 넓이를 반환한다.
 3:  fun calculateCircle(radius: Int): Triple<Int, Double, Double> =
 4:          Triple(radius * 2, radius * 2 * 3.14, 3.14 * radius * radius)
 5:
 6:  fun main(args: Array<String>) {
 7:      val (diameter, _, area) = calculateCircle(5)
 8:      println("지름: $diameter")
 9:      println("넓이: $area")
10:  }
```

3 ◆ calculateCircle 함수의 반환 타입이 Triple<Int, Double, Double> 임에 주목하자.

4 ◆ 원의 지름, 원주, 넓이를 Triple 객체로 묶어서 반환하고 있다.

7 ◆ Triple 클래스는 데이터 클래스이므로 여러 변수로 분해할 수 있고, 사용하지 않을 값을 _로 무시하고 있다.

 결과 ▶▶▶▶▶▶▶▶▶▶▶▶▶▶▶▶▶▶▶▶▶▶▶▶▶▶▶▶▶▶▶▶▶▶▶▶

지름: 10
넓이: 78.5

All Comparable 인터페이스:
클래스를 비교 가능하게 만들기

활용
131

학습 내용 : Comparable 인터페이스를 이용하여 클래스에 인스턴스간 비교 기능을 추가해보자.

인터페이스 예제에서 언급했었던 Comparable 인터페이스를 제대로 살펴보게 되었다.

Comparable 인터페이스는 다음과 같이 선언되어 있다.

```
interface Comparable<in T>
{
    operator fun compareTo(other: T): Int
}
```

타입 매개변수 T를 받으며, 연산자 멤버 함수로 compareTo를 가지고 있다. 즉, Comparable 인터페이스를 구현하는 클래스는 비교 연산자(>, <, >=, <=)를 지원하게 된다.

📁 소스 : ex_comparable_interface/Main.kt

```
 1:  package ex_comparable_interface
 2:
 3:  class Rectangle(val width: Int, val height: Int) : Comparable<Rectangle>
 4:  {
 5:      val area = width * height
 6:
 7:      override fun compareTo(other: Rectangle): Int =
 8:              when
 9:              {
10:                  this.area > other.area -> 1
11:                  this.area < other.area -> -1
12:                  else -> 0
13:              }
14:  }
15:
16:  fun main(args: Array<String>)
17:  {
```

```
18:        val rect = Rectangle(3, 5)
19:        val rect2 = Rectangle(7, 3)
20:        val rect3 = Rectangle(2, 9)
21:
22:        println(rect >= rect3)
23:        println(rect < rect2)
24:        println(rect2 > rect3)
25: }
```

7~13 ◆ 사각형의 넓이로 인스턴스의 대소를 비교하도록 compareTo를 오버라이딩하고 있다.

22~24 ◆ Rectangle의 인스턴스들끼리 대소를 비교하고 있다.

결과

```
false
true
true
```

Comparable 인터페이스에는 다음과 같은 연산자 확장 함수가 기본적으로 선언되어 있다. 따라서 Comparable 인터페이스를 구현하는 모든 클래스는 .. 연산자를 지원한다.

```
operator fun <T : Comparable<T>> T.rangeTo(that: T): ClosedRange<T>
```

반환 타입의 ClosedRange에 대해서는 다음 예제에서 설명하겠다.

[All] ClosedRange 인터페이스: 닫힌 구간을 표현하는 인터페이스

활용
132

학습 내용 : 닫힌 구간을 표현하는 ClosedRange 인터페이스를 알아보고, 어떤 클래스가 ClosedRange 인터페이스를 구현하는지 알아본다.

ClosedRange 인터페이스는 다음과 같이 선언되어 있다.

```kotlin
interface ClosedRange<T: Comparable<T>> {
    val start: T
    val endInclusive: T
    operator fun contains(value: T): Boolean = value >= start && value <= endInclusive
    fun isEmpty( ): Boolean = start > endInclusive
}
```

ClosedRange는 타입 매개변수로 Comparable<T>를 구현하는 타입만 받는다. 대소 비교가 가능해야 범위를 형성할 수 있기 때문이다.

start 프로퍼티는 구간의 최소값을, endInclusive 프로퍼티는 구간의 최대값을 나타낸다.

contains는 in 연산자를 지원하는 역할을 하며, value >= start && value <= endInclusive 라는 기본 구현을 제공한다.

isEmpty는 구간이 비어 있는지, 즉 구간에 포함되는 객체가 존재하지 않는지 여부를 반환한다. start > endInclusive 라는 기본 구현을 제공한다.

📁 **소스 : ex_closed_range_interface/Main.kt**

```kotlin
1:  package ex_closed_range_interface
2:
3:  fun main(args: Array<String>)
4:  {
5:      val intRange: IntRange = 1..10
6:      val longRange: LongRange = 1L..100L
7:      val charRange: CharRange = 'A'..'Z'
8:
9:      println(intRange.start)
```

```
10:        println(longRange.endInclusive)
11:        println('*' in charRange)
12:        println(charRange.isEmpty( ))
13: }
```

5~7 ◆ IntRange, LongRange, CharRange는 모두 ClosedRange 인터페이스를 구현하고 있다.

9 ◆ intRange의 첫 번째 값은 1이므로 1이 출력된다.

10 ◆ longRange의 마지막 값은 100L이므로 100이 출력된다.

11 ◆ '*'은 'A'..'Z' 구간에 포함되어 있지 않으므로 false가 출력된다.

12 ◆ charRange 구간은 비어있지 않으므로 false가 출력된다.

FloatRange, DoubleRange는 어디에?

실수 타입에 대한 Range 클래스는 원래 존재하지 않았으나, 코틀린 1.1 버전부터 ClosedFloatRange, ClosedDouble Range라는 클래스를 제공하고 있기는 하다. 단, 이들은 IntRange, LongRange, CharRange 클래스와 다르게 for 문의 in 연산자에 사용할 수 없는데, iterator 연산자 멤버 함수를 갖고 있지 않기 때문이다. 상식적으로 무한대의 소수점을 갖는 실수 타입에 유한개의 원소를 순회하는 반복자를 구현할 수는 없다.

결과

```
1
100
false
false
```

코틀린 표준 라이브러리에는 ClosedRange를 리시버로 하는 **contains** 연산자 확장 함수가 선언되어 있기 때문에 **in** 연산자의 오른쪽 피연산자에 ClosedRange 타입을 사용할 수 있다.

All Iterable 인터페이스: 클래스가 반복자를 지원하도록 하기

활용 133

학습 내용 : Iterable 인터페이스의 기능과, 이들을 상속하는 IntProgression, LongProgression, CharProgression 인터페이스에 대해 알아본다.

Iterable 인터페이스는 클래스에 operator fun iterator( ): Iterator<T> 연산자 멤버 함수를 주입하기 위한 인터페이스이다. 다음과 같이 선언되어 있다.

```
interface Iterable<out T>
{
    operator fun iterator( ): Iterator<T>
}
```

IntRange는 IntProgression과 ClosedRange 인터페이스를, LongRange는 LongProgression과 ClosedRange 인터페이스를, CharRange는 CharProgression과 ClosedRange 인터페이스를 구현한다.

IntProgression, LongProgression, CharProgression는 각각 Iterable<Int>, Iterable<Long>, Iterable<Char>을 상속하며, 이 인터페이스 덕에 IntRange, LongRange, CharRange의 인스턴스를 for문의 in 연산자에 쓸 수 있다.

각 Progression에는 다음과 같은 프로퍼티가 있다.

```
open class IntProgression
{
    val first: Int
    val last: Int
    val step: Int
}
```

IntProgression를 대표로 예를 들었는데, 다른 Progression*들도 이와 유사하다.

---

* Progression이라는 이름의 중간 인터페이스가 있는 것은 아니다!

first와 last는 Progression(진행)의 시작 값과 끝 값을 가리키는 프로퍼티이다. IntRange는 IntProgression과 ClosedRange 인터페이스를 구현하므로 start와 endInclusive 외에 first와 last라는 프로퍼티를 추가적으로 갖는다.

start와 endInclusive가 있는데 굳이 또 first와 last를 선언한 이유는, Progression은 큰 수에서 작은 수로 진행할 수도 있기 때문이다. 다시 말해, ClosedRange는 1~10처럼 작은 수~큰 수 형태로밖에 표현이 안 되지만, Progression은 10~1처럼 큰 수에서 작은 수로의 이동을 표현할 수 있다. ClosedRange는 이름 그대로 범위를 나타내는 클래스이지만, Progression은 수의 진행을 나타내는 클래스라서 그렇다.

step은 반복자(Iterator<T>)의 next를 호출할 때, 몇 칸씩 건너뛸 것인지를 나타내는 프로퍼티이다. 기본 값은 1이라 1, 2, 3, 4, …의 순서로 next가 값을 반환하지만, step이 4이면 1, 5, 9, 13, …의 순서로 값을 반환하게 된다. first가 10이고 step이 –2이면 10, 8, 6, 4, …의 순서로 값을 반환한다.


```kotlin
1:  package ex_iterable_interface
2:
3:  fun main(args: Array<String>)
4:  {
5:      val prog: IntProgression = 3..7
6:      println(prog.first)
7:      println(prog.last)
8:      println(prog.step)
9:
10:     for (i in prog)
11:         print("$i ")
12: }
```

5 ◆ IntRange 타입의 표현식을 IntProgression 타입의 변수로 받고 있다.

6~8 ◆ IntProgression의 각 프로퍼티를 출력하고 있다.

10~11 ◆ IntProgression을 for문의 in 연산자에 적용했다. IntProgression 타입은 iterator 연산자 멤버 함수를 갖고 있으므로, 이렇게 IntProgression 타입만으로 for 문을 사용할 수 있다. 단, IntProgression 타입은 contains 연산자 멤버 함수는 갖고 있지 않으므로 일반적인 in 연산자에 사용하는 것은 불가능하다. 3 4 5 6 7 이 출력된다.

```
3
7
1
3 4 5 6 7
```

All Progression과 관련된 함수

학습 내용 : 코틀린에 내장된 확장 함수를 통해 Progression 타입들을 다루는 방법을 배운다.

코틀린에서 제공하는 확장 함수를 이용하면 Progression 타입들을 제대로 활용할 수 있다.

📁 **소스 : ex_progression_practice/Main.kt**

```kotlin
 1: package ex_progression_practice
 2:
 3: fun IntProgression.print()
 4: {
 5:     print("first: ${this.first}, ")
 6:     print("last: ${this.last}, ")
 7:     println("step: ${this.step}")
 8:
 9:     for (i in this)
10:         print("$i ")
11:     println('\n')
12: }
13:
14: fun main(args: Array<String>)
15: {
16:     val prog: IntProgression = 7 downTo 3
17:     prog.print()
18:
19:     val prog2: IntProgression = (3..7).reversed()
20:     println(prog == prog2)
21:     prog2.print()
22:
23:     val prog3: IntProgression = (1..10) step 3
24:     prog3.print()
25:
26:     val prog4: IntProgression = 10 downTo 2 step 3
27:     prog4.print()
28:
29:     val prog5: IntProgression = 2 until 5
30:     prog5.print()
31: }
```

편의를 위해 IntProgression의 상태를 출력하는 함수를 선언했다. ◆ 3~12

downTo는 역순으로 진행하는 Progression을 반환하는 infix 확장 함수이다. 다음과 같이 선언되 ◆ 16~17
어 있다. *

```
infix fun Int.downTo(to: Int): IntProgression
infix fun Long.downTo(to: Long): LongProgression
infix fun Char.downTo(to: Char): CharProgression
```

여기서 downTo 대신 7..3을 하면 되지 않을까? 라는 생각을 할 수 있겠지만, .. 연산자는 작은 값..큰 값으로 밖에 사용하지 못한다. 사실 이렇게 적어도 오류가 발생하지는 않지만, 왼쪽 피연산자가 오른쪽 피연산자보다 크면 **비어있는 구간으로 인식된다**. 즉, for문에 7..3을 적용해도 반복이 단 한번도 이루어지지 않는다. 따라서 역방향으로 진행되는 Progression을 만들고 싶으면 downTo를 이용해야 한다.

reversed 확장 함수는 원래의 Progression을 뒤집는 역할을 한다. 즉, 3~7로 진행되는 Progression에 ◆ 19
reversed를 호출하면 7~3으로 진행되는 Progression을 새로 생성하여 반환한다. reversed는 다음 과 같이 선언되어 있다.

```
fun IntProgression.reversed( ): IntProgression
fun LongProgression.reversed( ): LongProgression
fun CharProgression.reversed( ): CharProgression
```

(3..7) 표현식은 IntProgression 타입과 호환되므로 reversed 확장 함수를 호출할 수 있다.

7 downTo 3와 (3..7).reversed( )는 같은 값을 가지기 때문에 **true**가 출력된다. ◆ 20

step 확장 함수는 원래의 Progression에 step 프로퍼티 값만 바꿔주는 역할을 한다. 다음과 같이 선 ◆ 23~24
언되어 있다.

```
infix fun IntProgression.step(step: Int): IntProgression
infix fun LongProgression.step(step: Long): LongProgression
infix fun CharProgression.step(step: Int): CharProgression
```

---

*   downTo 확장 함수는 사실 더 많은 타입을 리시버로 받지만, 지면상 생략했다.

(1..10) step 3은 1, 4, 7, 10로 진행하는 IntProgression이 된다.

first: 1, last: 10, step: 3
1 4 7 10 이 출력된다.

26~27 ◆ downTo와 step 확장 함수를 섞어 사용했다. 이렇게 하면 10에서 2로 한번에 3칸씩 진행하는 IntProgression이 만들어진다.

> **📝 N O T E | step 확장 함수의 인수는 항상 양수! |**
>
> Progression의 값이 점점 감소한다고 해서 step에 –3를 인수로 넘기면 안 된다. step으로 전달되는 값은 항상 양수여야 한다. step에 0이나 음수를 전달하면 IllegalArgumentException 예외를 발생시킨다.
> step 확장 함수에 양수를 전달해도 Progression 자체가 역순으로 진행되고 있으면 step 프로퍼티는 자연스럽게 음수가 된다.

first: 10, last: 4, step: –3
10 7 4 이 출력된다. 10 downTo 2를 적었지만, first가 10이고 step이 3이어서 2까지 도달할 수 없기 때문에 가장 가까운 값인 4가 last 프로퍼티 값이 된다.

29~30 ◆ until은 [시작, 끝) 로 진행하는 Progression을 반환하는 확장 함수이다. 다음과 같이 선언되어 있다.

```
infix fun Int.until(to: Int): IntRange          *
infix fun Long.until(to: Long): LongRange
infix fun Char.until(to: Char): CharRange
```

first: 2, last: 4, step: 1
2 3 4 이 출력된다.

---

* until 확장 함수는 사실 더 많은 타입을 리시버로 받지만, 지면상 생략했다.

```
first: 7, last: 3, step: -1
7 6 5 4 3

true
first: 7, last: 3, step: -1
7 6 5 4 3

first: 1, last: 10, step: 3
1 4 7 10

first: 10, last: 4, step: -3
10 7 4

first: 2, last: 4, step: 1
2 3 4
```

 코틀린의 컬렉션(Collection)

학습 내용 : 컬렉션(Collection)의 개념에 대해 알아본다.

컬렉션(Collection)이란, 프로그램을 개발하는데 필요한 기본적인 자료구조들을 통칭하는 말이다. 코틀린에는 크게 세 가지 컬렉션이 있다.

이름	의미
List	순서가 있는 목록을 표현하는 자료구조이다. **동적 배열**(Dynamic Array)이나 **연결 리스트**(Linked List)가 여기에 포함된다.
Set	집합을 표현하는 자료구조이다. 원소의 중복을 허용하지 않으며, 각 원소는 순서를 갖지 않는다.
Map	**연관 배열**(Associative Array)을 표현하는 자료구조이다. 키와 값을 1:1로 대응시켜 저장한다. 키는 중복될 수 없다.

코틀린에는 컬렉션의 뼈대가 되는 **Collection<E>*** 인터페이스와, **List<E>**, **Set<E>**, **Map<K, V>**** 인터페이스가 있다. 각 인터페이스의 상속 관계를 그림으로 그려보면 다음과 같다.

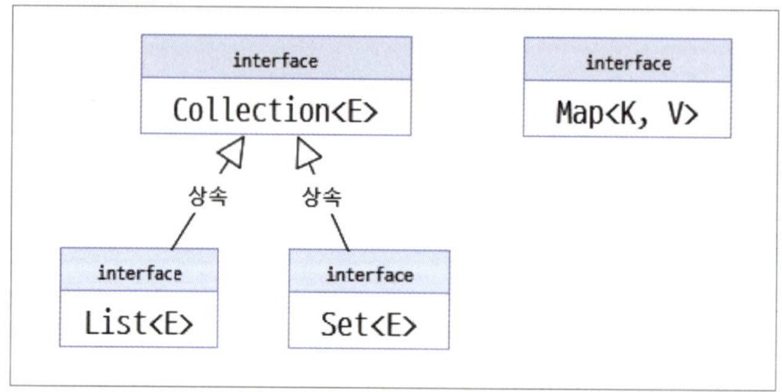

List와 Set는 Collection 인터페이스를 상속하고, Map은 상속하지 않는다. 즉, List와 Set 인터페이스는 공통의 멤버를 갖지만, Map은 독자적인 멤버를 갖는다.

---

*   타입 매개변수의 이름 E는 Element(요소)의 앞 글자에서 따왔다.

** 타입 매개변수 이름 중, K는 Key(키), V는 Value(값)의 앞 글자에서 따왔다.

📁 소스 : **ex_kotlin_collection/Main.kt**

```kotlin
 1:  package ex_kotlin_collection
 2:
 3:  fun main(args: Array<String>)
 4:  {
 5:      val list: Collection<Int> = listOf(10, 20, 10)
 6:      val set: Collection<Int> = setOf(1, 2, 3, 2, 3)
 7:      val map: Map<String, String> = mapOf("Apple" to "사과", "Banana" to "바나나")
 8:
 9:      println(list)
10:      println(set)
11:      println(map)
12:  }
```

listOf은 주어진 인수로 List<T> 타입의 객체를 생성하는 함수이며, 다음과 같이 선언되어 있다. ◆ 5

```kotlin
fun <T> listOf(vararg elements: T): List<T>
```

제네릭이 적용되어 있기 때문에 임의 타입의 List<T> 객체를 생성할 수 있다. List 인터페이스는 Collection 인터페이스를 상속하기 때문에, Collection 타입으로 List 객체를 가리킬 수 있다.

setOf은 주어진 인수로 Set<T> 타입의 객체를 생성하는 함수이며, 다음과 같이 선언되어 있다. ◆ 6

```kotlin
fun <T> setOf(vararg elements: T): Set<T>
```

Set 인터페이스 역시 Collection 인터페이스를 상속하기 때문에, Collection 타입으로 Set 객체를 가리킬 수 있다.

mapOf은 주어진 Pair<K, V> 타입의 객체들로 Map<K, V> 타입의 객체를 생성하는 함수이며, 다음과 같이 선언되어 있다. ◆ 7

```kotlin
fun <K, V> mapOf(vararg pairs: Pair<K, V>): Map<K, V>
```

Map 인터페이스는 Collection 인터페이스를 상속하지 않으므로 Map<String, String> 타입으로 생성된 객체를 받았다.

 각 컬렉션에 들어있는 데이터를 출력하고 있다.*

Set은 원소의 중복을 허용하지 않기 때문에, 1, 2, 3만 저장된다. 그래서 [1, 2, 3, 2, 3]이 아닌 [1, 2, 3]이 출력되었다.

결과

```
[10, 20, 10]
[1, 2, 3]
{Apple=사과, Banana=바나나}
```

---

* 컬렉션들은 toString을 적절하게 오버라이딩하기 때문에 println의 인수로 넘겨도 알맞게 출력된다.

Collection 인터페이스 살펴보기

활용 **136**

학습 내용 : Collection 인터페이스의 멤버를 살펴본다.

Collection 인터페이스는 다음과 같이 선언되어 있다.

```
interface Collection<out E> : Iterable<E>
```

Iterable<E>는, fun iterator( ):Iterator<E> 멤버 함수를 컬렉션에 주입하기 위한 인터페이스이다.

Collection 인터페이스는 한 개의 추상 프로퍼티와, 네 개의 추상 멤버 함수를 갖고 있다.

```
abstract val size: Int
```

size는 컬렉션에 포함된 원소의 개수를 갖는 프로퍼티이다.

```
abstract fun isEmpty( ): Boolean
```

isEmpty는 컬렉션이 비어있는지 여부를 반환하는 멤버 함수이다.

```
abstract operator fun contains(element: E): Boolean
```

contains는 element 원소가 컬렉션에 포함되어 있는지 여부를 반환하는 연산자 멤버 함수이다. 컬렉션에 in 연산자를 쓸 수 있도록 하는 역할도 한다.

```
abstract fun containsAll(elements: Collection<E>): Boolean
```

containsAll은 elements의 원소들이 컬렉션에 모두 포함되어 있는지 여부를 반환하는 연산자 멤버 함수이다.

iterator는 컬렉션의 각 원소를 순회하는 Iterator<E> 타입의 객체를 반환하는 연산자 멤버 함수이다. 컬렉션을 for 문의 in 연산자에 사용할 수 있도록 해준다.

소스 : ex_collection_interface/Main.kt

```kotlin
1:  package ex_collection_interface
2:
3:  fun main(args: Array<String>)
4:  {
5:      val list: Collection<Int> = listOf(18, 1, 1, 4)
6:
7:      println(list.size)
8:      println(list.isEmpty( ))
9:      println(18 in list)
10:
11:     for (i: Int in list)
12:         print("$i ")
13: }
```

5 ◆ 테스트를 위해 List<Int> 타입의 객체를 생성하고 있다.

7 ◆ list에는 네 개의 원소가 있으므로 **4**가 출력된다.

8 ◆ list는 비어있지 않으므로 **false**가 출력된다.

9 ◆ 18은 list 안에 들어있으므로 **true**가 출력된다.

11~12 ◆ list 속의 원소를 하나씩 순회하며 출력한다.

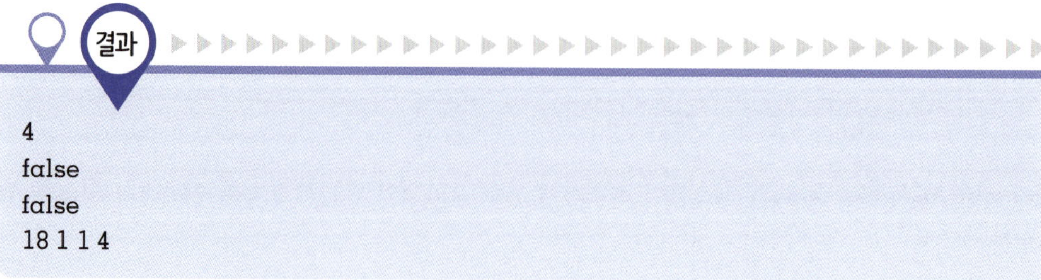

결과

```
4
false
false
18 1 1 4
```

</> List 인터페이스 살펴보기

활용
137

학습 내용 : List 인터페이스의 멤버를 살펴본다.

List 인터페이스는 다음과 같이 선언되어 있다.

```
interface List<out E> : Collection<E>
```

List 인터페이스는 다음과 같은 추상 멤버 함수를 갖고 있다.

```
abstract operator fun get(index: Int): E
```

get은 List의 index 번째 원소를 반환하는 멤버 함수이다. List에 [] 연산자를 쓸 수 있도록 하는 역할도 한다.

```
abstract fun indexOf(element: E): Int
```

indexOf은 element 원소가 List의 몇 번째 인덱스에 위치해있는지를 반환하는 멤버 함수이다. 만약, element에 해당하는 원소가 없으면 −1을 반환한다. **element**와 동일한 원소가 여러 개 있으면, 첫 번째로 일치하는 원소의 인덱스를 반환한다.

```
abstract fun lastIndexOf(element: E): Int
```

lastIndexOf 멤버 함수는 마지막으로 일치하는 원소의 인덱스를 반환한다는 점만 빼면 **indexOf**과 같다.

```
abstract fun listIterator( ): ListIterator<E>
abstract fun listIterator(index: Int): ListIterator<E>
```

listIterator는 List에 특화된 Iterator를 반환하는 멤버 함수이다. index 매개변수에 값을 지정하면, 그 인덱스부터 시작하는 ListIterator를 반환한다.

```
abstract fun subList(fromIndex: Int, toIndex: Int): List<E>
```

subList는 [fromIndex, toIndex) 구간의 원소를 뽑아 새로운 List를 만들어 반환하는 멤버 함수이다.

소스 : ex_list_interface/Main.kt

```kotlin
 1:  package ex_list_interface
 2:
 3:  fun main(args: Array<String>)
 4:  {
 5:      val list: List<Double> = listOf(20.18, 1.14, 9.15, 1.14)
 6:
 7:      println(list[0])
 8:      println(list.indexOf(1.14))
 9:      println(list.indexOf(9.31))
10:      println(list.lastIndexOf(1.14))
11:      println(list.subList(0, 3))
12:  }
```

5 ◆ 테스트를 위해 List<Double> 타입의 객체를 생성하고 있다.

7 ◆ list의 0번째 원소 20.18이 출력된다.

8 ◆ 1.14와 일치하는 '첫' 원소의 인덱스인 1이 출력된다.

9 ◆ 9.31에 해당하는 원소는 list에 존재하지 않으므로 -1이 출력된다.

10 ◆ 1.14와 일치하는 '마지막' 원소의 인덱스인 3이 출력된다.

11 ◆ 0번~2번 인덱스에 해당하는 원소를 뽑아 새 List를 만든 뒤, 이를 출력하고 있다.

결과

```
20.18
1
-1
3
[20.18, 1.14, 9.15]
```

<> ListIterator 인터페이스 살펴보기

활용 **138**

학습 내용 : List에 특화된 Iterator인 ListIterator 인터페이스의 멤버를 살펴본다.

ListIterator<T> 인터페이스는 Iterator<T> 인터페이스를 구현한다. Iterator<T>의 멤버 외에 추가로 갖는 ListIterator<T>의 멤버는 다음과 같다.

abstract fun **hasPrevious**( ): Boolean

hasPrevious 멤버 함수는 이전 원소가 존재하는지 여부를 반환한다.

abstract fun **previous**( ): T

previous 멤버 함수는 이전 원소를 반환하고, ListIterator의 커서를 뒤로 한 칸 옮긴다.

abstract fun **nextIndex**( ): Int

nextIndex 멤버 함수는 다음 원소의 인덱스를 반환한다. 커서를 옮기지는 않는다.

abstract fun **previousIndex**( ): Int

previousIndex 멤버 함수는 이전 원소의 인덱스를 반환한다. 커서를 옮기지는 않는다.

📁 **소스 : ex_list_iterator_interface/Main.kt**

```
1:  package ex_list_iterator_interface
2:
3:  private fun moveToNext(iter: ListIterator<Int>)
4:  {
5:      print("${iter.hasPrevious( )}, ")
```

```kotlin
 6:        print("${iter.hasNext( )}, ")
 7:        print("${iter.previousIndex( )}, ")
 8:        print("${iter.nextIndex( )}, ")
 9:        println("${iter.next( )}")
10: }
11:
12: fun main(args: Array<String>)
13: {
14:        val iter: ListIterator<Int> = listOf(10, 20, 30).listIterator( )
15:
16:        moveToNext(iter)
17:        moveToNext(iter)
18:        moveToNext(iter)
19: }
```

3~10 ◆ Iterator의 상태를 출력하고 커서를 한 칸 옮기는 함수를 선언하고 있다.

16 ◆ iter의 커서는 0번째 원소를 가리킬 예정이므로, false, true, −1, 0, 10이 출력된다.

17 ◆ iter의 커서는 1번째 원소를 가리킬 예정이므로, true, true, 0, 1, 20이 출력된다.

18 ◆ iter의 커서는 2번째 원소를 가리킬 예정이므로, true, true, 1, 2, 30이 출력된다.

```
false, true, −1, 0, 10
true, true, 0, 1, 20
true, true, 1, 2, 30
```

</> Map 인터페이스 살펴보기

활용
139

학습 내용 : Map 인터페이스의 멤버를 살펴본다.*

Map 인터페이스는 다음과 같이 선언되어 있다.

```
interface Map<K, out V>
```

Map 인터페이스는 아래와 같은 멤버를 갖는다.

```
interface Entry<out K, out V>
```

Entry는 키와 값 한 쌍을 표현하는 중첩 인터페이스이다.

```
abstract val size: Int
```

size는 Map에 들어있는 키와 값 쌍의 개수를 갖는 프로퍼티이다.

```
abstract val keys: Set<K>
```

keys는 Map의 키들만 갖는 프로퍼티이다. Map의 키는 중복되지 않기 때문에 Set 타입으로 되어 있다.

```
abstract val values: Collection<V>
```

values는 Map의 값들만 갖는 프로퍼티이다. Map의 값은 중복될 수 있기 때문에 Collection 타입으로 되어 있다.

---

* Set 인터페이스는 Collection의 멤버 외에 추가적으로 갖는 멤버가 없으므로 설명을 생략하였다.

```
abstract val entries: Set<Map.Entry<K, V>>
```

entries는 Map에 들어있는 모든 키와 값 쌍들을 갖는 프로퍼티이다. 키와 값은 **Entry** 타입으로 감싸여 있다.

```
abstract fun isEmpty( ): Boolean
```

isEmpty 멤버 함수는 Map이 비어있는지 여부를 반환한다.

```
abstract fun containsKey(key: K): Boolean
```

containsKey 멤버 함수는 Map에 key에 해당하는 키가 들어있는지 여부를 반환한다.

```
abstract fun containsValue(value: V): Boolean
```

containsValue 멤버 함수는 Map에 value에 해당하는 값이 들어있는지 여부를 반환한다.

```
abstract operator fun get(key: K): V?
```

get은 **key**에 해당하는 값을 반환하는 연산자 멤버 함수이다. 만약 **key**에 해당하는 값이 없으면 **null**이 반환된다. 그래서 반환 타입이 **V?**이다.

get은 Map 타입에 [ ] 연산자를 사용할 수 있도록 하는 역할도 한다.

```
1.1 open fun getOrDefault(key: K, defaultValue: V): V
```

getOrDefault 멤버 함수는 **key**에 해당하는 값을 반환하되, **key**에 해당하는 값이 없으면 defaultValue를 대신 반환한다.

소스 : ex_map_interface/Main.kt

```kotlin
 1:  package ex_map_interface
 2:
 3:  fun main(args: Array<String>)
 4:  {
 5:      val map: Map<String, String> = mapOf("Apple" to "사과", "Banana" to "바나나")
 6:
 7:      println(map.size)
 8:      println(map.keys)
 9:      println(map.values)
10:      println(map.entries)
11:      println(map.isEmpty( ))
12:      println(map.containsKey("Cocoa"))
13:      println(map.containsValue("바나나"))
14:      println(map["Apple"])
15:      println(map.getOrDefault("Cocoa", "코코아"))
16:  }
```

map에 들어있는 키와 값 쌍의 개수 2가 출력된다. ◆ 7

map에 들어있는 키 [Apple, Banana]가 출력된다. ◆ 8

map에 들어있는 값 [사과, 바나나]가 출력된다. ◆ 9

map에 들어있는 키와 값의 쌍 [Apple=사과, Banana=바나나]가 출력된다. ◆ 10

map은 비어있지 않으므로 false가 출력된다. ◆ 11

"Cocoa" 키는 map에 들어있지 않으므로 false가 출력된다. ◆ 12

"바나나" 값은 map에 들어있으므로 true가 출력된다. ◆ 13

"Apple" 키에 해당하는 값 사과가 출력된다. ◆ 14

1.1 "Cocoa" 키에 해당하는 값이 없으므로 코코아가 대신 출력된다. ◆ 15

 # 변경할 수 있는(Mutable) 컬렉션

학습 내용 : 컬렉션에 값을 추가하거나 삭제하는 방법을 알아본다.

지금까지 살펴본 Collection, List, Map 인터페이스에는 컬렉션에 원소를 추가하거나 삭제하는 멤버 함수가 없었다. Collection 인터페이스는 컬렉션의 원소를 수정할 수 있는 방법을 제공하지 않는다. 컬렉션의 원소를 수정하려면 MutableCollection 인터페이스를 구현하는 컬렉션을 이용해야 한다.

>  **N O T E** | **기본적으로 Unmodifiable한 코틀린의 컬렉션** |
>
> 자바와는 달리, 코틀린의 컬렉션은 기본적으로 수정이 불가능(Unmodifiable)하다.* 덕분에 Thread-Safe한 코드를 만들 수 있게 되었다.

MutableCollection은 다음과 같이 선언되어 있다.

```kotlin
interface MutableCollection<E> : Collection<E>, MutableIterable<E>
```

MutableCollection 인터페이스는 Collection과 MutableIterable 인터페이스를 상속한다.

MutableIterable 인터페이스는 다음과 같이 선언되어 있다.

```kotlin
interface MutableIterable<out T> : Iterable<T>
{
    override fun iterator( ): MutableIterator<T>
}
```

MutableIterable<T> 인터페이스는 Iterable 인터페이스에 선언된 iterator 멤버 함수를 오버라이딩하여 반환 타입을 MutableIterator<T>로 바꿔준다. MutableIterator<T>는 Iterator<T>를 상속하므로 문제 없다.

---

* 자바에서는 이미 생성된 컬렉션 객체를 Collections 클래스의 unmodifiableCollection 정적 메서드로 넘겨주어야만 수정이 불가능한 컬렉션을 만들 수 있었다.

MutableIterable<E> 인터페이스는 다음과 같은 멤버를 갖고 있다.

abstract fun **add**(element: E): Boolean

add 멤버 함수는 컬렉션에 element 원소를 추가한다. 원소가 성공적으로 추가되었으면 true를 반환한다. 만약, 컬렉션이 원소의 중복을 허용하지 않는다는 등의 이유로 원소를 추가하지 못하면 false를 반환한다.

abstract fun **addAll**(elements: Collection<E>): Boolean

addAll 멤버 함수는 elements 컬렉션의 모든 원소를 컬렉션에 추가한다. 원소가 하나라도 추가되었으면 true를, 단 한 개도 추가되지 않았으면 false를 반환한다.

abstract fun **remove**(element: E): Boolean

remove 멤버 함수는 컬렉션에서 element와 일치하는 원소를 하나 제거한다. 원소가 성공적으로 제거되면 true를, element에 해당하는 원소가 컬렉션에 없으면 false를 반환한다.

abstract fun **removeAll**(elements: Collection<E>): Boolean

removeAll 멤버 함수는 elements 컬렉션의 원소들과 일치하는 '모든' 원소를 컬렉션에서 제거한다. 원소가 하나라도 제거되면 true를, 삭제된 원소가 없으면 false를 반환한다.

abstract fun **retainAll**(elements: Collection<E>): Boolean

retainAll 멤버 함수는 elements 컬렉션의 원소와 일치하는 원소만 남기고 컬렉션에서 모두 제거한다. 원소가 하나라도 제거되면 true를, 삭제된 원소가 없으면 false를 반환한다.

abstract fun **clear**( )

clear는 컬렉션의 모는 원소를 삭제하는 멤버 함수이다.

```kotlin
 1: package ex_mutable_collection_interface
 2:
 3: fun main(args: Array<String>)
 4: {
 5:     val mutableList: MutableCollection<Int> = mutableListOf(1, 2, 4, 2, 3, 2, 5)
 6:     println(mutableList)
 7:
 8:     mutableList.add(1)
 9:     println(mutableList)
10:
11:     mutableList.addAll(listOf(3, 2, 4))
12:     println(mutableList)
13:
14:     mutableList.remove(1)
15:     println(mutableList)
16:
17:     mutableList.removeAll(listOf(1, 2))
18:     println(mutableList)
19:
20:     mutableList.retainAll(listOf(3, 5))
21:     println(mutableList)
22:
23:     mutableList.clear( )
24:     println(mutableList)
25: }
```

5 ◆ MutableCollection을 구현하는 List를 만드려면 listOf이 아닌 mutableListOf 함수를 호출해야
한다. Set과 Map도 마찬가지로, 각각 mutableSetOf, mutableMapOf 함수를 호출해야 한다.

6 ◆ 초기 상태의 mutableList를 출력하고 있다. [1, 2, 4, 2, 3, 2, 5]이 출력된다.

8~9 ◆ mutableList에 1을 추가하고 있다. [1, 2, 4, 2, 3, 2, 5, 1]이 출력된다.

11~12 ◆ mutableList에 3, 2, 4를 추가하고 있다. [1, 2, 4, 2, 3, 2, 5, 1, 3, 2, 4]이 출력된다.

14~15 ◆ mutableList에서 1을 삭제하고 있다. 맨 앞에 있는 1이 하나 제거된다. [2, 4, 2, 3, 2, 5, 1, 3, 2, 4]이 출
력된다.

mutableList에서 1이나 2에 해당하는 원소를 모두 삭제하고 있다. [4, 3, 5, 3, 4]이 출력된다.　◆ 17~18

3과 5만 남기고 mutableList의 모든 원소를 삭제하고 있다. [3, 5, 3]이 출력된다.　◆ 20~21

mutableList의 모든 원소를 삭제하고 있다. [ ]이 출력된다.　◆ 23~24

결과

```
[1, 2, 4, 2, 3, 2, 5]
[1, 2, 4, 2, 3, 2, 5, 1]
[1, 2, 4, 2, 3, 2, 5, 1, 3, 2, 4]
[2, 4, 2, 3, 2, 5, 1, 3, 2, 4]
[4, 3, 5, 3, 4]
[3, 5, 3]
[ ]
```

컬렉션을 반드시 수정해야 하는 상황이 아니라면 Mutable이 아닌 일반 Collection을 쓸 것을 권장한다. 이유는 변수 선언 시 var 대신 val을 권장하는 이유와 같다. 컬렉션을 수정할 수 있다면, 컬렉션에 들어 있는 원소와 관련된 버그가 발생했을 때 컬렉션을 어느 지점에서 수정하는지 일일이 찾아봐야 하기 때문이다.

Mutablelterator 인터페이스 살펴보기

학습 내용 : 커서가 가리키고 있는 원소를 삭제할 수 있는 **MutableIterator** 인터페이스에 대해 알아본다.

MutableIterator 인터페이스는 다음과 같이 선언되어 있다.

```kotlin
public interface MutableIterator<out T> : Iterator<T>
{
    public fun remove( ): Unit
}
```

보다시피, 커서가 가리키고 있는 원소를 삭제할 수 있는 멤버 함수 **remove**가 추가되었다.

📁 소스 : ex_mutable_iterator_interface/Main.kt

```kotlin
 1:  package ex_mutable_iterator_interface
 2:
 3:  fun main(args: Array<String>)
 4:  {
 5:      val list = mutableListOf(1, 2, 3)
 6:      val iter: MutableIterator<Int> = list.iterator( )
 7:
 8:      println(list)
 9:
10:      iter.next( ); iter.remove( )
11:      println(list)
12:
13:      iter.next( ); iter.remove( )
14:      println(list)
15:  }
```

6 ◆ MutableList<Int> 타입의 list 변수로부터 MutableIterator<Int>를 얻어내고 있다.

8 ◆ 초기 list의 상태 [1, 2, 3]이 출력된다.

반복자의 커서를 첫 번째 원소로 옮기기 위해 **next**를 호출한 뒤, **remove**를 호출하여 첫 원소를 삭 ◆ 10
제했다.

[2, 3]이 출력된다. ◆ 11

반복자의 커서를 다음 원소로 옮기고, **remove**를 호출하여 삭제했다. [3]이 출력된다. ◆ 13~14

```
[1, 2, 3]
[2, 3]
[3]
```

 MutableList 인터페이스 살펴보기

학습 내용 : 수정이 가능한 List인 MutableList에 대해 알아본다.

mutableListOf 함수를 호출하면 MutableList<E> 타입의 객체가 반환된다. MutableList<E> 인터페이스는 MutableCollection<E>를 상속한다. 다음은 MutableList<E>에서 추가된 멤버들이다.

```
abstract fun add(index: Int, element: E): Unit
abstract fun addAll(index: Int, elements: Collection<E>): Boolean
abstract operator fun set(index: Int, element: E): E
abstract fun removeAt(index: Int): E
```

List는 각 원소에 순서가 있으므로, 이를 지원하는 멤버 함수가 추가되었다.

add는 index 위치에 element를 추가하는 멤버 함수이다.

addAll은 index 위치에 elements 컬렉션에 있는 모든 원소를 추가하는 멤버 함수이다. List에 변경이 일어났으면 true를 반환한다.

set은 [] 연산자를 오버로딩하는 멤버 함수이다. index번째 위치의 원소를 element로 교체한다. 반환값은 이전에 index 위치에 있던 원소이다. 단, list[2] = 5 형태로 set을 호출할 때는 반환값을 얻을 수 없다.

removeAt은 index번째 원소를 삭제하는 멤버 함수이다. 반환값은 삭제된 원소이다.

소스 : ex_mutable_list_interface/Main.kt

```kotlin
1:  package ex_mutable_list_interface
2:
3:  fun main(args: Array<String>)
4:  {
5:      val list: MutableList<Char> = mutableListOf('c', 'a', 'z')
6:      println(list)
7:
```

```
 8:        list.add(1, '%')
 9:        println(list)
10:
11:        list.addAll(0, listOf('L', 'P'))
12:        println(list)
13:
14:        println(list.set(2, '/'))
15:        println(list)
16:
17:        println(list.removeAt(4))
18:        println(list)
19: }
```

초기 list의 값 [c, α, z]이 출력된다.　◆ 6

1 번째 위치에 '%'를 추가한다. [c, %, α, z]이 출력된다.　◆ 8~9

0 번째 위치에 'L'과 'P'를 추가한다. [L, P, c, %, α, z]이 출력된다.　◆ 11~12

2 번째 원소를 '/'로 교체하고 있다. 이전에 있던 값 c가 출력된다.　◆ 14

[L, P, /, %, α, z]이 출력된다.　◆ 15

4 번째 원소를 삭제하고 있다. 삭제된 값 α가 출력된다.　◆ 17

[L, P, /, %, z]이 출력된다.　◆ 18

결과

```
[c, α, z]
[c, %, α, z]
[L, P, c, %, α, z]
c
[L, P, /, %, α, z]
α
[L, P, /, %, z]
```

MutableListIterator 인터페이스 살펴보기

학습 내용 : List에 특화된 MutableIterator인 MutableListIterator 인터페이스의 멤버를 살펴본다.

MutableListIterator<T> 인터페이스는 ListIterator<T>와 MutableIterator<T> 인터페이스를 구현한다. MutableListIterator<T>에서 추가된 멤버는 다음과 같다.

> abstract fun **set**(element: T): Unit

set은 커서가 가리키는 위치의 원소를 element로 교체한다.

> abstract fun **add**(element: T): Unit

add는 커서가 가리키는 위치에 element를 추가한다.

📁 소스 : **ex_mutable_list_iterator_interface/Main.kt**

```kotlin
 1: package ex_mutable_list_iterator_interface
 2:
 3: fun main(args: Array<String>)
 4: {
 5:     val list = mutableListOf(1, 2, 3)
 6:     val iter: MutableListIterator<Int> = list.listIterator( )
 7:
 8:     println(list)
 9:
10:     iter.next( ); iter.next( )
11:     iter.add(7)
12:     println(list)
13:
14:     iter.next( ); iter.set(10)
15:     println(list)
16: }
```

MutableList<Int> 타입의 list 변수로부터 MutableListIterator<Int>를 얻어내고 있다. ◆ 6
MutableList의 listIterator 멤버 함수는 ListIterator가 아닌 MutableListIterator을 반환한다.

초기 list의 상태 [1, 2, 3]이 출력된다. ◆ 8

next를 두 번 호출하여 iter의 커서가 1번째를 가리키도록 하고 있다. ◆ 10

iter의 커서가 가리키는 위치에 7을 추가하고 있다. [1, 2, 7, 3]이 출력된다. ◆ 11~12

iter의 커서를 다음 원소로 옮긴 뒤 값을 10으로 수정했다. [1, 2, 7, 10]이 출력된다. ◆ 14~15

결과

```
[1, 2, 3]
[1, 2, 7, 3]
[1, 2, 7, 10]
```

 MutableSet 인터페이스 살펴보기

학습 내용 : 수정이 가능한 Set인 MutableSet에 대해 알아본다.

mutableSetOf 함수를 호출하면 MutableSet<E> 타입의 객체가 반환된다. MutableSet<E> 인터페이스는 MutableCollection<E>를 상속한다. MutableSet<E>에서 따로 추가된 멤버는 없으므로 멤버 설명은 생략하겠다.

📁 **소스 : ex_mutable_set_interface/Main.kt**

```kotlin
 1:  package ex_mutable_set_interface
 2:
 3:  fun main(args: Array<String>)
 4:  {
 5:      val set: MutableSet<Int> = mutableSetOf(1, 5, 7)
 6:      println(set)
 7:
 8:      println(set.add(5))
 9:      println(set)
10:
11:      println(set.addAll(listOf(3, 7)))
12:      println(set)
13:  }
```

6 ◆ 초기 set의 값 [1, 5, 7]이 출력된다.

8 ◆ 5는 이미 set에 존재하므로 추가되지 않는다. false가 출력된다.

9 ◆ [1, 5, 7]가 출력된다.

11 ◆ 7은 이미 set에 존재하므로 추가되지 않고, 3만 set에 추가된다. 추가된 원소가 존재하므로 true가 출력된다.

12 ◆ [1, 5, 7, 3]가 출력된다. 여기서 출력되는 순서는 추가된 순서와는 무관하다. set은 원소가 순서를 가지지 않기 때문이다.

MutableMap 인터페이스 살펴보기

활용
145

학습 내용 : 수정이 가능한 Map인 MutableMap에 대해 알아본다.

mutableMapOf 함수를 호출하면 MutableMap 타입의 객체가 반환된다. MutableMap<K, V> 인터페이스는 Map<K, V>를 상속한다. MutableMap에서 추가 및 변경된 멤버는 다음과 같다.

```
interface MutableEntry<K, V> : Map.Entry<K, V>
{
    fun setValue(newValue: V): V
}
```

MutableEntry는 키와 값 한 쌍을 표현하는 중첩 인터페이스이다. Map.Entry 인터페이스를 상속하며, 값을 변경할 수 있는 setValue 멤버 함수가 추가되었다. 반환값은 이전에 갖고 있던 값(Value)이다.

```
override val keys: MutableSet<K>
```

keys 프로퍼티는 MutableSet<K> 타입으로 오버라이딩 되었다.

```
override val values: MutableCollection<V>
```

values 프로퍼티는 MutableCollection<V> 타입으로 오버라이딩 되었다.

```
override val entries: MutableSet<MutableMap.MutableEntry<K, V>>
```

entries 프로퍼티는 MutableSet<MutableMap.MutableEntry<K, V>> 타입으로 오버라이딩 되었다.

```
abstract fun put(key: K, value: V): V?
```

put은 MutableMap에 키와 값 한 쌍을 추가하고 null을 반환한다. 만약, key와 동일한 키가 이미 존재하면, 그 키와 연관되어 있는 값을 value로 교체하기만 하고 이전에 갖고 있던 값을 반환한다.

```
abstract fun remove(key: K): V?
```

remove는 key와 연관된 값을 삭제한다. 반환값은 삭제된 값이며, 만약 key와 연관되어 있는 값이 없으면 null을 반환한다.

```
1.1 abstract fun remove(key: K, value: V): Boolean
```

1.1 key와 value를 인수로 받는 remove는 지정한 key와 value가 모두 일치하는 쌍을 삭제한다. key와 value가 모두 일치하는 쌍이 있으면 true, 없었으면 false를 반환한다.

```
abstract fun putAll(from: Map<out K, V>): Unit
```

putAll은 from에 있는 모든 키와 값 쌍을 추가한다. 만약 from의 키가 이미 존재하는 키이면, 값만 from의 값으로 변경한다.

```
abstract fun clear( ): Unit
```

모든 키와 값 쌍을 삭제한다.

```
inline operator fun <K, V> MutableMap<K, V>.set(key: K, value: V): Unit
{
    put(key, value)
}
```

set은 MutableMap을 map[key] = value 형태로 쓸 수 있게 해주며, 내용은 put 멤버 함수와 같다.

소스 : ex_mutable_map_interface/Main.kt

```kotlin
 1: package ex_mutable_map_interface
 2:
 3: fun main(args: Array<String>)
 4: {
 5:     val map: MutableMap<String, String> = mutableMapOf( )
 6:     println(map)
 7:
 8:     println(map.put("Hi", "こんにちは"))
 9:     println(map)
10:
11:     println(map.put("Hi", "你好"))
12:     println(map)
13:
14:     map["Hi"] = "안녕"
15:     println(map)
16:
17:     map.putAll(mapOf("How is it going?" to "잘 지내?", "Bye!" to "잘 가!"))
18:     println(map)
19:
20:     println(map.remove("Hi"))
21:     println(map)
22:
23:     println(map.remove("Bye!", "잘"))
24:     println(map)
25:
26:     println(map.remove("Bye!", "잘 가"))
27:     println(map)
28:
29:     map.clear( )
30:     println(map)
31: }
```

빈 map을 생성했다. {}가 출력된다.　　◆ 5~6

"Hi"를 키로, "こんにちは"를 값으로 하는 쌍을 map에 추가하고 있다. "Hi"라는 키가 map에 들어있　　◆ 8
지 않으므로 null이 출력된다.

{Hi=こんにちは}이 출력된다.　　◆ 9

11   "Hi"를 키로, "你好"를 값으로 하는 쌍을 map에 추가하고 있다. "Hi"라는 키가 map에 이미 존재하 므로 "Hi" 키와 연관된 값을 "你好"로 교체하기만 하며, 이전에 "Hi" 키가 가지고 있던 값 こんにちは 가 출력된다.

12   {Hi=你好}가 출력된다.

14~15   [ ] 연산자를 이용해 "Hi" 키와 연관된 값을 바꾸고 있다. {Hi=안녕}이 출력된다.

17~18   다른 Map에 존재하는 키와 값 쌍들을 map에 추가하고 있다. {Hi=안녕, How is it going?=잘 지내?, Bye!=잘 개}가 출력된다.

20   "Hi"와 일치하는 키의 쌍을 삭제하고 있다. 삭제된 값 안녕이 출력된다.

21   {How is it going?=잘 지내?, Bye!=잘 개}이 출력된다.

23   1.1 키가 "Bye!"이고 값이 "잘"인 쌍을 삭제하고 있다. 그런 쌍은 존재하지 않으므로 false가 출력된다.

24   {How is it going?=잘 지내?, Bye!=잘 개}가 출력된다.

26   1.1 키가 "Bye!"이고 값이 "잘"인 쌍을 삭제하고 있다. 해당 쌍이 있으므로 true가 출력된다.

27   {How is it going?=잘 지내?}가 출력된다.

29~30   map에 들어있는 모든 쌍을 삭제하고 있다. { }가 출력된다.

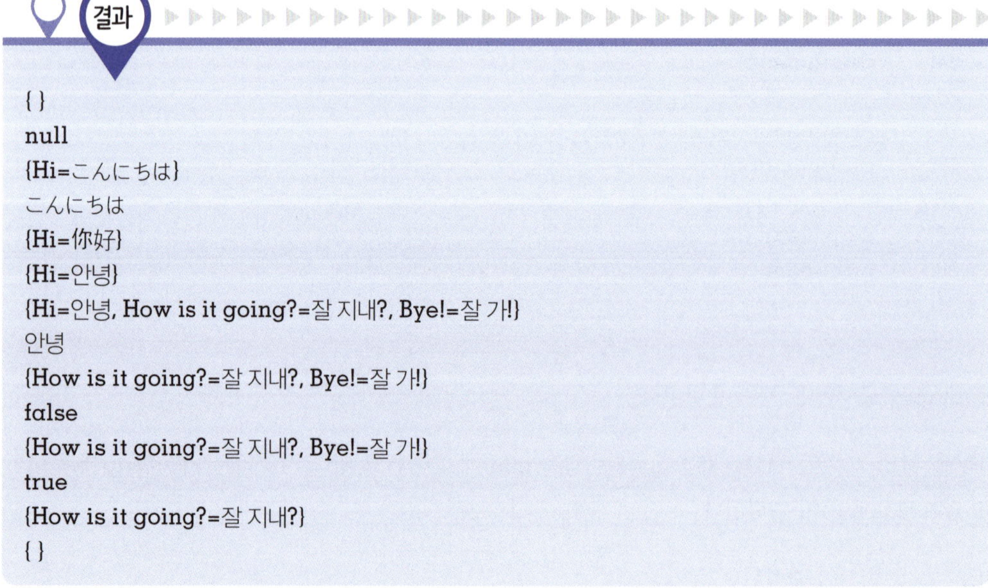

결과

```
{ }
null
{Hi=こんにちは}
こんにちは
{Hi=你好}
{Hi=안녕}
{Hi=안녕, How is it going?=잘 지내?, Bye!=잘 가!}
안녕
{How is it going?=잘 지내?, Bye!=잘 가!}
false
{How is it going?=잘 지내?, Bye!=잘 가!}
true
{How is it going?=잘 지내?}
{ }
```

</> Sequence 인터페이스 살펴보기

학습 내용 : 일련의 데이터를 표현하는 Sequence 인터페이스에 대해 알아본다.

Sequence도 List처럼 일련의 데이터를 표현하는 인터페이스이다. 그러나 List와 달리, **Sequence** 는 각 데이터를 게으르게(lazily) 계산하기 때문에 잠재적으로 무한대의 데이터를 다룰 수 있다.

프로그래밍에서 게으르다(lazy)의 의미

프로그래밍에서 게으르게 계산한다 또는 게으르게 로딩한다의 의미는 값을 미리 계산하여 가지고 있는 것이 아니라 필요한 순간에 계산을 시작하는 것을 뜻한다.

동영상 재생을 예를 들어보겠다. 우리는 동영상을 재생할 때 동영상 전체를 다운로드하지 않고, 우리가 보려는 구간부터 영상을 스트리밍(Streaming)한다. 게으른 계산도 마찬가지로, 모든 데이터를 당장 가지고 있는 척 하면서 실제로는 데이터가 필요한 시점에 계산을 시작한다.

Sequence는 크기가 정해져 있지 않다. 데이터가 게으르게 계산되기 때문에 전체 크기를 한번에 파악할 수 없기 때문이다. 따라서 **size**나 **length** 같은 프로퍼티는 포함되지 않는다.

Sequence 인터페이스는 다음과 같이 선언되어 있다.

```
interface Sequence<out T>
{
    operator fun iterator( ): Iterator<T>
}
```

iterator 연산자 멤버 함수만 들어있는 것을 볼 수 있다. **Sequence** 인터페이스는 사실상 Iterable 인터페이스와 같다.

```kotlin
1:  package ex_sequence_interface
2:
3:  fun main(args: Array<String>)
4:  {
5:      val seq: Sequence<Int> = sequenceOf(1, 2, 3)
6:
7:      for (i in seq)
8:          print("$i ")
9:  }
```

5 ◆ 1, 2, 3을 원소로 하는 List를 생성한 뒤 Sequence로 변환했다. sequenceOf는 다음과 같이 선언된 함수이다.

```kotlin
fun <T> sequenceOf(vararg elements: T): Sequence<T>
```

7~8 ◆ for 문을 이용하여 seq의 원소들을 출력하고 있다.

결과

1 2 3

</> 컬렉션 원소 타입 변환하기

활용
147

학습 내용 : 코틀린에 내장된 확장 함수를 이용하여 컬렉션의 원소 타입을 변환하는 방법을 알아본다.

map 계열의 확장 함수를 이용하면 Collection<T> 타입을 Collection<R> 타입으로 변환할 수 있다.

📁 소스 : ex_collection_map/Main.kt

```kotlin
 1: package ex_collection_map
 2:
 3: fun main(args: Array<String>)
 4: {
 5:     val origin = listOf(65, 66, 67, 68, 69)
 6:
 7:     println(origin.map { it.toChar( ) })
 8:
 9:     println(origin.mapIndexed { index, element ->
10:         println("[$index]: $element")
11:         element.toChar( )
12:     })
13:
14:     val to100 = 1..100
15:     println(to100.mapNotNull {
16:         if (it % 3 == 0) it
17:         else null
18:     })
19: }
```

map 확장 함수는 다음과 같이 선언되어 있다.

◆ 7

```kotlin
inline fun <T, R> Iterable<T>.map(transform: (T) -> R): List<R>
inline fun <T, R> Array<out T>.map(transform: (T) -> R): List<R>
fun <T, R> Sequence<T>.map(transform: (T) -> R): Sequence<R>
```

기본적인 기능은 T 타입의 원소를 R 타입의 원소로 변환하는 것이며, (T) –> R 타입의 변환 함수를 인수로 받는다. map 함수는 각 원소에 transform 함수를 적용하여 T 타입의 원소를 R 타입으로 변환한다. map에 {it.toChar()} 함수 리터럴을 전달하여 Int 타입의 원소를 Char 타입으로 변환했다. [A, B, C, D, E]가 출력된다.

9~12 ◆ mapIndexed는 변환 함수에 index 매개변수를 추가한 버전이다.

```
inline fun <T, R> Iterable<T>.mapIndexed(transform: (index: Int, T) –> R): List<R>
inline fun <T, R> Array<out T>.mapIndexed(transform: (index: Int, T) –> R): List<R>
fun <T, R> Sequence<T>.mapIndexed(transform: (index: Int, T) –> R): Sequence<R>
```

각 원소를 Char 타입으로 변환할 때마다 인덱스를 출력하도록 했다.
[0]: 65
[1]: 66
[2]: 67
[3]: 68
[4]: 69
[A, B, C, D, E]가 출력된다.

14 ◆ IntRange 타입의 변수를 선언과 동시에 1..100로 초기화하고 있다.

15~18 ◆ mapNotNull은 변환 함수가 null을 반환하면 결과에서 제외한다. 원소가 3의 배수이면 그대로 반환하고, 아니면 null을 반환하여 결과에 3의 배수만 남도록 했다. 1~100 중 3의 배수가 출력된다.

```
[A, B, C, D, E]
[0]: 65
[1]: 66
[2]: 67
[3]: 68
[4]: 69
[A, B, C, D, E]
[3, 6, 9, 12, 15, 18, 21, 24, 27, 30, 33, 36, 39, 42, 45, 48, 51, 54, 57, 60, 63, 66, 69, 72, 75, 78, 81, 84, 87, 90, 93, 96, 99]
```

<> 컬렉션 중 원하는 원소 걸러내기

활용
148

filter 계열의 확장 함수를 이용하면, 컬렉션 중 원하는 원소만 걸러낼 수 있다.

📁 소스 : ex_collection_filter/Main.kt

```kotlin
 1:  package ex_collection_filter
 2:
 3:  fun main(args: Array<String>)
 4:  {
 5:      val to50 = 1..50
 6:
 7:      println(to50.filter { it % 4 == 0 })
 8:      println(to50.filterNot { it % 4 == 0 })
 9:      println(to50.filterNotNull( ))
10:      println(to50.filterIndexed { index, element -> element > 20 })
11:      println(to50.filterIsInstance<Long>( ))
12:  }
```

IntRange 타입의 변수를 선언과 동시에 1..50으로 초기화하고 있다.　　　　　　◆ 5

filter 확장 함수는 다음과 같이 선언되어 있다.　　　　　　◆ 7

```kotlin
inline fun <T> Iterable<T>.filter(predicate: (T) -> Boolean): List<T>
inline fun <T> Array<out T>.filter(predicate: (T) -> Boolean): List<T>
fun <T> Sequence<T>.filter(predicate: (T) -> Boolean): Sequence<T>
```

(T) -> Boolean 타입의 함수를 인수로 받으며, 각 원소를 predicate 함수에 넣어 호출한다. predicate가 true를 반환한 원소만 결과 컬렉션에 남는다. 1~50 중, 4의 배수가 출력된다.

filterNot은 filter의 정반대이다. 1~50 중, 4의 배수가 아닌 것만 출력된다.　　　　　　◆ 8

9 ◆ filterNotNull은 null이 아닌 원소만 걸러내는 확장 함수이다. to50에 null인 원소는 없으므로,
1~50이 모두 출력된다.

```
fun <T : Any> Array<out T?>.filterNotNull( ): List<T>
fun <T : Any> Iterable<T?>.filterNotNull( ): List<T>
fun <T : Any> Sequence<T?>.filterNotNull( ): Sequence<T>
```

10 ◆ filterIndexed는 predicate 함수에 index 매개변수를 추가한 버전이다. 1~50 중, 20을 넘는 수만
출력된다.

```
inline fun <T> Iterable<T>.filterIndexed(predicate: (index: Int, T) -> Boolean): List<T>
inline fun <T> Array<out T>.filterIndexed(predicate: (index: Int, T) -> Boolean): List<T>
fun <T> Sequence<T>.filterIndexed(predicate: (index: Int, T) -> Boolean):
Sequence<T>
```

11 ◆ filterIsInstance는 지정한 타입에 맞는 원소만 걸러내는 확장 함수이다. to50에 Long 타입인 원소
는 없으므로, []이 출력된다.

```
inline fun <reified R> Array<*>.filterIsInstance( ): List<R>
inline fun <reified R> Iterable<*>.filterIsInstance( ): List<R>
inline fun <reified R> Sequence<*>.filterIsInstance( ): Sequence<R>
```

```
[4, 8, 12, 16, 20, 24, 28, 32, 36, 40, 44, 48]
[1, 2, 3, 5, 6, 7, 9, 10, 11, 13, 14, 15, 17, 18, 19, 21, 22, 23, 25, 26, 27, 29, 30, 31, 33, 34, 35, 37,
38, 39, 41, 42, 43, 45, 46, 47, 49, 50]
[1, 2, 3, 4, 5, 6, 7, 8, 9, 10, 11, 12, 13, 14, 15, 16, 17, 18, 19, 20, 21, 22, 23, 24, 25, 26, 27, 28, 29,
30, 31, 32, 33, 34, 35, 36, 37, 38, 39, 40, 41, 42, 43, 44, 45, 46, 47, 48, 49, 50]
[21, 22, 23, 24, 25, 26, 27, 28, 29, 30, 31, 32, 33, 34, 35, 36, 37, 38, 39, 40, 41, 42, 43, 44, 45, 46,
47, 48, 49, 50]
[ ]
```

356

컬렉션 정렬하기

활용
149

학습 내용 : 코틀린에 내장된 확장 함수를 이용하여 컬렉션을 정렬하는 방법을 알아본다.

sorted 계열의 확장 함수를 이용하면 컬렉션 내의 원소를 정렬할 수 있다.

📁 소스 : ex_collection_sorted/Main.kt

```
1:  package ex_collection_sorted
2:
3:  fun main(args: Array<String>)
4:  {
5:      val list = listOf(43, 76, 28, 19, 22, 68)
6:
7:      println(list.sorted( ))
8:      println(list.sortedDescending( ))
9:  }
```

sorted 함수는 다음과 같이 선언되어 있으며, 오름차순으로 정렬된 List<T>를 반환한다.　◆ 7

```
fun <T : Comparable<T>> Iterable<T>.sorted( ): List<T>
fun <T : Comparable<T>> Array<out T>.sorted( ): List<T>
```

이때, 각 원소는 반드시 Comparable<T>를 구현하고 있어야 한다. 비교가 가능해야 정렬이 가능하기 때문이다. [19, 22, 28, 43, 68, 76]이 출력된다.

sortedDescending 함수는 다음과 같이 선언되어 있으며, 내림차순으로 정렬된 List<T>를 반환한다.　◆ 8
[76, 68, 43, 28, 22, 19]이 출력된다.

```
fun <T : Comparable<T>> Iterable<T>.sortedDescending( ): List<T>
fun <T : Comparable<T>> Array<out T>.sortedDescending( ): List<T>
```

```
[19, 22, 28, 43, 68, 76]
[76, 68, 43, 28, 22, 19]
```

코틀린은 이외에도 수많은 컬렉션 관련 확장 함수를 제공하지만, 지면상 자주 쓰일 것이라 예상되는 map, filter, sorted만 소개하였다. 컬렉션 관련 확장 함수를 더 알고 싶은 독자들은 다음 표를 참고하여 공식 레퍼런스를 살펴보기 바란다.

분야	관련 확장 함수
컬렉션 내의 모든 원소 검사하기	all, any, none
원소 타입 변환하기	map, mapIndexed, mapIndexedNotNull, mapIndexedNotNullTo, mapIndexedTo, mapNotNull, mapNotNullTo, mapTo
원소 중 최대 · 최소값 찾기	max, maxBy, maxWith, min, minBy, minWith
컬렉션 내의 원소들 통합하기	sum, sumBy, average, count, joinToString
컬렉션 가공하기	distinct, distinctBy, drop, dropWhile, take, takeWhile, groupBy
컬렉션에 필터 적용하기	filter, filterIndexed, filterIndexedTo, filterIsInstance, filterIsInstanceTo, filterNot, filterNotNull, filterNotNullTo, filterNotTo, filterTo
컬렉션 정렬하기	sorted, sortedDescending
특정 원소 가져오기	find, findLast, first, firstOrNull, last, lastOrNull, elementAtOrElse, elementAtOrNull, singleOrNull
원소의 인덱스 가져오기	indexOf, indexOfFirst, indexOfLast, lastIndexOf
각 원소에 특정 작업 수행하기	forEach, forEachIndexed, 1.1 onEach
컬렉션 연산자 확장 함수	plus, minus

All CharSequence 인터페이스:
문자열과 관련된 클래스가 구현하는 뼈대 인터페이스

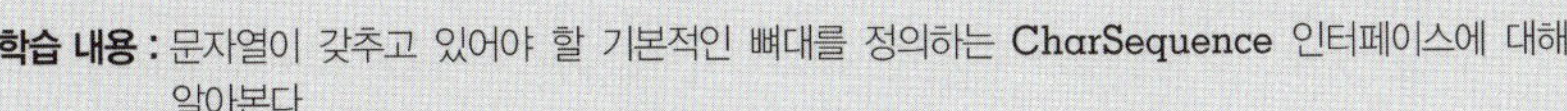

활용 150

학습 내용 : 문자열이 갖추고 있어야 할 기본적인 뼈대를 정의하는 **CharSequence** 인터페이스에 대해 알아본다.

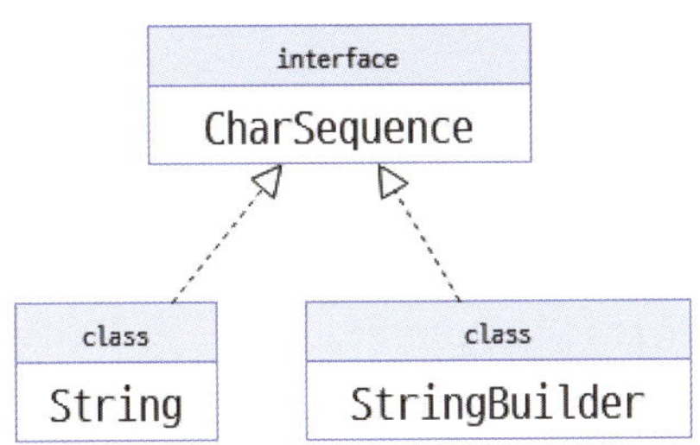

CharSequence는, String, StringBuilder 등, 문자열과 관련된 클래스들이 구현하는 기본적인 뼈대 인터페이스이다. 이름상으로는 CharSequence이 Sequence 인터페이스를 상속할 것 같지만, 사실은 어떠한 인터페이스도 상속하고 있지 않으니 주의하기 바란다.

CharSequence는 하나의 프로퍼티와 두 개의 멤버 함수를 갖고 있다.

abstract val **length**: Int

length는 문자열의 길이, 즉 문자열에 포함된 문자의 개수를 갖는 프로퍼티이다.

abstract operator fun **get**(index: Int): Char

get은 문자열의 문자 하나를 [ ] 연산자로 접근할 수 있게 해주는 연산자 멤버 함수이다.

abstract fun **subSequence**(startIndex: Int, endIndex: Int): CharSequence

subSequence는 (startIndex, endIndex)* 구간의 문자열을 뽑아 새 CharSequence로 반환하는 멤버 함수이다.

---

* 고등학교 때 배우는 구간 표시이다. 즉, startIndex 이상, endIndex 미만을 가리킨다.

소스 : ex_char_sequence_interface/Main.kt

```kotlin
1: package ex_char_sequence_interface
2:
3: fun main(args: Array<String>)
4: {
5:     val seq: CharSequence = "Hello"
6:     println(seq.length)
7:     println(seq[2])
8:     println(seq.subSequence(1, 4))
9: }
```

5 ◆ CharSequence 타입의 **seq** 변수에 String 타입의 표현식 "**Hello**"를 저장하고 있다.

6 ◆ **length** 프로퍼티를 출력하고 있다. 5가 출력된다.

7 ◆ 2번째 인덱스의 문자를 출력하고 있다. l이 출력된다.

8 ◆ [1, 4) 구간의 인덱스에 해당하는 문자들을 뽑아 출력하고 있다. **ell**이 출력된다.

결과

```
5
l
ell
```

CharSequence 인터페이스 자체에는 멤버가 3개뿐이지만, **CharSequence**를 리시버로 하는 수많은 확장 멤버가 표준 라이브러리에 존재하기 때문에 활용도는 매우 높다. 다음 예제부터는 CharSequence의 유용한 확장 함수를 살펴보도록 하겠다.

All 접두사·접미사 관련 CharSequence 확장 함수

활용
151

학습 내용 : 접두사·접미사와 관련된 **CharSequence**의 확장 함수를 알아본다.

예제를 통해 접두사·접미사와 관련된 **CharSequence**의 확장 함수들을 알아보자.

📁 **소스 : ex_prefix_suffix/Main.kt**

```kotlin
1:  package ex_prefix_suffix
2:
3:  fun main(args: Array<String>)
4:  {
5:      val str: CharSequence = "https://www.naver.com"
6:
7:      println(str.startsWith("https://"))
8:      println(str.endsWith(".com"))
9:
10:     println(str.removePrefix("https://"))
11:     println(str.removeSuffix(".com"))
12:     println(str.removeSurrounding("https://", ".com"))
13: }
```

startsWith는 다음과 같이 선언되어 있다.

◆ 7

```kotlin
fun CharSequence.startsWith(
    prefix: CharSequence,
    ignoreCase: Boolean = false
): Boolean
```

문자열이 지정한 **prefix**로 시작하면 **true**를, 그렇지 않으면 **false**를 반환한다. **ignoreCase**를 **true**로 지정하면 대소문자를 구분하지 않는다. **str**은 "https://"로 시작하므로 **true**가 출력된다.

8 ◆ endsWith는 다음과 같이 선언되어 있다. 문자열이 지정한 suffix로 끝나면 true를, 그렇지 않으면 false를 반환한다. str은 ".com"으로 끝나므로 true가 출력된다.

```
fun CharSequence.endsWith(
    suffix: CharSequence,
    ignoreCase: Boolean = false
): Boolean
```

10 ◆ removePrefix은 다음과 같이 선언되어 있다. 문자열이 지정한 prefix로 시작하면, 그 부분을 잘라낸 문자열을 반환한다. str은 "https://"로 시작하므로 "https://"이 잘려나간 www.naver.com이 출력된다.

```
fun CharSequence.removePrefix(
    prefix: CharSequence
): CharSequence
```

11 ◆ removeSuffix은 다음과 같이 선언되어 있다. 문자열이 지정한 suffix로 끝나면, 그 부분을 잘라낸 문자열을 반환한다. str은 ".com"으로 끝나므로, ".com"이 잘려나간 https://www.naver이 출력된다.

```
fun CharSequence.removeSuffix(
    suffix: CharSequence
): CharSequence
```

12 ◆ removeSurrounding은 다음과 같이 선언되어 있다. 문자열이 지정한 prefix로 시작하고 suffix로 끝나면, 그 부분을 잘라낸 문자열을 반환한다. str은 "https://"로 시작하고 ".com"으로 끝나므로 www.naver이 출력된다.

```
fun CharSequence.removeSurrounding(
    prefix: CharSequence,
    suffix: CharSequence
): CharSequence
```

All 비어 있는 CharSequence인지 검사하기

활용
152

학습 내용 : CharSequence가 비어 있는지 검사하는 확장 함수를 알아본다.

예제를 통해 CharSequence가 비어있는지 검사하는 방법을 알아보자.

📁 **소스 : ex_char_sequence_empty/Main.kt**

```kotlin
 1:  package ex_char_sequence_empty
 2:
 3:  fun main(args: Array<String>)
 4:  {
 5:      val emptyStr = ""
 6:      val whiteSpaces = "  "
 7:      val nullStr: String? = null
 8:
 9:      println(emptyStr.isEmpty( ))
10:      println(whiteSpaces.isEmpty( ))
11:
12:      println(emptyStr.isBlank( ))
13:      println(whiteSpaces.isBlank( ))
14:
15:      println(nullStr.isNullOrEmpty( ))
16:      println(nullStr.isNullOrBlank( ))
17:  }
```

빈 문자열, 공백 문자만 있는 문자열, null 문자열을 준비했다.　　　　◆ 5~7

isEmpty는 문자열이 비어 있는지, 즉 ""와 같은지 여부를 반환하는 확장 함수이다. 다음과 같이 선　◆ 9~10
언되어 있다.

fun **CharSequence.isEmpty**( ): Boolean

true
false가 출력된다. isEmpty의 반대로 isNotEmpty도 존재한다.

12~13 ◆ isBlank는 문자열이 비어 있거나 공백 문자로 이루어져 있는지 여부를 반환하는 확장 함수이다. 다음과 같이 선언되어 있다.

```
fun CharSequence.isBlank(): Boolean
```

true
true가 출력된다. isBlank의 반대로 isNotBlank도 존재한다.

15~16 ◆ isNullOrEmpty은 문자열이 null이거나 비어 있는지 여부를, isNullOrBlank는 문자열이 null이거나 공백 문자로 이루어져 있는지 여부를 반환한다. 다음과 같이 선언되어 있다.

```
fun CharSequence?.isNullOrEmpty(): Boolean
fun CharSequence?.isNullOrBlank(): Boolean
```

nullStr에는 null이 들어 있기 때문에 무조건 true가 출력된다.

```
true
false
true
true
true
true
```

All CharSequence 가공하기

활용
153

학습 내용 : CharSequence을 가공하는 확장 함수를 알아본다.

예제를 통해 CharSequence을 가공하는 확장 함수들을 알아보자.

📁 소스 : ex_trim_char_sequence

```kotlin
 1:  package ex_trim_char_sequence
 2:
 3:  fun main(args: Array<String>)
 4:  {
 5:      val str = "  hello  "
 6:
 7:      println(str.removeRange(0..5))
 8:
 9:      println(str.padStart(20, '*'))
10:      println(str.padEnd(17, '*'))
11:
12:      println(str.trimStart( ))
13:      println(str.trimEnd( ))
14:      println(str.trim( ))
15:
16:      println(str.slice(4..6))
17:      println(str.subSequence(4..6))
18:      println(str.substring(4..6))
19:
20:      println(str.reversed( ))
21:  }
```

removeRange는 다음과 같이 선언되어 있다.

```kotlin
fun CharSequence.removeRange(
    startIndex: Int,
    endIndex: Int
): CharSequence
fun CharSequence.removeRange(range: IntRange): CharSequence
```

◆ 7

지정한 범위의 문자들을 제거한 문자열을 반환한다. lo가 출력된다.

9 ◆ padStart는 다음과 같이 선언되어 있다.

```
fun CharSequence.padStart(
    length: Int,
    padChar: Char = ' '
): CharSequence
```

문자열의 길이를 length만큼 늘인 뒤, 앞부분의 빈 공간을 padChar로 채운 문자열을 반환한다.
********* hello가 출력된다.

10 ◆ padEnd는 다음과 같이 선언되어 있다.

```
fun CharSequence.padEnd(
    length: Int,
    padChar: Char = ' '
): CharSequence
```

문자열의 길이를 length만큼 늘인 뒤, 뒷부분의 빈 공간을 padChar로 채운 문자열을 반환한다.
 hello ******이 출력된다.

12 ◆ trimStart는 다음과 같이 선언되어 있다.

```
fun CharSequence.trimStart( ): CharSequence
```

문자열 앞부분의 공백문자를 없앤 문자열을 반환한다.
hello가 출력된다.

13 ◆ trimEnd는 다음과 같이 선언되어 있다.

```
fun CharSequence.trimEnd( ): CharSequence
```

문자열 뒷부분의 공백문자를 없앤 문자열을 반환한다.
 hello가 출력된다.

trim은 다음과 같이 선언되어 있다.   ◆ 14

```
fun CharSequence.trim( ): CharSequence
```

문자열 앞뒤의 공백문자를 없앤 문자열을 반환한다.

hello가 출력된다.

slice, subSequence, substring은 다음과 같이 선언되어 있다.   ◆ 16~18

```
fun CharSequence.slice(indices: IntRange): CharSequence
fun CharSequence.subSequence(range: IntRange): CharSequence
fun CharSequence.substring(startIndex: Int, endIndex: Int = length): String
fun CharSequence.substring(range: IntRange): String
```

이들 확장 함수 모두 지정한 범위의 문자열을 잘라낸 뒤 반환한다.

ell
ell
ell이 출력된다.

reversed는 다음과 같이 선언되어 있다.   ◆ 20

```
fun CharSequence.reversed( ): CharSequence
```

문자들을 거꾸로 뒤집은 문자열을 반환한다.

　olleh가 출력된다.

결과 ▶▶▶▶▶▶▶▶▶▶▶▶▶▶▶▶▶▶▶▶▶▶▶▶▶▶▶▶▶▶▶▶▶

```
lo
********* hello
  hello ******
hello
  hello
hello
ell
ell
ell
  olleh
```

⏹ All **CharSequence 쪼개기**

학습 내용 : CharSequence를 여러 조각으로 쪼개는 확장 함수를 알아본다.

예제를 통해 CharSequence를 여러 조각으로 쪼개는 방법을 알아보자.

📁 **소스 : ex_char_sequence_split/Main.kt**

```
 1:  package ex_char_sequence_split
 2:
 3:  fun main(args: Array<String>)
 4:  {
 5:      val hello: CharSequence = "안녕하세요.\n고맙습니다.\n반갑습니다."
 6:      val time: CharSequence = "2018-01-22"
 7:
 8:      println(hello.lines( ))
 9:      for (line in hello.lineSequence( ))
10:          println(line)
11:      println(time.split('-'))
12:  }
```

8 ◆   lines은 다음과 같이 선언되어 있다.

```
fun CharSequence.lines( ): List<String>
```

lines는 개행 문자 \n을 기준으로 CharSequence를 쪼개 List<String> 타입으로 반환한다.
[안녕하세요., 고맙습니다., 반갑습니다.]가 출력된다.

9~10 ◆   lineSequence은 다음과 같이 선언되어 있다.

```
fun CharSequence.lineSequence( ): Sequence<String>
```

lineSequence는 개행 문자 \n을 기준으로 CharSequence를 쪼개 Sequence<String> 타입으로
반환한다.

Sequence는 toString을 적절히 오버라이딩하지 않으므로, for문을 돌려 일일이 문자열 조각들을
출력하였다.

```
안녕하세요.
고맙습니다.
반갑습니다.
```

split은 다음과 같이 선언되어 있다.

```
fun CharSequence.split(
    vararg delimiters: String,
    ignoreCase: Boolean = false,
    limit: Int = 0
): List<String>
fun CharSequence.split(
    vararg delimiters: Char,
    ignoreCase: Boolean = false,
    limit: Int = 0
): List<String>
```

delimiters는 문자열을 쪼갤 구분자, limit는 문자열을 최대 몇 조각으로 쪼갤 것인지를 지정한다.
limit을 0으로 지정하면 쪼갤 수 있을 때까지 문자열을 쪼갠다. [2018, 01, 22]이 출력된다.

결과 ▷

```
[안녕하세요., 고맙습니다., 반갑습니다.]
안녕하세요.
고맙습니다.
반갑습니다.
[2018, 01, 22]
```

All String 클래스 살펴보기

학습 내용 : String 클래스에 대해 자세히 알아본다.

String 클래스는 지금까지 수많이 사용해왔지만, 구체적으로 살펴보지는 못했다. 이번 예제에서는 String 클래스와 String 클래스의 멤버를 자세히 살펴보도록 하겠다.

먼저, String 클래스는 다음과 같이 선언되어 있다.

```
class String : Comparable<String>, CharSequence
```

Comparable과 CharSequence 인터페이스를 구현한다. 그리고 다음 멤버를 추가적으로 갖는다.

```
operator fun plus(other: Any?): String
```

plus는 String 타입끼리 + 연산을 할 수 있도록 해주는 연산자 멤버 함수이다.

이외의 멤버는 모두 Comparable과 CharSequence 인터페이스에서 왔다. 즉, String은 + 연산이 가능하다는 점 빼고 CharSequence과 거의 기능이 동일하다.

📁 **소스 : ex_string_class/Main.kt**

```kotlin
 1:  package ex_string_class
 2:
 3:  fun main(args: Array<String>)
 4:  {
 5:      val one = "Hello "
 6:      val two = "Kotlin"
 7:      val three = "JavaFx"
 8:
 9:      println(one + two)
10:      println(one > two)
11:      println(two > three)
12:  }
```

plus 연산자 멤버 함수 덕에 String끼리 + 연산자를 사용할 수 있다.　　◆ 9

String 클래스는 Comparable 인터페이스를 구현하고 있어 비교 연산자를 사용할 수 있다. 문자열의 길이가 긴 쪽이 항상 크고, 문자열의 길이가 같으면 첫 글자부터 유니코드 순서 기준으로 비교한다. "Hello "는 "Kotlin!"보다 작으므로* false가 출력된다.　　◆ 10

"Kotlin"은 "JavaFx"보다 크므로** true가 출력된다.　　◆ 11

결과

```
Hello Kotlin
false
true
```

---

* 　"Hello "는 6글자, "Kotlin!"은 7글자 이므로 작다.

** 　길이가 모두 6글자로 같고, 'K'가 'J' 다음에 오므로 크다.

All 문자열 찾아 바꾸기

학습 내용 : String의 일부 문자열을 찾아 바꾸기 하는 확장 함수를 알아본다.

예제를 통해 String의 일부 문자열을 찾아 바꾸는 방법을 알아보자.

📁 **소스 : ex_string_replace/Main.kt**

```kotlin
 1:  package ex_string_replace
 2:
 3:  fun main(args: Array<String>)
 4:  {
 5:      val adage = "Love begets love."
 6:
 7:      println(adage.replace("love", "hate", ignoreCase = true))
 8:      println(adage.replaceFirst("love", "compliment", ignoreCase = true))
 9:      println(adage.replaceRange(5..10, "hello"))
10:  }
```

7 ◆ replace는 다음과 같이 선언되어 있다.

```kotlin
fun String.replace(
    oldValue: String,
    newValue: String,
    ignoreCase: Boolean = false
): String
```

oldValue와 일치하는 문자열을 newValue로 교체한다. 대소문자 무시 옵션을 true로 주었기 때문에 hate begets hate.가 출력된다.

replaceFirst는 다음과 같이 선언되어 있다. ◆ 8

```
fun String.replaceFirst(
    oldValue: String,
    newValue: String,
    ignoreCase: Boolean = false
): String
```

oldValue와 일치하는 '첫 번째' 문자열을 newValue로 교체한다. compliment begets love.가 출력된다.

replaceRange는 다음과 같이 선언되어 있다. ◆ 9

```
fun String.replaceRange(startIndex: Int, endIndex: Int, replacement: CharSequence): String
fun String.replaceRange(range: IntRange, replacement: CharSequence): String
```

지정한 범위의 문자열을 replacement로 교체한다. Love hello love.가 출력된다.

결과 ▶▶▶▶▶▶▶▶▶▶▶▶▶▶▶▶▶▶▶▶▶▶▶▶▶▶▶▶▶▶▶▶

```
hate begets hate.
compliment begets love.
Love hello love.
```

All · JVM · 1.1 · JS * StringBuilder 클래스: 문자열 덧붙이기

학습 내용 : StringBuilder 클래스를 이용하여 + 연산을 할 때마다 문자열이 새로 생성되는 문제를 해결하는 방법을 알아본다.

'문자열간 + 연산시 주의점' 예제에서 살펴보았듯, String 타입끼리 + 연산을 하면 덧셈의 결과가 힙에 매번 새로 생성된다. 그러나 StringBuilder 클래스는 문자열을 추가할 때 String처럼 문자열을 매번 생성하지 않고 기존의 문자열에 덧붙이는 동작을 한다.

StringBuilder 클래스는 다음과 같이 선언되어 있다.

```
class StringBuilder : CharSequence, Appendable
```

Appendable은 다음과 같이 선언된 인터페이스이다.

```
interface Appendable
{
    fun append(csq: CharSequence): Appendable
    fun append(csq: CharSequence, start: Int, end: Int): Appendable
    fun append(c: Char): Appendable
}
```

append라는 이름으로 3개의 멤버 함수가 오버로딩되어 있으며, 원래 갖고 있던 문자열에 새 문자열을 덧붙이는 기능을 한다. CharSequence 타입의 인수를 받고 있어, String이나 다른 StringBuilder를 인수로 받을 수 있다. 각 멤버 함수의 반환 값은 Appendable 자기 자신이다.

---

*   JVM을 타깃으로 했을 때만 코틀린 1.1 버전 이상이 필요하다.

```
 1:  package ex_string_builder_class
 2:
 3:  fun main(args: Array<String>)
 4:  {
 5:      val builder = StringBuilder( )
 6:              .append("2018 ")
 7:              .append("Pyeongchang ")
 8:              .append("Olympic")
 9:
10:      val result = builder.toString( )
11:      println(result)
12:  }
```

StringBuilder의 인스턴스를 생성하고 있다.　　　　◆ 5

append 멤버 함수는 StringBuilder 자기 자신을 반환하기 때문에 이렇게 연쇄적으로 호출이 가능　◆ 6~8
하다.

완성된 최종 문자열을 얻으려면 StringBuilder의 toString 멤버 함수를 호출하면 된다.　　◆ 10

2018 Pyeongchang Olympic이 출력된다.　　　　◆ 11

📍 **결과** ▶▶▶▶▶▶▶▶▶▶▶▶▶▶▶▶▶▶▶▶▶▶▶▶▶▶▶▶

2018 Pyeongchang Olympic

</> Regex 클래스: 정규식 다루기

학습 내용 : Regex 클래스를 이용하여 코틀린에서 정규식을 다루는 방법을 알아본다.

코틀린은 정규식을 다룰 수 있는 Regex 클래스를 기본적으로 제공한다. 제공하는 생성자와 멤버 함수가 많기 때문에 자주 쓰이는 것만 소개하겠다.

constructor(pattern: String)

정규식 패턴이 담긴 문자열을 받는 생성자이다.

infix fun **matches**(input: CharSequence): Boolean

input이 정규식에 매칭되는지 여부를 반환한다.

fun **replace**(input: CharSequence, replacement: String): String

input 중, 정규식에 매칭되는 부분을 replacement로 치환한다.

📁 **소스 : ex_regex_class/Main.kt**

```kotlin
 1:  package ex_regex_class
 2:
 3:  fun main(args: Array<String>)
 4:  {
 5:      val regex = Regex("[0-9]+")
 6:      val str = "4324235"
 7:      val str2 = "324 6546 5432"
 8:
 9:      println(regex matches str)
10:      println(regex matches str2)
11:      println(regex.replace(str2, "숫자"))
12:  }
```

숫자로 이루어져 있는지 검사하는 정규식을 생성하고 있다.　　◆ 5

true가 출력된다.　　◆ 9

false가 출력된다.　　◆ 10

str2의 숫자 부분이 "숫자"로 치환되어 숫자 숫자 숫자가 출력된다.　　◆ 11

결과

```
true
false
숫자 숫자 숫자
```

All toList 확장 함수: List 타입으로 변환하기

학습 내용 : 여러 가지 타입을 List 타입으로 변환하는 toList 확장 함수를 알아본다.

toList는 어떤 타입을 List 타입으로 전환하는 확장 함수이다.

> fun <T> 수많은 타입.**toList**( ): List<T>

toList는 Pair, Triple, Iterable, 그 외 수많은 타입을 리시버로 하고 있다. 본 책에서 다루기에는 너무 종류가 다양하기 때문에 일일이 설명하지는 않겠다. 그러니 소개하지 않더라도 **toList** 확장 함수가 지원될 것이라고 예상되는 타입에 **toList**를 한번 써보기 바란다.

📁 **소스 : ex_to_list/Main.kt**

```kotlin
 1:  package ex_to_list
 2:
 3:  fun main(args: Array<String>)
 4:  {
 5:      // NOTE: Pair의 타입 인수가 모두 같아야 한다.
 6:      val list: List<Int> = Pair(10, 20).toList( )
 7:
 8:      // NOTE: Triple의 타입 인수가 모두 같아야 한다.
 9:      val list2: List<Double> = Triple(3.1, 6.25, 8.15).toList( )
10:  }
```

6 ◆ Pair 객체를 List 객체로 전환하고 있다.

9 ◆ Triple 객체를 List 객체로 전환하고 있다.

All run 확장 함수: 코드 중복 줄이기

활용
160

학습 내용 : run 확장 함수를 통해 중복되는 표현식을 하나로 묶는 방법을 알아본다.

run 확장 함수는 다음과 같이 선언되어 있다.

```kotlin
inline fun <T, R> T.run(block: T.( ) –> R): R
{
    return this.block( )
}
```

리시버 타입에 제네릭이 적용되어 있기 때문에 run 확장 함수는 모든 타입에 적용할 수 있다.

block 매개변수로 T.() –> R 형태의 함수를 받는데, run 확장 함수를 호출하면 곧바로 this.block( ) 을 호출하여, run의 리시버를 block이 가리키는 함수에 전달한다. 즉, "Hello".run { println(this) } 와 같이 호출하면 run 확장 함수는 다음과 같이 된다.

```kotlin
fun String.run(block: String.( ) –> Unit): Unit
{
    // block = { println(this) }
    return this.block( )
}
```

📁 **소스 : ex_run_extension_function/Main.kt**

```kotlin
1:  package ex_run_extension_function
2:
3:  fun main(args: Array<String>)
4:  {
5:      val a = 10
6:      val b = 5
7:
8:      (a * b – 2 * a).run {
9:          if (this > 0)
```

```
10:          println(this)
11:      }
12: }
```

8~11 ◆ run 확장 함수의 리시버로 (α * b − 2 * α)를 지정하고 있다. run 함수에서는 block 매개변수로 받은 함수를 곧바로 호출하기 때문에 8~11번 줄의 함수 리터럴 속 this는 표현식 (α * b − 2 * α)의 값을 가리킨다. 즉, 이 코드는 if (α * b − 2 * α > 0) println(α * b − 2 * α)와 같다.

run 확장 함수 덕에 중복되는 표현식을 this로 묶을 수 있다.

```
30
```

All let 확장 함수: 코드 중복 줄이기

활용
161

학습 내용 : let 확장 함수를 통해 중복되는 표현식을 하나로 묶는 방법을 알아본다.

let 확장 함수도 매개변수의 타입만 다를 뿐, run과 거의 유사한 역할을 한다.

```
inline fun <T, R> T.let(block: (T) –> R): R
{
   return block(this)
}
```

let은 block 매개변수로 (T) –> R 타입의 함수를 받는다. (T) –> R과 T.() –> R은 서로 호환되는 타입이기 때문에, run과 let은 표기법만 다를 뿐, 사실 똑같은 역할을 수행한다.

📁 **소스 : ex_let_extension_function/Main.kt**

```
 1:  package ex_let_extension_function
 2:
 3:  fun main(args: Array<String>)
 4:  {
 5:     val a = 10
 6:     val b = 5
 7:
 8:     (a * b – 2 * a).let { result: Int ->
 9:         if (result > 0)
10:             println(result)
11:     }
12:  }
```

전 예제의 run 확장 함수를 let으로 교체해보았다. let를 사용하면 (a * b – 2 * a) 표현식이 this로 들어가지 않고, 함수 리터럴의 첫 번째 매개변수, 즉 result 매개변수로 들어간다. ◆ 8~11

결과 ▸▸▸▸▸▸▸▸▸▸▸▸▸▸▸▸▸▸▸▸▸▸▸▸▸▸▸▸▸▸▸▸▸▸▸▸▸▸

30

All with 함수: 코드 중복 줄이기

162

학습 내용 : with 함수를 통해 중복되는 표현식을 하나로 묶는 방법을 알아본다.

with는 run과 let에 비해 이해하기 쉽고 사용법도 직관적이다.

```kotlin
inline fun <T, R> with(receiver: T, block: T.( ) -> R): R
{
    return receiver.block( )
}
```

T 타입의 인수를 receiver매개변수로 받고, 이를 **block** 매개변수가 가리키는 함수에 바로 넣어 호출하고 있다.

📁 **소스 : ex_with_extension_function/Main.kt**

```kotlin
 1:  package ex_with_extension_function
 2:
 3:  fun main(args: Array<String>)
 4:  {
 5:      val a = 3; val b = 7
 6:      with(a * b - b * b) {
 7:          println(this)
 8:          println(-this)
 9:      }
10:  }
```

6~9 ◆ with 함수의 인수 a * b − b * b는 함수 리터럴의 **this**로 전달된다.

📍 **결과** ▶▶

```
−28
28
```

지금까지 살펴본 예제에서 알 수 있듯이, run, let, with는 표기법만 다르지 사실 완전히 똑같은 역할을 한다. 따라서 취향에 따라 run, let, with 중 하나를 골라 쓰면 된다.

All apply 함수: 객체 생성 및 초기화 코드를 표현식 하나로 압축하기

활용
163

학습 내용 : apply 함수를 통해 객체 생성과 객체 초기화 코드를 표현식을 한 개로 묶는 방법을 알아본다.

apply 함수는 다음과 같이 선언되어 있다.

```kotlin
inline fun <T> T.apply(block: T.( ) -> Unit): T
{
  this.block( )
  return this
}
```

함수 내부를 보면, T.( )-> Unit 타입의 함수를 block 매개변수로 받은 뒤 곧바로 호출하고, return this를 통해 apply의 리시버를 그대로 반환한다. 이 함수를 어떤 상황에 사용할 수 있을지 예제를 통해 알아보자.

📁 **소스 : ex_apply_extension_function/Main.kt**

```kotlin
 1:  package ex_apply_extension_function
 2:
 3:  class Person
 4:  {
 5:      var name: String = ""
 6:      var age: Int = 0
 7:      var money: Int = 0
 8:
 9:      override fun toString( ) = "$name $age $money"
10:  }
11:
12:  fun main(args: Array<String>)
13:  {
14:      println(
15:          Person( ).apply {
16:              this.name = "Alan"
17:              this.money = 70
18:          }
19:      )
20:  }
```

　15~18번 줄의 표현식 값을 출력하고 있다.

　Person의 인스턴스를 생성한 뒤, 곧바로 apply 확장 함수를 호출했다. apply는 리시버를 그대로 반환하기 때문에 15~18번 줄 전체의 표현식 타입은 Person이 된다.

갓 생성된 Person의 인스턴스에 추가적으로 적용할 코드들이 담긴 함수를 apply의 인수로 전달한다. 16~17번 줄의 this는 15번 줄의 Person() 표현식을 가리킨다.

Alan 0 70

All 1.1 also 함수: 객체 생성 및 초기화 코드를 표현식 하나로 압축하기

활용
164

학습 내용 : also 함수를 통해 객체 생성과 객체 초기화 코드를 표현식을 한 개로 묶는 방법을 알아본다.

also 확장 함수는 apply와 매개변수 타입만 다를 뿐, 동일한 역할을 수행한다. 선언은 다음과 같이 되어 있다.

```
fun <T> T.also(block: (T) -> Unit): T
{
   block(this)
   return this
}
```

매개변수의 타입이 T.( ) -> Unit에서 (T) -> Unit로 바뀌었을 뿐 코드는 apply와 사실상 동일하다.

📁 **소스 : ex_also_extension_function/Main.kt**

```
 1:  package ex_also_extension_function
 2:
 3:  class Person
 4:  {
 5:      var name: String = ""
 6:      var age: Int = 0
 7:      var money: Int = 0
 8:
 9:      override fun toString( ) = "$name $age $money"
10:  }
11:
12:  fun main(args: Array<String>)
13:  {
14:      println(
15:          Person( ).also { person: Person ->
16:              person.name = "Alan"
17:              person.money = 70
18:          }
19:      )
20:  }
```

 전 예제의 예제를 also를 사용한 버전으로 수정했다. also를 사용하면 Person() 표현식이 this로 들어가지 않고, 함수 리터럴의 첫 번째 매개변수, 즉 person 매개변수로 들어간다.

결과 ▶▶▶

Alan 0 70

All lazy 함수: 게으른 초기화를 하는 프로퍼티 대리자

활용
165

학습 내용 : lazy 함수를 이용하여 프로퍼티에 게으른 초기화를 적용해보자.

lazy 함수를 이용하면 프로퍼티의 값이 필요한 시점에 계산을 시작하게 할 수 있다.

📁 소스 : ex_lazy_function/Main.kt

```kotlin
 1:  package ex_lazy_function
 2:
 3:  class AAA
 4:  {
 5:      var num: Int = 0
 6:      val num2 by lazy { num * 5 }
 7:  }
 8:
 9:  fun main(args: Array<String>)
10:  {
11:      val one = AAA()
12:      println(one.num2)
13:      one.num = 10
14:      println(one.num2)
15:
16:      val two = AAA()
17:      two.num = 4
18:      println(two.num2)
19:  }
```

num2 프로퍼티의 대리자로 lazy { num * 5 }를 지정했다. lazy는 다음과 같이 선언되어 있다.

◆ 6

```kotlin
fun <T> lazy(initializer: ( ) -> T): Lazy<T>
```

lazy 함수는 ( ) -> T 타입의 함수를 받는다. num2에 저장할 값을 반환하는 함수를 initializer에 넘겨주면 된다. 반환 타입 Lazy<T>는 프로퍼티를 대리하는 클래스이다.

12 ◆ one.num2에 접근하는 순간, 6번 줄의 { num * 5 }이 실행된다. 이 시점에서 **num**에는 0이 저장되어 있으므로 num2은 0으로 초기화 된다. 0이 출력된다.

13 ◆ **num** 프로퍼티를 10으로 수정하고 있다.

14 ◆ num2는 이미 초기화 되었으므로 { num * 5 }이 더 이상 실행되지 않고 저장된 값 0만 출력된다.

18 ◆ two.num2에 접근하는 순간, 6번 줄의 { num * 5 }이 실행된다. 이 시점에서 **num**에는 4가 저장되어 있으므로 num2의 값은 20이 된다.

만약, **num2**가 **val num2 = num * 5**로 선언되어 있었다면 항상 0이라는 값을 가졌을 것이다. 하지만, 본 예제처럼 게으른 초기화를 하면 값이 필요한 시점에 계산이 시작되므로 최근 시점에 맞는 데이터를 반영하여 초기화할 수 있다.

게으른 초기화는 수표와 비슷하다. 수표는 지금 당장 갖고 있는 현금(데이터)은 아니지만, 필요한 순간에 실제 돈으로 가져올(게으른 초기화) 수 있기 때문이다. 물론, 현실에서는 게으른 초기화가 항상 성공한다는 보장이 없다(부도).

게으른 초기화라는 개념이 있으면, 무한대의 데이터를 표현하는 등, 실제로 가지고 있지도 않은 데이터를 지금 당장 갖고 있는 것처럼 과장할 수 있다.* 데이터를 요구할 때만 값을 계산하여 주면 되기 때문이다.

---

* 마치 은행 예금과 같이 말이다.

알고 갑시다!

Android 게으른 초기화의 유용성

게으른 초기화는 프로퍼티가 힙 영역에 할당되는 순간 바로 이루어지는 것이 아니기 때문에 다음과 같은 상황에 유용하다.

```
val view: View? by lazy { findViewById(R.id.view) }
```

액티비티의 findViewById는 setContentView가 호출되기 전에 무조건 null을 반환한다. 따라서 프로퍼티를 선언과 동시에 초기화하면 안 된다. 그러나, 프로퍼티를 val로 선언하고 싶으면 반드시 선언과 동시에 초기화해야 한다. 이때, 프로퍼티의 초기화를 Lazy<T>에 위임하고, setContentView를 수행하고 난 뒤 view 프로퍼티에 접근하면, 그제서야 view 프로퍼티를 findViewById(R.id.view)로 초기화하므로 제대로 View 인스턴스를 가져올 수 있다.

All JVM 1.2 BigInteger 클래스: 매우 큰 정수 보관하기

학습 내용 : Long의 표현 범위를 뛰어넘는 매우 큰 정수를 다루는 법을 알아본다.

BigInteger는 Long의 표현 범위를 넘는 정수를 다룰 때 사용하는 클래스이다. BigInteger는 코틀린이 아닌 자바 표준 라이브러리에 속해있다. 따라서 BigInteger 클래스를 사용하면 JVM에 의존성이 생긴다.

📁 **소스 : ex_big_integer_class/Main.kt**

```kotlin
 1: package ex_big_integer_class
 2:
 3: fun main(args: Array<String>)
 4: {
 5:     val a = 78423343545.toBigInteger( )
 6:     val b = 25372465331.toBigInteger( )
 7:
 8:     println(a * b)
 9:     println(a + b * 936273.toBigInteger( ))
10: }
```

5~6 ◆ BigInteger는 다음의 확장 함수를 통해 인스턴스를 생성할 수 있다.

```kotlin
fun Int.toBigInteger( ): BigInteger
fun Long.toBigInteger( ): BigInteger
```

8~9 ◆ BigInteger는 자바의 클래스이기 때문에 그 자체로는 연산자 오버로딩을 지원하지 않지만, 코틀린 표준 라이브러리에서 BigInteger에 대한 연산자 확장 함수들을 제공하기 때문에 Int 타입을 다루듯이 사용할 수 있다. 다음은 BigInteger를 리시버로 하는 확장 함수의 일부이다.

```kotlin
operator fun BigInteger.plus(other: BigInteger): BigInteger
operator fun BigInteger.minus(other: BigInteger): BigInteger
```

```
operator fun BigInteger.times(other: BigInteger): BigInteger
operator fun BigInteger.div(other: BigInteger): BigInteger
operator fun BigInteger.rem(other: BigInteger): BigInteger
// 그 외 다수
```

BigInteger 클래스는 toString도 오버라이딩하고 있어서, println의 인수로 넘겨도 값이 제대로 출력된다.

Long의 표현 범위를 넘는 값이 출력되는 것을 볼 수 있다.

결과

```
19897935652366615138395
23755632656194908
```

All JVM 1.2 BigDecimal 클래스: 매우 작은 실수 보관하기

학습 내용 : Double의 표현 범위를 뛰어넘는 매우 작은 실수를 다루는 법을 알아본다.

Double의 표현 범위를 넘는 실수를 다룰 때 사용하는 클래스이다. BigInteger와 마찬가지로, 자바 표준 라이브러리에 선언되어 있는 클래스이기 때문에 JVM에 의존성을 가진다.

📁 **소스 : ex_big_decimal_class/Main.kt**

```kotlin
1: package ex_big_decimal_class
2:
3: fun main(args: Array<String>) {
4:     val a = 3.0000000000003.toBigDecimal( )
5:     val b = 4.0000000000004.toBigDecimal( )
6:     println(a * b)
7: }
```

4~5 ◆ BigDecimal은 아래의 확장 함수를 통해 인스턴스를 생성할 수 있다.

```kotlin
fun Int.toBigDecimal( ): BigDecimal
fun Long.toBigDecimal( ): BigDecimal
fun Float.toBigDecimal( ): BigDecimal
fun Double.toBigDecimal( ): BigDecimal
```

6 ◆ BigDecimal도 코틀린 표준 라이브러리에서 연산자 확장 함수들을 제공하기 때문에 Double 타입을 다루듯이 쓸 수 있다.

12.00000000000240000000000012이 오차 없이 출력된다. 이처럼 BigDecimal 클래스를 이용하면 소수점 자리가 아무리 길어도 실수값을 정확하게 표현할 수 있어 실수 타입의 고질적인 문제인 오차 문제가 해결된다.

 **결과** ▶▶

12.00000000000240000000000012

[All] [1.2] * 최대값 · 최소값 구하기

학습 내용 : 두 수의 최대값과 최소값을 구하는 코틀린 내장 함수에 대해 알아본다.

두 수의 최대값과 최소값은 max와 min 함수로 쉽게 알아낼 수 있다.

📁 소스 : ex_max_min_function/Main.kt

```kotlin
 1:  package ex_max_min_function
 2:
 3:  import kotlin.math.max
 4:  import kotlin.math.min
 5:
 6:  fun main(args: Array<String>)
 7:  {
 8:      println(max(3, 7))
 9:      println(max(10.53, 1.15))
10:      println(min(18, 13))
11:      println(min(7.6, 20.01))
12:  }
```

max와 min라는 이름의 함수가 여러 패키지에 선언되어 있기 때문에 kotlin.math.* 패키지를   ◆ 3~4
import 해야만 코틀린에 내장된 max, min 함수를 사용할 수 있다.

max 함수는 두 수의 최대값을 반환하며, 다음과 같이 선언되어 있다.   ◆ 8~9

```kotlin
inline fun max(a: Double, b: Double): Double
inline fun max(a: Float, b: Float): Float
inline fun max(a: Int, b: Int): Int
inline fun max(a: Long, b: Long): Long
```

7
10.53이 출력된다.

---

* 　코틀린 1.2 버전 미만에서 수학 관련 함수를 사용하려면 자바의 Math 클래스를 이용해야 한다.

10~11 ◆ min 함수는 두 수의 최소값을 반환하며, 다음과 같이 선언되어 있다.

```
inline fun min(a: Double, b: Double): Double
inline fun min(a: Float, b: Float): Float
inline fun min(a: Int, b: Int): Int
inline fun min(a: Long, b: Long): Long
```

13
7.6이 출력된다.

```
7
10.53
13
7.6
```

실수 값 올림·내림·반올림하기

All
1.2

활용
169

학습 내용 : 실수 타입의 값을 올림·내림·반올림하는 코틀린 내장 함수에 대해 알아본다.

코틀린에는 실수 값을 올림·내림·반올림하는 함수를 기본적으로 제공한다.

📁 **소스 : ex_round_functions/Main.kt**

```
 1:  package ex_round_functions
 2:
 3:  import kotlin.math.*
 4:
 5:  fun main(args: Array<String>)
 6:  {
 7:      print("${ceil(3.2)} ")
 8:      print("${ceil(3.7)} ")
 9:      print("${floor(3.2)} ")
10:      print("${floor(3.7)} ")
11:      print("${round(3.2)} ")
12:      print("${round(3.7)} ")
13:      print("${15.83.roundToInt( )} ")
14:      print("${37842.45.roundToLong( )} ")
15:  }
```

import 문이 너무 긴 관계로, kotlin.math 패키지에 있는 모든 함수를 import 했다.　　◆ 3

ceil은 ceiling(천장)의 약자로, 실수 값을 올림하는 함수이다. 다음과 같이 선언되어 있다.　　◆ 7~8

```
fun ceil(x: Double): Double
fun ceil(x: Float): Float
```

4.0
4.0이 출력된다.

9~10 ◆ floor는 바닥이라는 뜻으로, 실수 값을 내림하는 함수이다. 다음과 같이 선언되어 있다.

```kotlin
fun floor(x: Double): Double
fun floor(x: Float): Float
```

3.0
3.0이 출력된다.

11~12 ◆ round는 주어진 실수 값을 반올림하는 함수이다. 다음과 같이 선언되어 있다.

```kotlin
fun round(x: Double): Double
fun round(x: Float): Float
```

3.0
4.0이 출력된다.

13 ◆ roundToInt는 실수 값을 Int 타입으로 반올림하는 확장 함수이다. 다음과 같이 선언되어 있다.

```kotlin
fun Double.roundToInt( ): Int
fun Float.roundToInt( ): Int
```

16이 출력된다.

14 ◆ roundToLong은 실수 값을 Long 타입으로 반올림하는 확장 함수이다. 다음과 같이 선언되어 있다.

```kotlin
fun Double.roundToLong( ): Long
fun Float.roundToLong( ): Long
```

37842이 출력된다.

abs 함수: 절대값 구하기

활용
170

학습 내용 : 어떤 수의 절대값을 구하는 abs 함수에 대해 알아본다.

절대값을 구할 때는 abs 함수를 사용한다.

📁 **소스 : ex_abs_function/Main.kt**

```kotlin
 1:  package ex_abs_function
 2:
 3:  import kotlin.math.abs
 4:
 5:  fun main(args: Array<String>)
 6:  {
 7:      print("${abs(-17)} ")
 8:      print("${abs(62)} ")
 9:      print("${abs(-6.34)} ")
10:      print("${abs(1.12)} ")
11:  }
```

코틀린에 내장된 abs 함수에 접근하기 위한 import 선언이다.

◆ 3

abs 함수는 다음과 같이 선언되어 있다.

◆ 7~10

```kotlin
fun abs(x: Double): Double
fun abs(x: Float): Float
fun abs(n: Int): Int
fun abs(n: Long): Long
```

 **결과** ▶▶▶▶▶▶▶▶▶▶▶▶▶▶▶▶▶▶▶▶▶▶▶▶▶▶▶▶▶▶▶▶▶▶▶

17 62 6.34 1.12

All
1.2

E, PI: 수학 상수

학습 내용 : 코틀린에 내장된 수학 상수에 대해 알아본다.

kotlin.math 패키지에는 다음과 같은 수학 상수가 선언되어 있다.

```kotlin
const val E: Double
const val PI: Double
```

📁 **소스 : ex_mathematical_constant/Main.kt**

```kotlin
1:  package ex_mathematical_constant
2:
3:  import kotlin.math.PI
4:  import kotlin.math.E
5:
6:  fun main(args: Array<String>)
7:  {
8:      println(PI)
9:      println(E)
10: }
```

3~4 ◆ 코틀린에 내장된 수학 상수에 접근하기 위한 import 선언문이다.

8 ◆ 원주율 3.141592653589793가 출력된다.

9 ◆ 자연상수 값 2.718281828459045이 출력된다.

 **결과** ▶▶

```
3.141592653589793
2.718281828459045
```

hypot 함수: 빗변의 길이 구하기

All 1.2

활용 **172**

학습 내용 : x와 y 좌표로 빗변의 길이를 구하는 **hypot** 함수에 대해 알아본다.

hypot 함수는 hypotenuse(빗변)의 약자로, 빗변의 길이를 구하는데 사용한다.

📁 **소스 : ex_hypot_function/Main.kt**

```kotlin
1:  package ex_hypot_function
2:
3:  import kotlin.math.hypot
4:
5:  fun main(args: Array<String>)
6:  {
7:      println(hypot(3.0, 4.0))
8:  }
```

코틀린에 내장된 hypot 함수에 접근하기 위한 import 선언이다.   ◆ 3

hypot 함수는 다음과 같이 선언되어 있으며, $\sqrt{x^2+y^2}$ 의 값을 반환한다.   ◆ 7

```kotlin
fun hypot(x: Double, y: Double): Double
fun hypot(x: Float, y: Float): Float
```

x=3.0, y=4.0으로 하는 빗변의 길이 5.0이 출력된다.

 **결과** ▶▶▶▶▶▶▶▶▶▶▶▶▶▶▶▶▶▶▶▶▶▶▶▶▶▶▶▶▶▶▶▶▶▶▶

5.0

지수함수

학습 내용 : 코틀린에서 지수함수를 사용하는 방법을 알아본다.

코틀린에는 지수 계산을 위해 다음과 같은 함수를 기본적으로 제공한다.

📁 **소스 : ex_mathematical_constant/Main.kt**

```
 1: package ex_exponential_function
 2:
 3: import kotlin.math.*
 4:
 5: fun main(args: Array<String>)
 6: {
 7:     println(sqrt(2.0))
 8:     println(2.0.pow(0.5))
 9:     println(exp(2.0))
10:     println(expm1(2.0))
11: }
```

3 ◆ import 문이 너무 긴 관계로, kotlin.math 패키지에 있는 모든 함수를 import 했다.

7 ◆ sqrt는 square root(제곱근)의 약자로, $\sqrt{x}$ 값을 반환한다. 다음과 같이 선언되어 있다.

```
fun sqrt(x: Double): Double
fun sqrt(x: Float): Float
```

$\sqrt{2.0}$의 값 1.4142135623730951가 출력된다.

8 ◆ pow는 리시버의 x 제곱을 반환하는 확장 함수이다. 다음과 같이 선언되어 있다.

```
fun Double.pow(x: Double): Double
fun Double.pow(n: Int): Double
fun Float.pow(x: Float): Float
fun Float.pow(n: Int): Float
```

infix 선언이 되어있지 않기 때문에 pow 확장 함수를 연산자처럼 쓰는 것은 불가능하다.
$2.0^{0.5}$의 값 **1.4142135623730951**가 출력된다.

exp 함수는 다음과 같이 선언되어 있으며, e^x 값을 반환한다. ◆ 9

```
fun exp(x: Double): Double
fun exp(x: Float): Float
```

$e^{2.0}$의 값 **7.38905609893065**이 출력된다.

expm1 함수는 다음과 같이 선언되어 있으며, e^x-1 값을 반환한다. ◆ 10

```
fun expm1(x: Double): Double
fun expm1(x: Float): Float
```

$e^{2.0}-1$의 값 **6.38905609893065**이 출력된다.

```
1.4142135623730951
1.4142135623730951
7.38905609893065
6.38905609893065
```

로그함수

학습 내용 : 코틀린에서 로그함수를 사용하는 방법을 알아본다.

코틀린에는 로그 계산을 위해 다음과 같은 함수를 기본적으로 제공한다.

소스 : ex_logarithmic_function/Main.kt

```kotlin
 1:  package ex_logarithmic_function
 2:
 3:  import kotlin.math.*
 4:
 5:  fun main(args: Array<String>)
 6:  {
 7:      println(log(4f, 2f))
 8:      println(log2(8f))
 9:      println(log10(10000f))
10:      println(ln(E))
11:      println(ln1p(E))
12:  }
```

3 ◆ import 문이 너무 긴 관계로, kotlin.math 패키지에 있는 모든 함수를 import 했다.

7 ◆ log 함수는 다음과 같이 선언되어 있으며, $\log_{base} x$ 값을 반환한다.

```kotlin
fun log(x: Double, base: Double): Double
fun log(x: Float, base: Float): Float
```

$\log_2 4$의 값 **2.0**이 출력된다.

8 ◆ log2 함수는 다음과 같이 선언되어 있으며, $\log_2 x$ 값을 반환한다.

```kotlin
fun log2(x: Double): Double
fun log2(x: Float): Float
```

$\log_2 8$의 값 **3.0**이 출력된다.

log10 함수는 다음과 같이 선언되어 있으며, $\log_{10} x$ 값을 반환한다.

```
fun log10(x: Double): Double
fun log10(x: Float): Float
```

$\log_{10} 10000$의 값 4.0이 출력된다.

ln 함수는 다음과 같이 선언되어 있으며, $\log_e x$ 값을 반환한다.

```
fun ln(x: Double): Double
fun ln(x: Float): Float
```

$\log_e e$의 값 1.0이 출력된다.

ln1p 함수는 다음과 같이 선언되어 있으며, $\log_e(x+1)$ 값을 반환한다.

```
fun ln1p(x: Double): Double
fun ln1p(x: Float): Float
```

$\log_e(e+1)$의 값 1.31326168751822228이 출력된다.

결과

```
2.0
3.0
4.0
1.0
1.31326168751822228
```

삼각함수

학습 내용 : 코틀린에서 삼각함수를 사용하는 방법을 알아본다.

코틀린에는 삼각비 계산을 위해 다음과 같은 함수를 기본적으로 제공한다.

📁 소스 : ex_trigonometric_function/Main.kt

```
 1:  package ex_trigonometric_function
 2:
 3:  import kotlin.math.*
 4:
 5:  fun main(args: Array<String>)
 6:  {
 7:      println(sin(PI / 4))
 8:      println(cos(PI / 4))
 9:      println(tan(PI / 4))
10:
11:      println(asin(PI / 4))
12:      println(acos(PI / 4))
13:      println(atan(PI / 4))
14:
15:      println(sinh(PI / 4))
16:      println(cosh(PI / 4))
17:      println(tanh(PI / 4))
18:
19:      println(asinh(PI / 4))
20:      println(acosh(PI / 4))
21:      println(atanh(PI / 4))
22:  }
```

7~9 ◆ 코틀린에 내장된 삼각함수들은 Double 또는 Float 타입의 '라디안' 값을 인수로 받으며, 상응하는 삼각함수의 값을 Double 또는 Float 타입으로 반환한다.

$\sin\frac{\pi}{4}$, $\cos\frac{\pi}{4}$, $\tan\frac{\pi}{4}$의 값이 출력된다.

삼각함수의 역함수 값을 출력하고 있다. ◆ 11~13

쌍곡선 함수의 값을 출력하고 있다. ◆ 15~17

쌍곡선 함수의 역함수 값을 출력하고 있다. ◆ 19~21

출력 결과 중, **NaN**는 Not a Number(숫자가 아님)의 약자로, 값을 계산할 수 없을 때 갖는 값이다.

toBits, toRawBits 확장 함수:
실수 타입을 이진수 값으로 가져오기

학습 내용 : 실수 값의 이진수 배열 형태를 알아내는 방법을 배운다.

toBits와 toRawBits 확장 함수를 이용하면 실수 값이 어떤 이진수 배열로 되어 있는지 알아낼 수 있다.

toBits와 toRawBits는 다음과 같이 선언되어 있다.

```
fun Double.toBits( ): Long
fun Float.toBits( ): Int
fun Double.toRawBits( ): Long
fun Float.toRawBits( ): Int
```

Double과 Float의 이진수 배열을 Long과 Int 타입으로 그대로 옮기는 방식을 사용한다.

📁 **소스 : ex_real_number_to_binary/Main.kt**

```kotlin
 1:  package ex_real_number_to_binary
 2:
 3:  fun main(args: Array<String>)
 4:  {
 5:      val normal = 10.0
 6:      val infinite = 10.0 / 0
 7:      val nan = 0.0 / 0
 8:
 9:      println(normal.toBits( ).toString(2))
10:      println(infinite.toBits( ).toString(2))
11:      println(nan.toBits( ).toString(2))
12:
13:      println(normal.toRawBits( ).toString(2))
14:      println(infinite.toRawBits( ).toString(2))
15:      println(nan.toRawBits( ).toString(2))
16:  }
```

일반 실수, 무한, **NaN**으로 실수 값을 준비했다.

◆ 5~7

toBits와 toRawBits 함수의 결과 값을 출력하고 있다.

◆ 9~15

정수 타입의 toString에 Int 값을 인수로 넘기면, 해당 숫자의 진법대로 문자열을 생성한다. 이진수 배열을 보기 위해 toString(2)를 하여 이진수 값이 출력되도록 했다.

```
1000000000100100000000000000000000000000000000000000000000000000
1111111111110000000000000000000000000000000000000000000000000000
1111111111111000000000000000000000000000000000000000000000000000
1000000000100100000000000000000000000000000000000000000000000000
1111111111110000000000000000000000000000000000000000000000000000
-1000000000000000000000000000000000000000000000000000000000000000
```

fromBits 확장 함수:
이진수 값으로부터 실수 값 만들기

학습 내용 : 이진수 값으로부터 실수 값을 만드는 방법을 배운다.

fromBits 확장 함수는 toBits의 반대 역할을 한다. 다음과 같이 선언되어 있다.

```
fun Double.Companion.fromBits(bits: Long): Double
fun Float.Companion.fromBits(bits: Int): Float
```

📁 소스 : ex_binary_to_real_number/Main.kt

```
1:  package ex_binary_to_real_number
2:
3:  fun main(args: Array<String>)
4:  {
5:      val realNumber: Float = Float.fromBits(0b01000001_00100111_10101110_00010100)
6:      println(realNumber)
7:  }
```

5 ◆ 0b01000001_00100111_10101110_00010100은 10.48에 대한 이진수 값이다.

6 ◆ 10.48이 출력된다.

결과 ▸▸

10.48

[All] Any?.toString 확장 함수

활용 178

학습 내용 : 코틀린에 내장되어 있는 **Any?.toString** 확장 함수 덕에 **null** 값에 **toString**을 호출해도 안전하다는 것을 이해한다.

Any?.toString은, 값이 null인 표현식에도 toString을 호출할 수 있게 해주는 매우 유용한 확장 함수이다. 다음과 같이 선언되어 있다.

```
fun Any?.toString( ): String = this?.toString() ?: "null"                        *
```

만약, this가 null이라면 this?.toString( ) 표현식도 null이 될 것이다. 엘비스 연산자를 이용하여 this?.toString( )이 null일 때 "null"을 대신 반환하고 있다.

📁 **소스 : ex_nullable_to_string/Main.kt**

```
1:  package ex_nullable_to_string
2:
3:  fun main(args: Array<String>)
4:  {
5:      val empty: Int? = null
6:      val str: String = empty.toString( )
7:      println(str)
8:  }
```

empty 변수에는 null이 저장되어 있다.   ◆ 5

empty 변수의 타입이 Nullable이기 때문에, Int 클래스의 멤버 함수 toString이 아닌 Any?. ◆ 6
toString 확장 함수가 호출된다. str 변수에는 "null"이 저장된다.

결과 ▶▶▶▶▶▶▶▶▶▶▶▶▶▶▶▶▶▶▶▶▶▶▶▶▶▶▶▶▶▶▶▶▶▶▶▶▶▶▶

```
null
```

---

*   Any?.toString의 실제 내용은 감춰져 있기 때문에 알 수 없다. 본문의 Any?.toString 함수 몸체는 독자의 이해를 돕기 위해 동일한 동작을 하는 코드를 상상으로 넣은 것이다.

String?.plus 연산자 확장 함수

`All`

학습 내용 : 코틀린에 내장되어 있는 String?.plus 연산자 확장 함수 덕에 String? 타입에 + 연산자를 사용할 수 있음을 이해한다.

코틀린에는 String?.plus 연산자 확장 함수가 내장되어 있어 값이 null인 String 타입 표현식에도 + 연산자를 사용할 수 있다. String?.plus는 다음과 같이 선언되어 있다.

```kotlin
operator fun String?.plus(other: Any?): String
{
    return this.toString( ) + other.toString( )
}
```

이전 예제에서 소개한 **Any?.toString** 확장 함수를 활용하여 String?.plus의 내부 동작을 표현했다. 만약, **this**나 other에 null이 들어 있다면 "null"로 치환될 것이다.

📁 **소스 : ex_nullable_string_plus/Main.kt**

```kotlin
1:  package ex_nullable_string_plus
2:
3:  fun main(args: Array<String>)
4:  {
5:      val nullStr: String? = null
6:      println(nullStr + "테스트")
7:  }
```

5 ◆ nullstr 변수에 null을 지정했다.

6 ◆ nullStr는 String 타입이므로, + 연산자를 사용하면 String 클래스의 plus 연산자 멤버 함수가 아닌, String?.plus 연산자 확장 함수가 호출된다.

null테스트

[All] Double 값 검증하기

학습 내용 : 실수 타입의 변수에 NaN와 Infinite라는 특수 값이 저장될 수 있음을 이해하고, 실수 타입의
변수에 올바른 값이 들어 있는지 검증하는 방법을 배운다.

Double 타입에는 NaN(Not a Number, 숫자가 아님) 또는 Infinite(무한) 이라는 특수 값이 들어갈
수 있다.

📁 **소스 : ex_verify_real_number/Main.kt**

```kotlin
 1:  package ex_verify_real_number
 2:
 3:  fun main(args: Array<String>)
 4:  {
 5:      val a: Double = 0.0 / 0.0
 6:      val b: Double = 7 / 0.0
 7:      val c: Double = 3.2
 8:
 9:      print("$a ")
10:      println(a.isNaN( ))
11:
12:      print("$b ")
13:      println(b.isInfinite( ))
14:
15:      print("$c ")
16:      println(c.isFinite( ))
17:  }
```

0.0 / 0.0 표현식을 계산하면 NaN 값이 결과로 나온다.　　　　　　　　　◆ 5

N / 0.0 표현식을 계산하면 Infinity 값이 결과로 나온다.　　　　　　　◆ 6

정상적인 실수 값이 저장된다.　　　　　　　　　　　　　　　　　　◆ 7

9~10 ◆

isNaN은 다음과 같이 선언된 확장 함수이며, 리시버에 들어있는 값이 NaN면 true, 그렇지 않으면 false를 반환한다.

```
fun Double.isNaN( ): Boolean
fun Float.isNaN( ): Boolean
```

NaN true가 출력된다.

12~13 ◆

isInfinite은 다음과 같이 선언된 확장 함수이며, 리시버에 들어있는 값이 Infinity이면 true, 그렇지 않으면 false를 반환한다.

```
fun Double.isInfinite( ): Boolean
fun Float.isInfinite( ): Boolean
```

Infinity true가 출력된다.

15~16 ◆

isFinite은 다음과 같이 선언된 확장 함수이며, 리시버에 들어있는 값이 정상적이면 true, 그렇지 않으면 false를 반환한다.

```
fun Double.isFinite( ): Boolean
fun Float.isFinite( ): Boolean
```

3.2 true가 출력된다.

```
NaN true
Infinity true
3.2 true
```

All 인수(Argument) 검증하기

활용
181

학습 내용 : 매개변수로 전달된 값이 유효한지 검증하는 방법을 배운다.

check와 require 함수를 이용하면 값이 특정 조건을 만족하지 않을 때 예외를 던질 수 있다. 보통 매개변수에 들어온 값이 유효한지 검사할 때 사용한다.

📁 소스 : ex_verify_value/Main.kt

```kotlin
1:  package ex_verify_value
2:
3:  fun func(num: Int?)
4:  {
5:      checkNotNull(num)
6:      check(num!! >= 0)
7:  }
8:
9:  fun func2(num: Double?)
10: {
11:     requireNotNull(num)
12:     require(num!!.isNaN())
13: }
14:
15: fun main(args: Array<String>)
16: {
17:     func(10)
18:     func2(0.0 / 0.0)
19: }
```

checkNotNull은 다음과 같이 선언되어 있으며, 인수로 전달한 값이 null이면 IllegalState Exception 예외를 던지고, 인수로 전달한 값이 null이 아니면 Non-null 타입으로 캐스팅하여 그대로 반환한다.

```kotlin
fun <T : Any> checkNotNull(value: T?): T
```

◆ 5

6 ◆ check는 다음과 같이 선언되어 있으며, 인수로 전달한 값이 false이면 IllegalStateException 예외를 던진다.

```
fun check(value: Boolean)
```

11 ◆ requireNotNull은 다음과 같이 선언되어 있으며, 인수로 전달한 값이 null이면 IllegalArgument Exception 예외를 던지고, 인수로 전달한 값이 null이 아니면 Non-null 타입으로 캐스팅하여 그대로 반환한다.

```
fun <T : Any> requireNotNull(value: T?): T
```

require은 다음과 같이 선언되어 있으며, 인수로 전달한 값이 false이면 IllegalArgumentException 예외를 던진다.

```
fun require(value: Boolean)
```

KotlinVersion 클래스: 사용 중인 코틀린 버전 알아내기

활용 **182**

학습 내용 : 사용 중인 코틀린 버전을 조사하는 방법을 배운다.

KotlinVersion 클래스를 이용하면 현재 사용 중인 코틀린 버전을 알아낼 수 있다.

```
class KotlinVersion(val major: Int, val minor: Int, val patch: Int) : Comparable<KotlinVersion>
```

KotlinVersion 클래스는 Comparable 인터페이스를 구현하고 있기 때문에, <, > 연산자로 대소 비교도 가능하다.

📁 **소스 : ex_kotlin_version/Main.kt**

```kotlin
1:  package ex_kotlin_version
2:
3:  fun main(args: Array<String>)
4:  {
5:      val kotlinVersion: KotlinVersion = KotlinVersion.CURRENT
6:      println("${kotlinVersion.major}.${kotlinVersion.minor}.${kotlinVersion.patch}")
7:      println(kotlinVersion.isAtLeast(1, 1, 0))
8:  }
```

KotlinVersion 컴패니언 오브젝트의 CURRENT 프로퍼티에 현재 코틀린 버전을 갖는 Kotlin Version 객체가 담겨있다.　◆ 5

```kotlin
companion object {
    val CURRENT = KotlinVersion(1, 2, 0)
}
```

KotlinVersion 객체의 major, minor, patch 프로퍼티로 코틀린의 메이저, 마이너, 패치 버전을 Int 타입으로 가져올 수 있다. 1.2.0이 출력된다.*　◆ 6

---

* 　출력되는 내용은 사용 중인 코틀린 버전에 따라 달라진다.

7 ◆ **KotlinVersion** 객체의 **isAtLeast** 멤버 함수를 사용하면 코틀린이 특정 버전 이상인지를 쉽게 판단할 수 있다. 본 예제에서는 코틀린이 1.1.0 버전 이상인지를 조사하고 있다.

```
fun isAtLeast(major: Int, minor: Int, patch: Int): Boolean
```

true가 출력된다.

```
1.2.0
true
```

exitProcess 함수:
어디서나 프로그램 종료하기

All
JVM

활용
183

학습 내용 : 어디서나 프로그램을 종료하는 exitProcess 함수에 대해 알아본다.

프로그램을 종료하려면 일반적으로 main 함수에서 return을 하거나, main 함수까지 예외를 던져야 한다.* 하지만 이렇게 코드를 작성하는 것은 쉽지 않다. exitProcess 함수를 이용하면, 실행 흐름이 어디에 있든 프로그램을 바로 종료시킬 수 있다.

📁 **소스 : ex_exit_process_function/Main.kt**

```kotlin
 1:  package ex_exit_process_function
 2:
 3:  import kotlin.system.exitProcess
 4:
 5:  fun main(args: Array<String>)
 6:  {
 7:      something(-1)
 8:      println("Hello")
 9:  }
10:
11:  fun something(num: Int)
12:  {
13:      if (num < 0)
14:          exitProcess(0)
15:  }
```

kotlin.system에 선언된 함수는 다른 코틀린 내장 함수와 다르게 반드시 import 해주어야 한다.　　◆ 3

something 함수를 호출하고 있다.　　◆ 7

num에 음수가 들어있기 때문에 exitProcess(0)이 호출된다.　　◆ 13~14

———————

＊　당연히 중간에 예외를 catch 하는 코드를 한번이라도 만나면 안 된다.

exitProcess 함수는 다음과 같이 선언되어 있다.

```
inline fun exitProcess(status: Int): Nothing
```

exitProcess 함수가 호출되면 프로그램이 곧바로 종료되기 때문에 반환 타입은 Nothing이다.
exitProcess 함수에 0을 전달하면 정상 종료를, 0이 아닌 수를 전달하면 비정상 종료를 나타낸다.

8 ◆ 7번 줄에서 프로그램이 종료되기 때문에 Hello는 출력되지 않는다.

코드 성능 측정하기

학습 내용 : 코드의 성능을 측정하는 방법을 배운다.

가끔 코드의 실행 속도를 측정해야 할 때가 있다. 이럴 때는 measureTimeMillis 또는 measureNanoTime 함수를 사용한다.

📁 **소스 : ex_measure_performance/Main.kt**

```kotlin
 1: package ex_measure_performance
 2:
 3: import kotlin.system.measureNanoTime
 4: import kotlin.system.measureTimeMillis
 5:
 6: fun main(args: Array<String>)
 7: {
 8:     println(measureTimeMillis {
 9:         var sum = 0L
10:         for (i in 1..100000000)
11:             sum += i
12:     })
13:
14:     println(measureNanoTime {
15:         var sum = 0L
16:         for (i in 1..100000000)
17:             sum += i
18:     })
19: }
```

kotlin.system에 선언된 함수는 다른 코틀린 내장 함수와 다르게 반드시 import 해주어야 한다.　　◆ 3~4

measureTimeMillis 함수는 다음과 같이 선언되어 있다.　　◆ 8~12

```kotlin
fun measureTimeMillis(block: ( ) -> Unit): Long
```

매개변수가 없고 반환 타입이 Unit인 함수를 block 매개변수로 받으며, block에 전달한 함수를 호출하고, 함수가 끝나기까지 경과한 시간을 밀리 초 단위로 반환한다.

9~11 번 줄을 실행하는데 걸린 시간 35(밀리 초)가 출력된다. 이 값은 컴퓨터의 성능에 따라 다르게 나올 수 있다.

14~18 ◆ measureNanoTime 함수는 다음과 같이 선언되어 있다.

```
fun measureNanoTime(block: ( ) -> Unit): Long
```

동작은 measureTimeMillis와 같으며, 함수가 끝나기까지 경과한 시간을 나노 초 단위로 반환한다.

15~17 번 줄을 실행하는데 걸린 시간 33636671(나노 초)가 출력된다. 이 값은 컴퓨터의 성능에 따라 다르게 나올 수 있다.

```
35
33636671
```

파일 입출력

활용
185

코틀린의 파일 입출력은 근본적으로 자바 표준 라이브러리에 의존하며, 코틀린 확장 함수가 이를 보조하는 형태로 되어 있다. 따라서 코틀린에서 파일 입출력을 하면 JVM에 의존성이 생긴다.

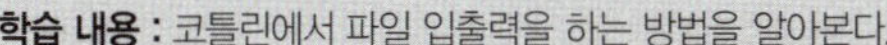

📁 소스 : **ex_file_io/Main.kt**

```kotlin
 1:  package ex_file_io
 2:
 3:  import java.io.*
 4:
 5:  fun main(args: Array<String>)
 6:  {
 7:      val file = File("./hello.txt")
 8:
 9:      if (!file.exists( ))
10:          file.createNewFile( )
11:
12:      val outputStream: OutputStream = file.outputStream( )
13:      outputStream.write(35)
14:
15:      val osw: OutputStreamWriter = outputStream.writer( )
16:      osw.write("파일 입출력")
17:      osw.close( )
18:
19:      val inputStream: InputStream = file.inputStream( )
20:      println(inputStream.read( ))
21:
22:      val isr: InputStreamReader = inputStream.reader( )
23:      println(isr.readText( ))
24:      isr.close( )
25:  }
```

3 ◆ 자바 표준 라이브러리에 선언된 클래스들을 import 하고 있다.

7 ◆ File은 특정 파일을 표현하는 자바 클래스이다. 생성자의 첫 번째 인수로 파일의 경로를 넘기면 해당 파일의 정보를 토대로 File 클래스의 인스턴스가 만들어진다.

9 ◆ File 클래스의 exists 멤버 함수는 해당 경로에 파일이 존재하는지 여부를 반환한다. 처음 이 예제를 실행했다면 file.exists( )는 false를 반환할 것이다.

10 ◆ 만약, 파일이 존재하지 않으면 File 클래스의 createNewFile 멤버 함수를 호출하여 파일을 새로 생성한다.

12 ◆ OutputStream은 어떤 장치로 데이터를 출력하기 위한 기본적인 멤버를 갖는 자바의 클래스이다.

file의 outputStream은 File 클래스에 선언된 멤버 함수가 아닌 코틀린 표준 라이브러리의 확장 함수이다. 다음과 같이 선언되어 있다.

```
inline fun File.outputStream( ): FileOutputStream
```

FileOutputStream 클래스는 OutputStream 클래스를 상속하며, 파일 출력에 특화된 구현을 가진다.

13 ◆ OutputStream 클래스는 바이너리 형태로 데이터를 출력하는 멤버만 갖고 있다. 파일에 35라는 값이 바이너리 형태로 출력된다.

15 ◆ OutputStreamWriter 클래스는 텍스트 형태로 데이터를 출력하는 멤버만 갖고 있다. 코틀린은 다음과 같은 확장 함수를 제공하여 File 클래스나 OutputStream 클래스로부터 OutputStreamWriter를 얻어올 수 있게 해준다.

```
inline fun File.writer(charset: Charset = Charsets.UTF_8): OutputStreamWriter
inline fun OutputStream.writer(charset: Charset = Charsets.UTF_8): OutputStreamWriter
```

charset은 출력할 텍스트의 문자셋을 나타내며, 기본 값은 Charsets.UTF_8이다. Charsets는 각종 문자셋이 정의되어 있는 열거 클래스이다.

16 ◆ 파일에 파일 입출력이 텍스트 형태로 출력된다.

17 ◆ 출력을 마쳤으면 OutputStream이나 OutputStreamWriter의 close 멤버 함수를 호출하여 파일을 닫아주어야 한다.

InputStream은 어떤 장치로부터 데이터를 읽어오기 위한 기본적인 멤버를 갖는 자바의 클래스이다. file의 inputStream은 File 클래스에 선언된 멤버 함수가 아닌 코틀린 표준 라이브러리의 확장 함수이다. 다음과 같이 선언되어 있다. ◆ 19

```
inline fun File.inputStream( ): FileInputStream
```

FileInputStream 클래스는 InputStream 클래스를 상속하며, 파일 입력에 특화된 구현을 가진다.

InputStream 클래스는 바이너리 형태로 데이터를 읽어오는 멤버만 갖고 있다. 파일에 저장된 35라는 값이 화면에 출력된다. ◆ 20

InputStreamReader 클래스는 텍스트 형태로 데이터를 출력하는 멤버만 갖고 있다. 코틀린은 다음과 같은 확장 함수를 제공하여 File 클래스나 InputStream 클래스로부터 InputStreamReader를 얻어올 수 있게 해준다. ◆ 22

```
inline fun File.reader(charset: Charset = Charsets.UTF _8): InputStreamReader
inline fun InputStream.reader(charset: Charset = Charsets.UTF _8): InputStreamReader
```

charset은 텍스트를 읽어올 문자셋을 나타내며, 기본 값은 Charsets.UTF_8이다.

readText는 다음과 같이 선언된 확장 함수이며, 파일에 남아있는 데이터를 모두 텍스트 형태로 읽어들인 뒤 반환한다. ◆ 23

```
fun Reader.readText( ): String
```

파일에 저장된 "파일 입출력"을 텍스트 형태로 읽어온다. 파일 입출력이 출력된다.

출력 때와 마찬가지로, 작업이 끝났으면 InputStream이나 InputStreamReader의 close 멤버 함수를 호출하여 파일을 닫아주어야 한다. ◆ 24

35
파일 입출력

FileTreeWalk 클래스:
디렉토리 순회하기

학습 내용 : FileTreeWalk 클래스를 이용하여 쉽게 특정 디렉토리의 하위 파일 및 하위 디렉토리들을 순회하는 방법을 알아본다.

FileTreeWalk 클래스는 Sequence<File>을 구현하는 클래스이며, 반복자를 이용해 특정 디렉토리의 하위 파일과 하위 디렉토리들을 순회할 수 있다.

📁 소스 : ex_file_tree_walk_class/Main.kt

```kotlin
 1: package ex_file_tree_walk_class
 2:
 3: import java.io.File
 4:
 5: fun main(args: Array<String>)
 6: {
 7:     val fileTree: FileTreeWalk = File("./").walk( )
 8:         .maxDepth(3)
 9:         .onEnter { file ->
10:             println("새 디렉토리 방문: ${file.name}")
11:             true
12:         }
13:
14:     for (file in fileTree)
15:         println(file.name)
16: }
```

7 ◆ 현재 디렉토리("./")의 **File** 인스턴스를 생성하고 있다.

FileTreeWalk의 인스턴스는 다음과 같이 선언된 walk 확장 함수로부터 얻는다.

```kotlin
fun File.walk(direction: FileWalkDirection = FileWalkDirection.TOP_DOWN): FileTreeWalk
```

FileWalkDirection는 파일 순회 방향을 나타내는 열거 클래스이며, FileWalkDirection.TOP_DOWN은 최상위 디렉토리에서 최하위 디렉토리로, FileWalkDirection.BOTTOM_UP은 최하위 디렉토리에서 최상위 디렉토리로 순회함을 나타낸다. direction의 기본 값은 TOP_DOWN이다.

maxDepth는 탐색할 하위 디렉토리의 최대 깊이를 지정하는 FileTreeWalk의 멤버 함수이다. 이 멤버 함수를 호출하지 않으면 최하위 디렉토리가 나올 때까지 계속 순회한다. 다음과 같이 선언되어 있다.

```
fun maxDepth(depth: Int): FileTreeWalk
```

반환값은 FileTreeWalk 자기 자신이다.

onEnter는 새로운 디렉토리로 들어왔을 때 호출될 함수를 지정하는 FileTreeWalk의 멤버 함수이다. 다음과 같이 선언되어 있다.

```
fun onEnter(function: (File) -> Boolean): FileTreeWalk
```

(File) -> Boolean 타입의 함수를 인수로 받으며, 방문한 디렉토리에 대한 File 인스턴스가 function의 첫 번째 매개변수로 들어온다. 반환값은 FileTreeWalk 자기 자신이다.
새로운 디렉토리를 방문할 때마다 "새 디렉토리 방문:${file.name}"이 출력된다.

for문을 이용하여 fileTree를 순회하면서 현재 디렉토리 내의 모든 파일 이름을 출력하고 있다.

프로젝트에 들어있는 파일 및 디렉토리가 출력된다.

thread 함수: 스레드 생성하기

학습 내용 : 코틀린에서 스레드를 생성하는 방법을 배운다.

코틀린의 스레드는 thread 함수를 통해 생성할 수 있다.

> **N O T E | JVM에 종속적인 thread 함수 |**
>
> thread 함수는 JVM의 스레드를 생성하기 때문에, 이 함수를 사용하면 JVM에 의존성이 생긴다.

thread 함수는 다음과 같이 선언되어 있다.

```kotlin
fun thread(
    start: Boolean = true,
    isDaemon: Boolean = false,
    contextClassLoader: ClassLoader? = null,
    name: String? = null,
    priority: Int = -1,
    block: ( ) -> Unit
): Thread
```

반환 타입 Thread는 자바의 Thread 클래스이다. 각 매개변수의 의미는 다음과 같다.

매개변수 이름	의미
start	true를 넘기면 스레드를 생성과 동시에 바로 실행한다.
isDaemon	데몬 스레드로 만들 것인지 여부를 지정한다.
contextClassLoader	스레드에서 사용할 클래스 로더를 지정한다.
name	스레드의 이름을 지정한다.
priority	스레드의 우선순위를 지정한다. 1~10 사이의 정수를 지정하면 된다. 높은 숫자가 더 높은 우선순위를 갖는다.
block	스레드에서 실행할 함수를 지정한다.

대부분의 매개변수에 디폴트 인수가 지정되어 있기 때문에 원하는 매개변수에만 이름을 명시하여 인수를 넘겨주면 된다.

📁 **소스 : ex_thread_function/Main.kt**

```kotlin
 1:  package ex_thread_function
 2:
 3:  import kotlin.concurrent.thread
 4:
 5:  fun main(args: Array<String>)
 6:  {
 7:      thread(start = true) {
 8:          print("Hello, ")
 9:          Thread.sleep(1000)
10:          print("World!")
11:      }
12:
13:      Thread.sleep(500)
14:      print("Kotlin ")
15:  }
```

thread 함수는 kotlin.concurrent 패키지를 import 해야 사용할 수 있다.   ◆ 3

스레드를 생성하자마자 시작하고 있다.   ◆ 7~11

Thread.sleep 함수는 자바에 내장되어 있으며, 인수로 지정한 시간(밀리 초)만큼 대기한다.   ◆ 9

Hello, Kotlin World!이 500 밀리 초에 한 단어씩 출력된다.   ◆ 8, 10, 14

결과 ▶▶▶▶▶▶▶▶▶▶▶▶▶▶▶▶▶▶▶▶▶▶▶▶▶▶▶▶▶

Hello, Kotlin World!

timer 함수: 타이머 생성하기

학습 내용 : 일정한 주기마다 특정 함수를 호출하는 방법을 알아본다.

timer 함수를 이용하면 미리 설정해 놓은 주기마다 지정한 함수를 실행하게 할 수 있다. timer 함수는 다음과 같이 선언되어 있다.

```kotlin
fun timer(
    name: String? = null,
    daemon: Boolean = false,
    initialDelay: Long = 0.toLong( ),
    period: Long,
    action: TimerTask.( ) -> Unit
): Timer
```

반환 타입 Timer는 자바의 Timer 클래스이다. 각 매개변수의 의미는 다음과 같다.

매개변수 이름	의미
name	타이머의 이름을 지정한다.
daemon	데몬 스레드로 만들 것인지 여부를 지정한다.
initialDelay	초기 지연 시간을 밀리 초 단위로 설정한다.
period	주기를 밀리 초 단위로 설정한다.
action	매 주기마다 실행할 함수를 지정한다. 리시버 타입의 TimerTask는 자바의 TimerTask이며, 타이머의 정보를 가져오거나 타이머를 중지하는데 사용된다.

대부분의 매개변수에 디폴트 인수가 지정되어 있기 때문에 원하는 매개변수에만 이름을 명시하여 인수를 넘겨주면 된다.

 소스 : ex_timer_function/Main.kt

```kotlin
1:  package ex_timer_function
2:
3:  import java.util.Timer
```

```
 4:   import kotlin.concurrent.timer
 5:
 6:   fun main(args: Array<String>)
 7:   {
 8:       var i = 1
 9:       val t: Timer = timer(initialDelay = 1500, period = 250) {
10:           println(i)
11:           i += 1
12:       }
13:
14:       Thread.sleep(2400)
15:       t.cancel( )
16:   }
```

자바의 java.util 패키지에 선언된 Timer 클래스를 import하고 있다.　　　◆ 3

timer 함수는 kotlin.concurrent 패키지를 import 해야 사용할 수 있다.　　　◆ 4

1500 밀리 초간 대기한 뒤, 250 밀리 초마다 정수의 값을 증가시키며 출력하는 타이머를 생성하고　◆ 9~12
실행했다.

2400 밀리 초간 대기한 뒤, Timer의 cancel 멤버 함수로 타이머를 중단시켰다.　　　◆ 14~15
1부터 4까지 출력되고 프로그램이 종료된다.

```
1
2
3
4
```

</> synchronized 함수: 스레드 동기화하기

학습 내용 : 코틀린에서 스레드를 동기화하는 방법을 알아본다.

코틀린에서는 동기화를 위한 키워드를 따로 제공하지 않는다. 스레드를 동기화하려면 synchronized 함수를 이용해야 한다.

📁 **소스 : ex_synchronized_function/Main.kt**

```kotlin
 1: package ex_synchronized_function
 2:
 3: import kotlin.concurrent.thread
 4:
 5: private var obj: Int = 0
 6:
 7: private fun objPlus( )
 8: {
 9:     for (i in 1..1000)
10:         synchronized(obj) {
11:             obj++
12:         }
13: }
14:
15: fun main(args: Array<String>)
16: {
17:     thread { objPlus( ) }
18:     objPlus( )
19:     Thread.sleep(100)
20:     println(obj)
21: }
```

7~13 ◆ 전역 변수 obj의 값을 1000번 증가시키는 함수이다.

10~12 ◆ obj의 값을 증가시키는 코드를 동기화 블록으로 감쌌다. **synchronized** 함수는 다음과 같이 선언되어 있다.

```
inline fun <R> synchronized(lock: Any, block: ( ) -> R): R
```

lock은 동시 수정으로부터 보호할 객체이고, block은 lock 객체를 점유하고 있는 동안 실행할 함수이다.

두 개의 스레드에서 obj의 값을 동시에 증가시키고 있다. ◆ 17~18

스레드가 종료될 때까지 대기하는 코드이다. ◆ 19

obj의 값을 출력했다. 2000이 출력된다. ◆ 20

2000

코틀린과 자바 함께 사용하기

초보자를 위한

KOTLIN 200제

Java 코틀린에서 자바 코드 접근하기: 타입

학습 내용 : 코틀린에서 자바로 작성된 코드를 불러올 때 타입이 어떻게 매핑되는지 알아본다.

코틀린에서 자바 코드를 불러오면, 자바의 기본 타입들은 다음의 표와 같이 전환된다.

자바 타입		코틀린 타입
byte, Byte		Byte, Byte!*
short, Short		Short, Short!
int, Integer		Int, Int!
long, Long		Long, Long!
float, Float		Float, Float!
double, Double		Double, Double!
boolean, Boolean		Boolean, Boolean!
java.lang.String		kotlin.String!
void, Void	→	Unit
byte[]		ByteArray!
short[]		ShortArray!
int[]		IntArray!
long[]		LongArray!
float[]		FloatArray!
double[]		DoubleArray!
boolean[]		BooleanArray!
T[]		Array<T>!
Object		Any

---

* 타입 이름 뒤의 느낌표 '!'는 다음 예제에서 설명하겠다.

소스 : ex_java_to_kotlin_types/Main.kt

```kotlin
 1:  package ex_java_to_kotlin_types
 2:
 3:  fun main(args: Array<String>)
 4:  {
 5:      val rand: Double = Math.random( )
 6:      println(rand)
 7:
 8:      val buffer: StringBuffer = StringBuffer( )
 9:      buffer.append("hello, ")
10:      buffer.append("world!")
11:      val result: String = buffer.toString( )
12:      println(result)
13:  }
```

Math.random 메서드는 자바에서 다음과 같이 선언되어 있다.　　　　　　　　　◆ 5~6

```
public static double random( )
```

코틀린에서 Math.random을 부르면, double 타입이 코틀린의 Double 타입으로 변환되므로 반환 값이 문제없이 rand 변수에 대입된다. 0.3772909825933535이 출력된다. 이 값은 프로그램을 실행할 때마다 달라진다.

자바에서 선언된 StringBuffer 클래스를 코틀린에서 사용하고 있다.　　　　　　　　◆ 8

StringBuffer의 append 메서드는 java.lang.String 타입의 인수를 받지만, 코틀린에서 호출할 때　◆ 9~10
는 kotlin.String 타입으로 변환되므로, "hello, "와 "world!" 리터럴을 문제없이 전달할 수 있다.

StringBuffer의 toString 메서드는 java.lang.String 타입의 값을 반환하지만, 코틀린에서 호출할　◆ 11~12
때는 kotlin.String 타입으로 변환되므로, 문제없이 result 변수에 대입된다.
hello, world!가 출력된다.

```
0.3772909825933535
hello, world!
```

Java 코틀린에서 자바 코드 접근하기: Null 안전성

학습 내용 : 타입 이름 뒤에 붙은 느낌표 '!'의 정체에 대해 자세히 알아본다. 그리고 자바에서 Nullable과 Not-Null을 어떻게 처리하는지 배운다.

자바의 참조 타입을 코틀린으로 불러오면 타입 이름 뒤에 느낌표가 붙는다(ex. String!).

타입 이름 뒤의 느낌표 '!' 는 이 타입이 Nullable인지, Not-Null인지 알 수 없다는 뜻이다.* 자바의 참조 타입은 무조건 null을 허용하기 때문에 이런 일이 벌어진다. 반면 int와 같은 원시 타입의 경우, null 값이 들어갈 수 없으므로 느낌표 없이 Int 타입으로 인식된다.

자바에 선언된 인터페이스를 코틀린에서 구현하는 예제를 통해 타입의 Nullable이 어떻게 처리되는지 알아보자.

📁 소스 : ex_java_to_kotlin_null_safety/JavaInterface.java

```java
1:  package ex_java_to_kotlin_null_safety;
2:
3:  public interface JavaInterface
4:  {
5:      String trim(String str);
6:  }
```

3~6 ◆ String 타입의 인수를 받아 String 타입의 값을 반환하는 **trim** 함수를 갖는 자바 인터페이스를 선언하고 있다.

📁 소스 : ex_java_to_kotlin_null_safety/Main.kt

```kotlin
1:  package ex_java_to_kotlin_null_safety
2:
3:  class KotlinClass : JavaInterface
4:  {
```

---

* 이 느낌표는 실제 문법은 아니기 때문에 타입 이름 뒤에 느낌표를 적으면 오류가 발생한다. IDE에서 Nullable인지 Not-Null인지 알 수 없음을 느낌표로 표시하는 것일 뿐이다.

```
 5:        override fun trim(str: String?): String =
 6:                str?.trim( ) ?: ""
 7:    }
 8:
 9:    fun main(args: Array<String>)
10:    {
11:        val javaInterface: JavaInterface = KotlinClass( )
12:        println(javaInterface.trim(" hi "))
13:    }
```

String! 타입은 String?이나 String으로 적을 수 있다. 일반적으로 String?으로 적어주는 것이 안전 ◆ 5
하며, 절대로 null이 들어오지 않는 다는 확신이 있다면 String으로 써도 무방하다. 단, String으로
적었는데 이 곳에 null 값이 들어온다면 KotlinNullPointerException이 발생한다.

hi

만일, 자바에서 이 매개변수로는 절대 null 값이 들어오지 않는다는 것을 보장하고 싶으면 어떻게
해야 할까? 그럴 때는 매개변수 타입에 @NotNull 어노테이션을 붙이면 된다.

```java
import org.jetbrains.annotations.NotNull;

public interface JavaInterface
{
    String trim(@NotNull String str);
}
```

@NotNull 이 붙은 String 타입은 코틀린에서 느낌표 없이 String 그대로 인식된다.
@NotNull의 반대로 @Nullable 어노테이션도 있다. String 타입 앞에 @Nullable을 붙이면 코틀린
에서 String? 타입으로 인식된다.
@NotNull과 @Nullable 어노테이션은 암묵적으로 null을 허용하는 자바 문법을 조금 더 확실히 하
기 위한 장치라고 보면 된다. 이 어노테이션들은 org.jetbrains.annotations 패키지에 선언되어 있
으며, Android의 com.android.annotations, android.support.annotations 패키지에 선언된 어노
테이션도 인식한다.

Java 코틀린에서 자바 코드 접근하기: 키워드 충돌

학습 내용 : 자바의 식별자가 코틀린의 키워드로 되어있는 경우 어떻게 대처해야 하는지 알아본다.

간혹, 코틀린에서는 키워드인 것이 자바에서 식별자로 쓰일 때가 있다.

📁 **소스 : ex_java_to_kotlin_keyword_conflict/Main.kt**

```kotlin
1:  package ex_java_to_kotlin_keyword_conflict
2:
3:  import java.util.*
4:
5:  fun main(args: Array<String>)
6:  {
7:      val scanner: Scanner = Scanner(System.`in`)
8:  }
```

7 ◆ 자바의 System 클래스에는, in이라는 이름의 정적 필드가 선언되어 있다. 그런데, 코틀린에는 in 이라는 키워드가 이미 존재하므로 System.in과 같이 쓸 수 없다. 이럴 때는 문제가 되는 in 식별자를 ``*로 감싸주면 된다.

``은 특수문자가 들어간 식별자를 지을 때도 사용된다. 다음과 같이 말이다.

```kotlin
val `어떤 변수`: Int = 10
println(`어떤 변수`)
```

식별자를 ``로 감싸면 띄어쓰기도 식별자 안에 담을 수 있다.

---

* 숫자 1키 왼쪽에 있는 문자이다.

[Java] 코틀린에서 자바 코드 접근하기: SAM 변환

실무 193

학습 내용 : SAM의 뜻과 코틀린에서 SAM 변환을 하는 방법을 알아본다.

SAM이란, 단일 추상 메서드(Single Abstract Method)의 줄임말로, 메서드를 한 개만 갖고 있는 인터페이스를 뜻한다. 대표적인 예로 Runnable, Comparable 등이 있다. SAM 변환이란, 함수 리터럴을 특정 인터페이스로 변환하는 것을 뜻한다.

📁 **소스 : ex_java_to_kotlin_sam_conversion/Main.kt**

```kotlin
1:  package ex_java_to_kotlin_sam_conversion
2:
3:  fun main(args: Array<String>)
4:  {
5:      val runnable: Runnable = Runnable { println("SAM") }
6:      runnable.run( )
7:  }
```

Runnable 인터페이스는, 매개변수와 반환 타입이 없는 추상 메서드를 갖는다. 따라서 () -> Unit 형태의 함수로 Runnable 타입을 대신 표현해도 무방하다. ◆ 5

함수 리터럴 앞에 단일 추상 메서드를 갖는 인터페이스 이름을 적으면, 그 인터페이스 타입으로 표현식이 변한다. 다시 말해, **{ println("SAM") }** 까지는 () -> Unit 타입의 표현식이지만, **Runnable { println("SAM") }** 까지 적으면 Runnable 타입의 표현식이 된다.

 **결과** ▶▶▶▶▶▶▶▶▶▶▶▶▶▶▶▶▶▶▶▶▶▶▶▶▶▶▶▶▶▶▶

SAM

Java 코틀린에서 자바 코드 접근하기: Getter/Setter

학습 내용 : 자바의 Getter/Setter를 코틀린에서 어떻게 접근할 수 있는지 알아본다.

일정 규칙을 만족하는 자바 메서드는 코틀린에서 프로퍼티로 접근할 수 있다.

📁 **소스 : ex_java_to_kotlin_getter_setter/JavaClass.java**

```java
 1: package ex_java_to_kotlin_getter_setter;
 2:
 3: public class JavaClass
 4: {
 5:     private int value;
 6:
 7:     public int getSomething( )
 8:     {
 9:         return value;
10:     }
11:
12:     public void setSomething(int value)
13:     {
14:         this.value = value;
15:     }
16:
17:     public double getDoubleValue( )
18:     {
19:         return 3.14;
20:     }
21:
22:     public boolean isGood( )
23:     {
24:         return true;
25:     }
26: }
```

소스 : ex_java_to_kotlin_getter_setter/Main.kt

```kotlin
 1:  package ex_java_to_kotlin_getter_setter
 2:
 3:  fun main(args: Array<String>)
 4:  {
 5:      val java = JavaClass( )
 6:
 7:      java.something = 301
 8:      println(java.something)
 9:
10:      println(java.isGood)
11:      println(java.doubleValue)
12:  }
```

자바 클래스의 인스턴스를 생성하고 있다. ◆ 5

만약 자바 클래스에 get…, set… 으로 시작하는 메서드가 있다면, 코틀린에서 프로퍼티로 접근이 가 ◆ 7~8
능하다. getSomething, setSomething 메서드는 둘 다 int 타입의 값을 다루므로 Int 타입의 프로
퍼티로 인식된다. 301이 출력된다.

만약 자바 클래스에 is…로 시작하고 반환 타입이 boolean인 메서드가 있다면, 이 또한 코틀린에서 ◆ 10
프로퍼티로 접근할 수 있다. 단, 이때는 프로퍼티 이름이 메서드 이름과 동일하다. true가 출력된다.

자바 클래스에 Getter만 있어도, 코틀린에서 프로퍼티로 접근이 가능하다. 3.14가 출력된다. ◆ 11

결과

```
301
true
3.14
```

Java 코틀린에서 자바 코드 접근하기: 연산자 오버로딩

학습 내용 : 일정 규칙을 만족하는 자바의 메서드를 코틀린에서 연산자 형태로 호출할 수 있음을 알아본다.

자바의 메서드 중, 연산자를 오버로딩하는 이름의 메서드가 있으면 코틀린에서 연산자의 형태로 접근이 가능하다.

📁 소스 : ex_java_to_kotlin_operator_overloading/JavaClass.java

```java
 1:  package ex_java_to_kotlin_operator_overloading;
 2:
 3:  public class JavaClass
 4:  {
 5:      public boolean contains(int any)
 6:      {
 7:          return true;
 8:      }
 9:
10:      public int get(int any)
11:      {
12:          return 80;
13:      }
14:  }
```

5~8,
10~13
코틀린 연산자를 오버로딩하는 이름으로 자바 메서드를 선언하고 있다.

📁 소스 : ex_java_to_kotlin_operator_overloading/Main.kt

```kotlin
1:  package ex_java_to_kotlin_operator_overloading
2:
3:  fun main(args: Array<String>)
4:  {
5:      val java = JavaClass( )
6:
```

```
 7:        println(13 in java)
 8:        println(java[13])
 9:        println(java[28])
10:        println(java[18])
11: }
```

JavaClass 클래스의 contains 메서드가 호출된다. true가 출력된다.　　　　◆ 7

JavaClass 클래스의 get 메서드가 호출된다.　　　　◆ 8~10

결과

```
true
80
80
80
```

코틀린에서 자바 코드 접근하기: 클래스 참조

학습 내용 : 코틀린 클래스의 인스턴스로부터 Class<T> 타입의 값을 얻어내는 방법을 알아본다.

자바로 된 메서드를 호출하다 보면, 간혹 Class<T> 타입의 인수를 요구하는 경우가 있다. 이때, 코틀린 클래스의 인스턴스로부터 Class<T> 타입의 값을 얻어내는 방법을 알아보자.

소스 : ex_java_to_kotlin_class_reference/JavaClass.java

```java
1:  package ex_java_to_kotlin_class_reference;
2:
3:  public class JavaClass
4:  {
5:      public static <T> void printClassInfo(Class<T> clazz)
6:      {
7:          System.out.println(clazz.getCanonicalName( ));
8:      }
9:  }
```

5~8 ◆ 인수로 전달된 클래스의 이름을 출력하는 메서드를 선언하고 있다.

소스 : ex_java_to_kotlin_class_reference/Main.kt

```kotlin
1:  package ex_java_to_kotlin_class_reference
2:
3:  fun main(args: Array<String>)
4:  {
5:      val number: Int = 26
6:      val str: String = "2018년"
7:
8:      JavaClass.printClassInfo(number::class.java)
9:      JavaClass.printClassInfo(str::class.java)
10:     JavaClass.printClassInfo(Double::class.java)
11: }
```

인스턴스 뒤에 ::class.java를 적으면, 자바와 호환되는 Class<T> 타입의 객체를 가져온다.
int
java.lang.String이 출력된다.

◆ 8, 9

클래스 이름 뒤에도 ::class.java를 적을 수 있다. double이 출력된다.

◆ 10

```
int
java.lang.String
double
```

Java 자바에서 코틀린 코드 접근하기: 패키지 레벨 변수·함수

학습 내용 : 자바 코드에서 코틀린의 패키지 레벨 변수와 함수에 접근하는 방법을 알아본다.

알다시피 자바에는 전역 변수, 함수의 개념이 없다. 그럼 이들을 과연 어떻게 자바에서 접근할 수 있을까?

소스 : ex_kotlin_to_java_package_level/File1.kt

```kotlin
1:  package ex_kotlin_to_java_package_level
2:
3:  val a = 10
4:
5:  fun func( ) = println("Hello")
6:
7:  fun Int.extension( ) = println(this)
```

3, 5, 7 ◆ 패키지 레벨의 변수, 함수, 확장 함수를 선언하고 있다.

소스 : ex_kotlin_to_java_package_level/File2.kt

```kotlin
1:  @file:JvmName("MyKotlin")
2:
3:  package ex_kotlin_to_java_package_level
4:
5:  fun func2( ) = println("From File2.kt")
```

1 ◆ 어노테이션의 정체는 이후에 소개하겠다.

5 ◆ 패키지 레벨 함수를 선언하고 있다.

소스 : ex_kotlin_to_java_package_level/Main.java

```java
 1:  package ex_kotlin_to_java_package_level;
 2:
 3:  public class Main
 4:  {
 5:      public static void main(String[ ] args)
 6:      {
 7:          System.out.println(File1Kt.getA( ));
 8:          File1Kt.func( );
 9:          File1Kt.extension(100);
10:
11:          MyKotlin.func2( );
12:      }
13:  }
```

코틀린 파일에 선언된 패키지 레벨의 변수 · 함수들은 파일명kt 클래스의 static 멤버로 들어간다. ◆ 7
즉, File1.kt에 선언된 변수와 함수는 File1Kt 클래스의 static 멤버가 된다.
패키지 레벨 변수는 오로지 Getter와 Setter를 통해서만 접근할 수 있다. 변수 a에 접근하려면 getA
를 호출해야 한다. 변수에 값을 쓸 때도 setA(값)과 같이 적어야 한다. 10이 출력된다.

File1.kt 파일에 선언된 func 함수를 호출하고 있다. Hello가 출력된다. ◆ 8

확장 함수도 사실 파일명kt 클래스의 static 멤버이다. File1Kt.extension(100)은 코틀린 코드로 100. ◆ 9
extension( )과 같다. 만약 확장 함수에 인수가 존재하면, File1Kt.extension(리시버, 인수 1, 인수 2,
…)와 같은 식으로 적어주면 된다. 100이 출력된다.

File2.kt 파일의 선두에 @file:JvmName("MyKotlin")이 적혀있었다. 이 어노테이션은 File2.kt에 대 ◆ 11
한 클래스 이름을 File2Kt가 아닌 MyKotlin으로 만들도록 코틀린 컴파일러에게 지시한다. 즉,
MyKotlin.func2는 File2.kt에 선언된 func2를 가리킨다. From File2.kt이 출력된다.

결과 ▶▶▶▶▶▶▶▶▶▶▶▶▶▶▶▶▶▶▶▶▶▶▶▶▶▶▶▶▶▶▶▶▶▶

```
10
Hello
100
From File2.kt
```

Java 자바에서 코틀린 코드 접근하기: 프로퍼티

학습 내용 : 자바에서 코틀린 프로퍼티에 접근하는 방법을 알아본다.

코틀린 프로퍼티는 자바에서 Getter/Setter의 형태로만 접근이 가능하다.

소스 : ex_kotlin_to_java_property/KotlinClass.kt

```kotlin
1: package ex_kotlin_to_java_property
2:
3: class KotlinClass
4: {
5:     var num: Int = 0
6: }
```

소스 : ex_kotlin_to_java_property/Main.java

```java
1: package ex_kotlin_to_java_property;
2:
3: public class Main
4: {
5:     public static void main(String[ ] args)
6:     {
7:         KotlinClass kotlin = new KotlinClass( );
8:         kotlin.setNum(16);
9:         System.out.println(kotlin.getNum( ));
10:     }
11: }
```

8~9 ◆ getNum, setNum 메서드로 num 프로퍼티에 접근하고 있다. 16이 출력된다.

결과

16

프로퍼티에 **@JvmField** 어노테이션을 붙이면 Getter/Setter가 아닌 필드 형태로 접근이 가능해진다.

```
class KotlinClass
{
  @JvmField
  var num: Int = 0
}
```

예를 들어, 위처럼 **@JvmField** 어노테이션을 붙이면, 다음과 같이 접근이 가능해진다.
단, **@JvmField** 어노테이션을 붙이기 위해서는 프로퍼티가 **private**이 아니어야 하고, 프로퍼티에
open, override, const 키워드를 붙일 수 없으며, 위임된 프로퍼티가 아니어야 한다.

```
kotlin.num = 16;
System.out.println(kotlin.num);
```

프로퍼티의 Getter나 Setter에 **@JvmName**("이름")을 붙이면 원하는 이름으로 Getter와 Setter가 만들
어진다.

```
class KotlinClass
{
  var num: Int = 0
     @JvmName("getter") get
     @JvmName("setter") set
}
```

예를 들어, 위처럼 프로퍼티의 Getter나 Setter에 **@JvmName** 어노테이션을 붙이면, 다음과 같이 프
로퍼티에 접근이 가능해진다.

```
kotlin.setter(16);
System.out.println(kotlin.getter( ));
```

Java 자바에서 코틀린 코드 접근하기: 선언된 객체

학습 내용 : 자바에서 코틀린의 선언된 객체에 접근하는 방법을 알아본다.

object 키워드로 선언된 객체를 자바에서 접근하려면 다음과 같이 해야 한다.

📁 소스 : ex_kotlin_to_java_object/KotlinObject.kt

```kotlin
1:  package ex_kotlin_to_java_object
2:
3:  object KotlinObject
4:  {
5:      var num = 52
6:
7:      fun hello( ) = println("Hello")
8:  }
```

📁 소스 : ex_kotlin_to_java_object/Main.java

```java
1:  package ex_kotlin_to_java_object;
2:
3:  public class Main
4:  {
5:      public static void main(String[ ] args)
6:      {
7:          System.out.println(KotlinObject.INSTANCE.getNum( ));
8:          KotlinObject.INSTANCE.setNum(0);
9:          KotlinObject.INSTANCE.hello( );
10:     }
11: }
```

7~9 ◆ object 키워드로 선언된 객체는 자바에서 일반적인 클래스로 인식되며, INSTANCE라는 이름의 static 필드를 자동으로 갖는다. INSTANCE는 KotlinObject 타입의 필드이다. 이 INSTANCE를 통해 객체의 프로퍼티와 멤버 함수에 접근할 수 있다.

```
52
Hello
```

INSTANCE 필드 없이 객체의 프로퍼티와 멤버 함수에 접근하려면, 프로퍼티와 멤버 함수에 @JvmStatic 어노테이션을 붙여줘야 한다.

```
object KotlinObject
{
    @JvmStatic
    var num = 52

    @JvmStatic
    fun hello( ) = println("Hello")
}
```

이렇게 각각의 멤버에 @JvmStatic을 붙여주면 Getter/Setter와 메서드가 static으로 생성된다.

```
KotlinObject.setNum(0);
KotlinObject.hello( );
```

Java 자바에서 코틀린 코드 접근하기: 동반자 객체

학습 내용 : 자바에서 코틀린의 동반자 객체에 접근하는 방법을 알아본다.

자바에서, 동반자 객체는 선언된 객체와 비슷하게 접근할 수 있다.

소스 : ex_kotlin_to_java_companion_object/KotlinClass.kt

```kotlin
1: package ex_kotlin_to_java_companion_object
2:
3: class KotlinClass
4: {
5:     companion object
6:     {
7:         var num = 0
8:
9:         fun hello( ) = println("Hello")
10:     }
11: }
```

소스 : ex_kotlin_to_java_companion_object.Main

```java
1: package ex_kotlin_to_java_companion_object;
2:
3: public class Main
4: {
5:     public static void main(String[ ] args)
6:     {
7:         KotlinClass.Companion.setNum(30);
8:         System.out.println(KotlinClass.Companion.getNum( ));
9:         KotlinClass.Companion.hello( );
10:     }
11: }
```

동반자 객체가 있는 클래스는 자바에서 Companion이라는 이름의 static 필드를 갖는다. 이 ◆ 7~9
Companion 필드로 동반자 객체에 접근할 수 있다.

```
30
Hello
```

동반자 객체도 선언된 객체와 마찬가지로, 각 멤버에 @JvmStatic 어노테이션을 붙여 static으로 접
근하게 할 수 있다.

찾아보기

찾아보기